JOACHIM FABER

Personalvertretung und Mitbestimmung im öffentlichen Dienst in der Bundesrepublik Deutschland und in Frankreich

Schriften zur Verwaltungswissenschaft

Band 8

Personalvertretung und Mitbestimmung im öffentlichen Dienst in der Bundesrepublik Deutschland und in Frankreich

Eine vergleichende, empirische Untersuchung der Bedingungen einer wirksamen Interessenvertretung der Beschäftigten im öffentlichen Dienst

Von

Dr. Joachim Faber

DUNCKER & HUMBLOT / BERLIN

Gedruckt 1979 bei Berliner Buchdruckerei Union GmbH., Berlin 61
Printed in Germany
ISBN 3 428 04500 9

Meinen Eltern
und
Hiltrud

Vorwort

Die nachfolgende Untersuchung über Personalvertretung und Mitbestimmung im öffentlichen Dienst in Deutschland und Frankreich lag als Dissertation der Hochschule für Verwaltungswissenschaften in Speyer vor. Sie profitiert in besonderem Maße von dem interdisziplinären Ansatz, der an der Speyerer Hochschule bei verwaltungswissenschaftlicher Forschung und Lehre gepflegt wird. So konnten in dieser Arbeit mit einem Ansatz der Organisationssoziologie und Methoden der empirischen Sozialforschung zwei Rechtssysteme miteinander verglichen und deren relevante Wirkungsweisen auf ihr soziales Umfeld im Lichte der neueren Partizipationsforschung untersucht und bestimmt werden. Hierbei wurde zum einen auf Grund der Daten aus der empirischen Untersuchung eine genaue Beschreibung der Praxis der Personalvertretung in Deutschland und Frankreich vorgenommen. Zum anderen konnten aus dem Systemvergleich Aussagen zu den Bedingungen einer wirksamen Interessenvertretung im öffentlichen Dienst gemacht werden.

Es ist mir ein besonderes Anliegen, an dieser Stelle denen zu danken, die mir auf dem manchmal beschwerlichen Weg interdisziplinärer Arbeit mit Rat und sicherem Augenmaß zur Seite standen. Mein Dank gilt insbesondere dem Betreuer dieser Arbeit, Prof. Dr. jur. Heinrich Siedentopf, der auch den Anstoß zur Bearbeitung dieses Themas gab. Daneben waren für mich die Anregungen von Dipl.-Polit. Dr. rer. publ. Rainer Koch und Prof. Dr. rer. pol. Helmut Klages von besonderem Wert.

Eine empirische Untersuchung in einem sozialen Spannungsfeld, wie es die Personalvertretung in beiden Ländern darstellt, ist nicht denkbar ohne die weitreichende Unterstützung der maßgeblichen Persönlichkeiten aus dem Untersuchungsbereich selbst. Ich darf daher stellvertretend für viele Sèrge Salon, Directeur-adjoint de la Direction Générale de la Fonction Publique, Laurent Blanc, Directeur-adjoint du personnel du Ministère de l'Economie et des Finances, und Roger Claustres, Cabinet du Directeur du personnel du Ministère des P.T.T., aus der französischen Verwaltung und von den französischen Gewerkschaften des öffentlichen Dienstes den Generalsekretären Raymond Cabaret (C.F.D.T.) und André Giauque (F.O.) sowie dem stellv. Generalsekretär der C.G.T., C. Proust, meinen ganz besonderen Dank aussprechen. Ihr fachkundiges Interesse und ihre hilfsbereite Unterstützung haben diese Untersuchung maßgeblich gefördert.

In Deutschland gilt mein Dank insbesondere Staatssekretär Dr. Hartkopf, der den Zugang zur Ministerialverwaltung in Bonn ermöglichte, Ministerialrat Dietrich, der die Novellierung des BPersVG federführend vorbereitet hat, sowie Ministerialdirigent Hecht vom Bundesfinanzministerium. Stellvertretend für viele Gewerkschafter in Deutschland, die diese Untersuchung mit großem Interesse unterstützten, danke ich Wolfgang Schneider vom Hauptvorstand des DGB und Dr. Wilhelm Ilbertz vom Deutschen Beamtenbund.

Die Veröffentlichung dieser Arbeit wurde durch einen Druckkostenzuschuß des Bundesministerium des Innern und durch einen Beitrag des Deutschen Beamtenbundes ermöglicht.

Die Aufzählung der Förderer dieser Untersuchung wäre unvollkommen, wenn nicht darin auch meine Frau genannt wäre, die in jedem Stadium der Arbeit mich tatkräftig und verständnisvoll unterstützte.

Wiesbaden, August 1979

Joachim Faber

Inhaltsverzeichnis

3. Kapitel

Die Praxis der Personalvertretung in der Bundesrepublik Deutschland und in Frankreich

Abkürzungsverzeichnis

A.J.D.A.	=	L'actualité juridique — Droit administratif, Revue mensuelle, Paris
Amtsbl.Sch.-H.	=	Amtsblatt für Schleswig-Holstein
Amtsbl.Vfg.	=	Amtsblattverfügung
BDSt	=	Bund Deutscher Steuerbeamten
BDZ	=	Bund Deutscher Zollbeamten
BetrVG	=	Betriebsverfassungsgesetz vom 15. Januar 1972
BezPR	=	Bezirkspersonalrat
BGBl	=	Bundesgesetzblatt
BMF	=	Bundesministerium für Finanzen
BMI	=	Bundesministerium des Innern
BPersVG	=	Bundespersonalvertretungsgesetz vom 1. April 1974
BPM	=	Bundesministerium für das Post- und Fernmeldewesen
BVerfG	=	Bundesverfassungsgericht
BVerwG	=	Bundesverwaltungsgericht
c.a.p.	=	commission administrative paritaire
C.E.	=	Conseil d'Etat
C.E.R.S.A.	=	Centre d'Etude et de Recherche des Sciences administratives
C.F.D.T.	=	Confédération Francaise Démocratique de Travail
C.F.T.C.	=	Confédération Francaise des Travailleurs Chrétiens
CGB	=	Christlicher Gewerkschaftsbund
C.G.C.	=	Confédération Générale des Cadres
CGP	=	Christliche Gewerkschaft des Post- und Fernmeldewesens
C.G.T.	=	Confédération Générale du Travail
C.G.T.-F.O.	=	Confédération Générale du Travail — Force Ouvrière
C.N.R.S.	=	Centre National de Recherche Scientifique
C.S.	=	Conseil Supérieur de la Fonction publique
DAG	=	Deutsche Angestellten-Gewerkschaft
DBB	=	Deutscher Beamtenbund
DGB	=	Deutscher Gewerkschaftsbund
D.G.I.	=	Direction générale des împôts
DPG	=	Deutsche Postgewerkschaft
DPV	=	Deutscher Postverband
F.A.S.P.	=	Fédération autonome des Syndicats de la Police nationale
F.E.N.	=	Fédération de l'Education nationale
F.G.A.F.	=	Fédération Générale Autonome des Fonctionnaires et des Agents de l'Etat
F.N.T.	=	Fédération Nationale des Télécommunications
GdP	=	Gewerkschaft der Polizeibeamten

GEW	= Gewerkschaft Erziehung und Wissenschaft
HauptPR	= Hauptpersonalrat
J.O.	= Journal Officiel
LPersVG Rh-Pf	= Personalvertretungsgesetz für das Land Rheinland-Pfalz
ÖTV	= Gewerkschaft Öffentlicher Dienst, Transport und Verkehr
OVG	= Oberverwaltungsgericht
PersVG	= Personalvertretungsgesetz vom 5. August 1955
PhilV	= Deutscher Philologenverband
PR	= Personalrat
PRäte	= Personalräte
P.T.T.	= Postes — Téléphones — Télécommunications
PVS	= Politische Vierteljahresschrift
Rec.	= Recueil des décisions du Conseil d'Etat
Rh-Pf	= Rheinland-Pfalz
RiA	= Recht im Amt
S.G.E.N.	= Syndicat Général de l'Education Nationale
S.N.A.L.C.	= Syndicat National des Lycées, Collègues et Cours Secondaires
S.N.E.S.	= Syndicat National de l'Enseignement Supérieur
S.N.I.	= Syndicat National des Instituteurs
S.N.U.I.	= Syndicat National Unifié des Impôts
U.S.N.E.F.	= Union Syndicale Nationale de l'Education Francaise
VBE	= Verband Bildung und Erziehung
VBOB	= Verband der Beamten der obersten Bundesbehörden
VDPH	= Verband Deutscher Posthalter
VVDStRL	= Veröffentlichungen der Vereinigung der Deutschen Staatsrechtslehrer
ZBR	= Zeitschrift für Beamtenrecht

Einleitung

A. Problemstellung

Die Forderung, durch Mitbestimmung und Demokratisierung der Arbeitswelt den Freiheitsraum des Staatsbürgers in seiner beruflichen Sphäre zu erweitern, fand in verstärktem Maße in den 1960er Jahren Eingang in die politischen Programme und in die wissenschaftliche Diskussion[1].

Im Vordergrund stand bisher stets die Diskussion um Mitbestimmung im privatwirtschaftlichen Bereich, die ihren vorläufigen Abschluß und ihre teilweise Erfüllung in der Novellierung des Betriebsverfassungsgesetzes (BetrVG) vom 15. Januar 1972 (BGBl. I/S. 13) und dem erst in jüngster Zeit vom Deutschen Bundestag verabschiedeten und am 4. Mai 1976 in Kraft getretenen Gesetzes über die Mitbestimmung der Arbeitnehmer (MitbestG) (BGBl. I/S. 1153) fanden.

Die Mitbestimmung der Beschäftigten des öffentlichen Dienstes wurde in der Bundesrepublik Deutschland immer im Nachtrag zur Gesetzgebung für den privatwirtschaftlichen Bereich geregelt. Dem Betriebsverfassungsgesetz vom 11. Oktober 1952 folgte am 5. August 1955 das Personalvertretungsgesetz (PersVG) (BGBl. I/S. 477). Der Novellierung des BetrVG am Anfang des Jahres 1972 sollte noch im gleichen Jahre die Novellierung des PersVG folgen. Das vorzeitige Ende der Legislaturperiode bedingte dann aber eine Verzögerung der Gesetzgebungsarbeit, so daß die Novellierung des PersVG erst mit dem 1. April 1974 in Kraft treten konnte (BGBl. I/S. 693)[2].

Obwohl die Gesetzgebung für den Bereich des öffentlichen Dienstes immer im Schatten des privatwirtschaftlichen Bereichs stand, war die Diskussion um Mitbestimmung im öffentlichen Dienst nicht minder kontrovers und komplex[3].

---

[1] Vgl. stellvertretend für die inzwischen unübersehbar gewordene Literatur: Bibliographie der Mitbestimmung, in: Frankfurter Hefte (1969), S. 376 ff. sowie die umfangreiche Auswahlbibliographie bei Ulrich v. Alemann (Hrsg.), Partizipation — Demokratisierung — Mitbestimmung, Problemstand und Literatur in Politik, Wirtschaft, Bildung und Wissenschaft, Opladen 1975, S. 309 ff.

[2] Vgl. zur Entwicklung des Bundespersonalvertretungsgesetzes (BPersVG): *W. Grabendorff / C. Windscheid / W. Ilbertz,* Bundespersonalvertretungsgesetz, Stuttgart 1974, S. 15 ff.; *Horst Dietrich,* Das neue Bundespersonalvertretungsgesetz, in: ZBR 1974, S. 113 ff.

Neben vielen Detailregelungen waren es insbesondere drei Problemkreise, über die auch durch die Novellierung des PersVG keine Einigkeit erzielt werden konnte:

— die Grenzen der Beteiligung des Personals an den Entscheidungen der Behördenleitung,

— der Einfluß der Gewerkschaften im System der Personalvertretung und

— der Gruppenpluralismus.

Man stimmte allerdings weitgehend darin überein, daß der letzte Punkt, die Existenz dreier dienstrechtlich verschieden ausgestalteter Beschäftigtengruppen, einer grundsätzlichen Neuregelung der Rechtsverhältnisse der Beschäftigten des öffentlichen Dienstes vorbehalten bleiben müsse. Die Vorläufigkeit der gesetzgeberischen Klärung dieser Fragen durch das neue BPersVG kommt in der Stellungnahme eines Mitgliedes des Innenausschusses, des Abgeordneten Becker (Nienberge), vor dem Deutschen Bundestag anläßlich der 2. und 3. Lesung des Gesetzes zum Ausdruck[4]:

> „Die Bundesregierung soll nach einhelliger Auffassung des Ausschusses über die Erfahrungen nach diesem Gesetz zum 1. Januar 1978 berichten. Wir meinen nämlich nicht das, was der damalige Innenminister Dr. Schröder am 8. Juni 1955 in diesem Hause ausführte, daß das seinerzeitige Gesetz den Schlußstein in der Mitbestimmung in unserem Vaterlande darstelle. Wir haben uns alle davon überzeugen können, daß es eine ganz andere Entwicklung gegeben hat, und wir sind der Meinung, daß man solche Gesetze nicht so statisch betrachten sollte, sondern daß sie dynamisch fortentwickelt werden müssen. Das wollen wir auch beim Personalvertretungsgesetz."

Um die theoretische Aufarbeitung und Lösung der Probleme der Personalvertretung bemühten sich bereits viele Autoren, deren Beiträge teilweise zur Begründung der Standpunkte bestimmter Interessengruppen dienten[5], teilweise aber auch einer wissenschaftlich-theoretischen Fundierung der Diskussion galten[6].

---

[3] Angesichts dieser Komplexität hielt es auch die Studienkommission zur Reform des öffentlichen Dienstrechts nicht für möglich, sich mit den Problemen des Personalvertretungsrechts auseinanderzusetzen; vgl. Bericht der Studienkommission für die Reform des öffentlichen Dienstrechts, Baden-Baden 1973, S. 175, Rdnr. 358, 359.

[4] Stenographischer Bericht der 70. Sitzung des Deutschen Bundestages, 7/S. 4331.

[5] Vgl. stellvertretend für die Stellungnahmen im Sinne des DGB: *Wolfgang Däubler*, Weniger Mitbestimmung im öffentlichen Dienst?, in: Recht und Arbeit 1973, S. 233 ff. und im Sinne des DBB: *Walter Leisner*, Mitbestimmung im öffentlichen Dienst, Bonn-Bad Godesberg 1970.

[6] Vgl. stellvertretend für viele: *Wulf Damkowski*, Mitbestimmung im öffentlichen Dienst als Forderung des Grundgesetzes, in: RiA 1975, S. 1 ff., 21 ff. und 41 ff.; *Erich Feindt*, Aspekte der Demokratisierung, Mitbestimmung

Die vorliegende Untersuchung will diese Problemsicht durch zwei wesentliche Erkenntnisbereiche erweitern: Durch den Vergleich und die Empirie sollen Aussagen zur Wirksamkeit des derzeit normierten Systems der Personalvertretung gemacht werden.

Aussagen zu den offenen Problemen der bundesrepublikanischen Diskussion können immer nur systemimmanent sein. Der Vergleich mit den Systemen der Personalvertretung anderer Länder kann dann zu einer komplexeren Problemsicht führen und neue Maßstäbe liefern, wenn in einem vergleichbaren System gleiche Aufgaben durch differente Strukturen erfüllt werden[7]. Von dem französischen System des öffentlichen Dienstes und speziell der Personalvertretung werden diese Kriterien weitgehend erfüllt[8]. Ähnlich wie in der Bundesrepublik Deutschland das Problem der Mitbestimmung und Demokratisierung der Arbeitswelt in das Zentrum des politischen Interesses rückte, war es für Frankreich der programmatische Begriff der „participation", der seit Mitte der sechziger Jahre die politische Diskussion bestimmte[9]. Die Forderung nach einer Ausdehnung der „participation" im öffentlichen Dienst wurde erstmalig mit vollem Nachdruck während der Maiunruhen im Jahre 1968 gestellt[10].

Auch in dieser Diskussion ging es im wesentlichen um die Grenzen der Beteiligung des Personals und um den Einfluß der Gewerkschaften in der Verwaltung. Das dritte Problemfeld deutscher Personalvertretung, die Existenz verschiedener Gruppen mit unterschiedlichem Dienstrecht, stellt sich in Frankreich nicht weniger aktuell dar, nur geht es hier weniger um die grundsätzliche Entscheidung für oder gegen ein

---

und Partizipation, in: ZBR 1973, S. 353 ff.; *Heinrich Siedentopf*, Funktion und allgemeine Rechtsstellung — Analyse der Funktionen des öffentlichen Dienstes, Anlageband 8 zum Bericht der Studienkommission zur Reform des öffentlichen Dienstrechts, S. 142 ff. (im folgenden zitiert als: Funktion und allgemeine Rechtsstellung).

[7] Vgl. zu den Aufgaben und Möglichkeiten der vergleichenden Verwaltungswissenschaft: *Heinrich Siedentopf*, Ressortzuschnitt als Gegenstand der vergleichenden Verwaltungswissenschaft, in: Die Verwaltung 1976, S. 1 ff., (8); zur grundlegenden theoretischen Fundierung des Äquivalenzfunktionalismus: *Niklas Luhmann*, Funktion und Kausalität, in: ders., Soziologische Aufklärung — Aufsätze zur Theorie sozialer Systeme —, Köln 1970, S. 9 ff.

[8] Vgl. zur Nähe des französischen Dienstrechts zu den Regelungen in der Bundesrepublik Deutschland: *Hans-Werner Laubinger*, Beamtenorganisation und Gesetzgebung, maschinenschriftlich vervielfältigt, Speyer 1974, S. 790.

[9] Vgl. hierzu *Michèle Verron*, Participation, Histoire du travail, Développement et doctrines sociales, Paris 1968: *Régis Waquet*, La „participation" dans la pensée politique du Général de Gaulle et projet de loi soumis au référendum du 27 avril 1969, Paris 1970; *Jacques Chevallier*, La participation dans l'administration française, in: Bulletin de l'institut international d'administration publique, N° 37 (1976), S. 85 ff.

[10] Vgl. *Jeanne Siwek-Pouydesseau*, La participation des fonctionnaires à la marche de l'administration, in: Annuaire international de la fonction publique 1970/71, S. 83 ff. (im folgenden zitiert als: La participation).

Einheitsdienstrecht, sondern mehr um die konsequente Anwendung der bereits bestehenden einheitlichen Rechtsnormen für alle Beschäftigten des öffentlichen Dienstes[11]. Im Anschluß an diese 1968 einsetzende Entwicklung erfolgte auch in Frankreich eine Modifizierung der Normen der Personalvertretung. Zunächst wurden durch den Circulaire du 14 septembre 1970 (N° 10-383/S.G.) des Premierministers (nicht veröffentlicht im Journal Officiel, J.O.) die Rechte der Gewerkschaften wesentlich erweitert und durch die Dekrete N° 76-509 und N° 76-510 du 10 juin 1976 (J.O. 12 juin 1976, S. 3547 f.) schließlich auch die rechtlichen Grundlagen der Personalvertretungskörperschaften selbst modifiziert.

Die Parallelität dieser Entwicklungen und die Kongruenz der Probleme legen es nahe, durch einen Vergleich beider Systeme Lösungsbeiträge für die Diskussion in der Bundesrepublik Deutschland zu gewinnen. Bemerkenswerterweise wurden in jüngster Zeit die Neuregelungen der Normen der Personalvertretung in beiden Ländern von zwei ausgewiesenen Experten unabhängig voneinander als eines der wenigen erfolgreich durchgeführten Projekte der Verwaltungsreform bezeichnet[12].

Wenn in der vorliegenden Arbeit Aussagen über den Lösungsbeitrag der verschiedenen Normsysteme zu Problemen der Personalvertretung gemacht werden sollen, so läßt sich die Frage nach den Wirkungen der Normen in der Praxis und nach dem Erfolg, d. h. dem Durchsetzungsgrad der angestrebten Ziele der formalen Regelungen, nicht ausklammern. Denn es wird von der Grundauffassung ausgegangen, daß Erkenntnisse aus einer vergleichenden Untersuchung nicht allein aus der Gegenüberstellung und Betrachtung der Normen gezogen werden können, sondern auch einer Analyse der Wirkungen und des Durchsetzungsgrades der Normen in der Praxis bedürfen[13]. Hieraus ergibt sich die Notwendigkeit, zur Darstellung der Praxis der Personalvertretung empirische Untersuchungen heranzuziehen.

---

[11] Vgl. hierzu die umfassenden Beiträge im Sammelband des Institut français des sciences administratives, Les agents non-titulaires dans l'administration, Paris 1976.

[12] Vgl. die Länderberichte für die Bundesrepublik Deutschland und Frankreich in der Arbeitsgruppe IV: Reform des öffentlichen Dienstes beim Kolloquim der European Group of Public Administration vom 30. 8. - 3. 9. 1976 in Tampere (Finnland) von: *Franz Kroppenstedt* (Leiter der Abteilung Dienstrechtsreform im BMI), Reform des öffentlichen Dienstrechts in der BRD, unveröffentlichtes Manuskript, Bonn 1976, S. 10 f.; und *Serge Salon* (administrateur civil à la Direction de la Fonction publique chargé avec des relations aux syndicats), Les réformes de la fonction publique et de l'administration en France, unveröffentlichtes Manuskript, Paris 1976, S. 3 und 12 ff.

[13] Vgl. hierzu die Ausführungen im folgenden Abschnitt: Grundpositionen der vergleichenden Verwaltungswissenschaft.

B. Zum methodischen Vorgehen

1. Der vergleichende Ansatz

Die bereits in der Problemstellung aufgezeigte Begründung für einen vergleichenden Ansatz in dieser Untersuchung soll im folgenden näher erläutert und auf der Basis der grundlegenden Positionen der vergleichenden Verwaltungswissenschaft ausgeführt werden.

a) Die Grundpositionen der vergleichenden Verwaltungswissenschaft

Die vergleichende Verwaltungswissenschaft hat — ähnlich wie die Verwaltungswissenschaft selbst — noch keinen eindeutig fixierten und allgemein anerkannten wissenschaftstheoretischen Standort bezogen und ist auch noch nicht in der Lage, auf eine eigenständige Methodologie zurückzugreifen[14].

Während die vergleichende Forschung in der Verwaltung lange Zeit von der Rechtsvergleichung bestimmt wurde, traten seit Mitte der fünfziger Jahre, angeregt durch die Entwicklung der Comparative Public Administration in den USA, die Erkenntnisinteressen und Methoden der Sozialwissenschaften in verstärktem Umfang hinzu[15]. Man begnügte sich nicht mehr allein „mit der Untersuchung von formalen, verfassungsrechtlichen Institutionen und Instituten, von Verfassungssätzen und formellen Verfassungsideologien, sondern erkennt zunehmend die Bedeutung verfassungssoziologisch verfaßter politischer Strukturen“[16].

Es kann allerdings bezweifelt werden, ob diese oft konstruierte Antinomie zwischen Rechtsvergleichung mit rein institutionenbezogenem Forschungsinteresse einerseits und sozialwissenschaftlicher Vergleichung mit systemfunktionalem Erkenntnisinteresse andererseits tatsächlich in dieser Schärfe besteht. Denn auch die rechtsvergleichende Forschung ist nicht auf einem formalistischen Standpunkt stehengeblieben, sondern versteht sich insbesondere auf dem Gebiet des verglei-

---

[14] Vgl. zum Stand der Verwaltungswissenschaft: *Heinrich Siedentopf,* Stichwort „Verwaltungslehre“, Evangelisches Staatslexikon, 2. Aufl., Stuttgart/Berlin 1975, Sp. 2786 ff. (2788/2789); *ders.,* Einleitung zum Sammelband „Verwaltungswissenschaft“, hrsg. von Heinrich Siedentopf, Darmstadt 1976, S. 1 ff. (1/2).

[15] Vgl. *Roman Schnur,* Über vergleichende Verwaltungswissenschaft, in Heinrich Siedentopf (Hrsg.), Verwaltungswissenschaft, S. 349 ff.; *Niklas Luhmann,* Einblicke in die vergleichende Verwaltungswissenschaft, in: Der Staat 1963, S. 494 ff. (494/495).

[16] *Günter Doeker,* Einführung in die Methodik der vergleichenden Analyse politischer Systeme, in: ders. (Hrsg.), Vergleichende Analyse politischer Systeme, Freiburg 1971, S. 18.

chenden Verwaltungs- und Verfassungsrechts als eine funktionelle und rechtssoziologisch orientierte vergleichende Wissenschaft[17].

Es muß daher hier auch nicht auf die Meinungsunterschiede über den Wert juristischer Betrachtungsweisen gegenüber sozialwissenschaftlicher Methodologie für die vergleichende Erforschung der Verwaltung eingegangen werden, sondern es kann als gemeinsamer Konsens festgehalten werden, daß ein vergleichender Ansatz einer Untersuchung nur dann gewinnbringende Ergebnisse erwarten läßt, wenn nicht allein die normierten Strukturen und formalen Institutionen der interessierenden Systeme gegenübergestellt und Übereinstimmungen oder Unterschiede festgestellt werden, sondern wenn die funktionalen Bezüge innerhalb dieser Systeme und deren Einflüsse und Rückwirkungen aus ihrem gesamtgesellschaftlichen Kontext mitberücksichtigt werden.

Der Erkenntnisgewinn, der durch diese möglichst komplexe Sichtweise der betrachteten Systeme und deren Einbettung in ihre gesamtgesellschaftlichen Randbedingungen erzielt werden kann, wird allerdings dann gefährdet, wenn der zu behandelnde Problembereich und das Untersuchungsfeld nicht hinreichend abgegrenzt und präzisiert sind.

Die Untersuchungen, die in ihrer methodischen Anlage den Versuch unternommen haben, die gesamte Komplexität der einflußnehmenden Faktoren der zu vergleichenden Systeme zu berücksichtigen, zeigen aber, daß der umfassende Vergleich politischer Systeme höchst problematisch ist und kaum konkrete und funktionsbezogene Aussagen erwarten läßt[18].

Demgegenüber neigt die neuere Forschung dazu, das vergleichende Erkenntnisinteresse auf in sich abgeschlossene Teilsysteme zu lenken und deren funktionalen Beitrag in ihrem näheren kontextuellen Bereich zu betrachten. Dies entspricht einer praxeologischen Zielsetzung, die gerade für die vergleichende Verwaltungswissenschaft als notwendig angesehen wird[19].

---

[17] Vgl. *Max Rheinstein*, Einführung in die Rechtsvergleichung, München 1974, S. 25 ff. und S. 28 ff.; *Marcel Ancel*, Réflexions sur la recherche et sur la méthode comparatives, in: Jus privatum gentium — Festschrift für Max Rheinstein, Tübingen 1969, S. 211 ff. (213/214); *Klaus v. Beyme*, Möglichkeiten und Grenzen der vergleichenden Regierungslehre, in: PVS 1966, S. 63 ff. (86).

[18] Vgl. beispielsweise die Untersuchung von *Arthur Banks / Robert Textor*, A Cross-Polity Survey, Cambridge 1963, die versuchen, an Hand von 57 verschiedenen Klassifikationsmerkmalen 115 Nationalstaaten zu vergleichen.

[19] Vgl. *Heinrich Siedentopf*, Spitzenpositionen auf Zeit in der öffentlichen Verwaltung — Ein Beitrag zur vergleichenden Verwaltungswissenschaft — in: Öffentlicher Dienst, Festschrift für Carl Hermann Ule zum 70. Geburtstag, hrsg. von K. König, H. W. Laubinger, F. Wagener, Köln 1977, S. 177 ff. (182 ff.); *Frederic F. Ridley*, The Study of Government — Political Science and Public Administration — London 1975, S. 87 ff.

Auch für diese begrenzte Zielvorgabe stellt die vergleichende Regierungslehre — comparative politics oder comparative government — das wohl detaillierteste und umfassendste Methodenkonzept zur Verfügung[20]. Es sind insbesondere zwei methodische Ansätze, die zur Erforschung politischer Systeme herangezogen werden: die strukturell-funktionale Analyse[21] und die Methoden der empirischen Sozialforschung[22].

Die strukturell-funktionale Theorie „befaßt sich mit den Funktionen struktureller Elemente innerhalb sozialer Systeme“[23]. Der Strukturfunktionalismus geht in seiner historischen Grundlage von der Analogie des gesellschaftlichen Systems zum biologischen Organismus aus und versucht, die Funktionen bestimmter erkannter Strukturen für das gesamte System in möglichst umfassender Weise zu beschreiben[24]. Darüber hinaus ist er aber auch als wesentliche Grundlage der Systemtheorie in seiner theoretischen Ausgestaltung Träger bestimmter inhaltlicher Wertprämissen[25]. Wenn die strukturell-funktionale Analyse hier als Element des methodischen Vorgehens herangezogen wird, so ist dies allerdings nur dahingehend zu verstehen, daß die strukturell-funktionale Sichtweise als Ordnungskonzept für das methodische Vorgehen dienen soll, nicht aber inhaltlich den theoretischen Hintergrund der Problemstellung bildet.

Die primäre Betrachtung der Systemfunktionen gegenüber den normierten Strukturen wirft für das methodische Vorgehen dann allerdings ein weiteres Problem auf. Die Untersuchung bestimmter normierter Strukturen mit institutionsbezogenem Forschungsinteresse läßt sich in der Regel durch Literaturstudium und Auswertung von „Vorgedachtem“ bewältigen, eine Analyse der Funktionen eines Normen-

---

[20] Vgl. *Klaus v. Beyme,* Die politischen Theorien der Gegenwart, München 1972, S. 124 ff. (126 - 130); *Günter Doeker,* S. 17 f.; *Heinrich Siedentopf,* Ressortzuschnitt als Gegenstand der vergleichenden Verwaltungswissenschaft, S. 8.

[21] Vgl. *Klaus v. Beyme,* Möglichkeiten und Grenzen der vergleichenden Regierungslehre, S. 94; *Frieder Naschold,* Funktionsanalysen im Regierungssystem, in: H. Krauch (Hrsg.), Systemanalysen in Regierung und Verwaltung, Freiburg 1972, S. 97 ff. (102).

[22] Vgl. *Günter Doeker,* S. 53; *Frieder Naschold,* S. 104 f.

[23] *Renate Mayntz,* Strukturell-funktionale Theorie, in: Wörterbuch der Soziologie, 2. Auflage, Stuttgart 1969, S. 1132 ff.; vgl. zu den grundsätzlichen Problemen der strukturell-funktionalen Systemtheorie: *Rainer Koch,* Grundzüge einer soziologischen Betrachtungsweise von Organisationen, in: Briefe der Führungsakademie, 15. Juli 1974, hrsg. v. Bundesministerium für das Post- und Fernmeldewesen, S. 5 ff. (17 ff.).

[24] Vgl. *John Rex,* Grundprobleme der soziologischen Theorie, Freiburg 1970, S. 86 ff.; *Robert Merton,* Funktionale Analyse, in: H. Hartmann (Hrsg.), Moderne amerikanische Soziologie, Stuttgart 1967, S. 119 ff.

[25] Vgl. *Renate Mayntz,* S. 1136.

systems innerhalb eines bestimmten Kontextes ist aber kaum anders als durch eine empirische Untersuchung zu erstellen[26]. Hier kann nun auf die konkrete Problemstellung der vorliegenden Arbeit eingegangen werden. Es wird die Annahme zugrunde gelegt, daß vom System der Personalvertretung in Deutschland und in Frankreich vielfältige Auswirkungen auf die verschiedensten Bereiche des politischen Systems ausgehen. Dieser beeinflußte kontextuelle Bereich kann von dem der Personalvertretung sehr naheliegenden System des öffentlichen Dienstes bis zum gesamtgesellschaftlichen System reichen.

Aus den oben bereits erörterten grundsätzlichen, methodischen Bedenken sollen in dieser Untersuchung nicht die Funktionen der Personalvertretung im gesamtgesellschaftlichen System zum Gegenstand der Analyse gemacht werden; sondern das Erkenntnisinteresse soll sich im wesentlichen auf die Funktionen im System des öffentlichen Dienstes beider Länder und im System der organisierten Interessenvertretung erstrecken. Hierbei ist notwendigerweise zu berücksichtigen, daß das System der Personalvertretung nicht nur von sich aus Wirkungen auf ihm nahestehende Bereiche ausübt, sondern daß auch umgekehrt z. B. das System des öffentlichen Dienstes oder das Gewerkschaftssystem seinerseits die Strukturen und Funktionen der Personalvertretung wesentlich prägen[27].

b) Die einflußnehmenden Faktoren auf das System der Personalvertretung in beiden Ländern

Aus der Vielfalt der einflußnehmenden Faktoren aus dem gesamtgesellschaftlichen Kontext auf das System der Personalvertretung sollen drei betrachtet werden: das öffentliche Dienstrecht, die Verwaltungsorganisation und das Gewerkschaftssystem. Sie bilden den engeren Rahmen, in dem die Personalvertretung wirkt und der durch seine vorgegebenen Strukturen ihre wesentlichen Funktionen bestimmt. Hierbei wird sich die Darstellung allerdings hauptsächlich auf das französische System erstrecken, da die Strukturmerkmale des bundesrepublikanischen Systems weitgehend als bekannt vorausgesetzt werden.

---

[26] Zu der Möglichkeit, Funktionen durch empirisch-analytische Erhebungsmethoden zu erfassen, äußert sich skeptisch: *Frieder Naschold*, S. 104; vgl. zu den Problemen der empirischen Untersuchung im Rahmen dieser Arbeit: unten, 3. Kap. A.

[27] Vgl. zum System-Umwelt-Bezug aus strukturell-funktionaler Sichtweise: *Rainer Koch*, S. 18 f.; *ders.*, Personalsteuerung in der Ministerialbürokratie, Baden-Baden 1975, S. 34 ff.

aa) Die Strukturen des öffentlichen Dienstes

Als System des öffentlichen Dienstes wird die Gesamtheit des Personals verstanden, das ständig im Dienst einer juristischen Person des öffentlichen Rechts (Bund, Land, Gemeinde, öffentlich-rechtliche Körperschaft, Anstalt, Stiftung) unter Eingliederung in ihre Organisation beschäftigt ist[28], bzw. „l'ensemble des agents des administrations publiques, quelque soi leur statut et qu'ils relèvent d'un service d'Etat, d'une collectivité locale ou d'un établissement public à caractère administratif"[29]. Diese beiden Definitionen umfassen fast gleichlautend für beide Länder den gesamten öffentlichen Dienst im weitesten Sinne.

Das französische System kennt verschiedene Typen von Beschäftigten im öffentlichen Dienst, „agents publics". Von den insgesamt ca. 3 Millionen „agents publics" sind ca. 2 Millionen Staatsbedienstete, „agents de l'Etat"[30], eine weitere Million Beschäftigte der Kommunen, „agents des collectivités locales"[31], und ca. 100 000 Beschäftigte in unabhängigen Anstalten und Körperschaften des öffentlichen Rechts, „agents des établissements autonomes de l'Etat", wie z. B. die Sozialversicherungen oder die wissenschaftliche Forschungsgemeinschaft (C.N.R.S.). Diese verschiedenen Beschäftigtentypen unterliegen auch unterschiedlichem Dienstrecht. Im Rahmen der Fragestellung dieser Arbeit soll hier nicht auf die Details der einzelnen Rechtskonstruktionen eingegangen werden, denn auch die empirische Untersuchung beschränkt sich nur auf die Beamten im Staatsdienst.

Den dienstrechtlichen Rahmen für die Staatsbediensteten bildet das Statut général des fonctionnaires, Ordonnance N° 59-244 vom 4. Februar 1959. Für die im folgenden nicht weiter behandelten Beamten der établissements autonomes de l'Etat gilt dieses Statut in der Regel unmittelbar, für die Beamten der collectivités locales weicht deren eigenes Statut (Statut général du personnel communal, Statut du personnel administratif et du personnel soignant) in wenigen Sonderregelungen davon ab, unter anderen allerdings auch in den hier interessierenden

[28] *Kurt Ebert,* Das Recht des öffentlichen Dienstes, Berlin 1965, S. 1; *Ingo v. Münch,* Öffentlicher Dienst, in: ders. (Hrsg.), Besonderes Verwaltungsrecht, 4. Aufl., Frankfurt 1971, S. 10; *Hans Julius Wolf,* Verwaltungsrecht II, 3. Aufl., München 1973, S. 394 f.

[29] *Laurent Blanc,* La fonction publique, Paris 1971, S. 7; ebenso *Roger Gregoire,* La fonction publique, Paris 1954, S. 11 f.; *Alain Plantey,* Traité pratique de la fonction publique, 3. Aufl., Paris 1971, I/S. 10 f.

[30] Nach Angaben des Finanzministeriums sind es 1976 einschließlich des militärischen Bereichs 2 219 035 Beschäftigte gewesen; aus: Guide pratique de la fonction publique, Paris 1976, S. 10.

[31] 1969 betrug ihre genaue Zahl 921 713; vgl. *Michèle Voisset,* Les personnels non-titulaires des collectivités locales, in: Les agents non-titulaires dans l'administration, S. 65 ff. (70); nach *Louis Favoren,* Le personnel communal en 1976, in: A.J.D.A. 1976, S. 452 ff. trifft diese Größenordnung auch noch für das Jahr 1976 zu.

Regelungen der Personalvertretung[32]. Das Statut général des fonctionnaires stellt grundsätzlich ein einheitliches Dienstrecht für alle Bediensteten dar. Auch die Arbeiter des öffentlichen Dienstes sind überwiegend Beamte i. S. dieses Statut, so z. B. die Arbeiter im Bereich der Post[33].

Neben dem Statut général bestehen für bestimmte Beamtengruppen Statuts spéciaux, so z. B. auch für das in diese Untersuchung einbezogene Personal des Schulbereichs und der Polizei. Sie stimmen aber in ihren wesentlichen Grundstrukturen mit dem Statut général überein. Soweit sich relevante Abweichungen ergeben, werden sie an gegebener Stelle aufgeführt.

Ein wesentliches Ordnungselement in der Organisationsstruktur der Beamten und ihrer Personalvertretungen sind die Corps[34]. Sie finden ihre dienstrechtliche Grundlage in Art. 17 des Beamtenstatuts und gruppieren alle Beamten, „unabhängig von dem allgemeinen Status weitgehend nach funktionalen, tätigkeitsbezogenen Kriterien“[35]. Die Corps werden in der Regel auf nationaler Ebene innerhalb eines Verwaltungsbereichs gebildet. Es gibt nur wenige Ausnahmen auf interministerieller Ebene, so z. B. das Corps des administrateurs civils, das seine ca. 2 500 Mitglieder auf alle Ministerialbereiche der Zentralverwaltung verteilt hat. Auch von der Regel der nationalen Ausdehnung gibt es eine Ausnahme. Im Erziehungsbereich bilden die Grundschullehrer — instituteurs — in jedem Departement und die Mittel- und Oberschullehrer — Professeurs des collèges, certifiés, agrégés — in jeder Académie ein Corps[36].

Die Corps werden für jede der vier Kategorien gebildet. Die Kategorien A - D entsprechen der Einteilung im deutschen Beamtenrecht in die vier Laufbahngruppen vom höheren Dienst bis zum einfachen Dienst. Entsprechend dieser Repräsentanz auf allen Ebenen kann ein Corps zwischen 150 (Corps des Directeurs régionaux et départementaux des P.T.T.) und 75 000 (Corps des gradés et gardiens de la police nationale) Mitglieder haben.

---

[32] Art. 492 - 499 du Code de l'administration communale, Loi du 28 avril 1952.

[33] Vgl. *Laurent Blanc*, S. 14 f.

[34] Vgl. *Alain Plantey*, II/S. 687 ff.; *Marcel Piquemal*, Le fonctionnaire, Paris 1973, S. 118 f.; *Claude Jérôme Maestre*, Die Grande Corps im französischen öffentlichen Dienst, Anlagenband 1 zu Bericht der Studienkommission zur Reform des öffentlichen Dienstrechts, S. 83 ff.; *Pierre Aubert*, Le corps préfectoral de 1946 à 1976, in: Administration, N° 94, 1976, S. 38 ff.

[35] *Heinrich Siedentopf*, Funktion und allgemeine Rechtsstellung, S. 166.

[36] Vgl. *Alain Blanchard*, Le Statut des personnels enseignants, in: Annuaire international de la fonction publique 1970 - 71, S. 133 ff. (S. 142 f.); vgl. auch *Michel Chevallier*, La fonction rectorale: La fin des recteurs inamovibles, in: Revue administrative, N° 175 (1977), S. 9 ff.

Jedes Corps umfaßt seinerseits wieder verschiedene „grades“. Der „grade“ wird durch den mit der Titularisierung verliehenen Dienstrang bestimmt. Es gehören z. B. zum Corps des inspecteurs et receveurs in der Direction générale des impôts im Finanzministerium die „grades“: inspecteur, inspecteur central, receveur principal de 2e classe, receveur principal de 1e classe sowie inspecteur principal.

Diese Organisationsstrukturen sind für alle beamteten Staatsbediensteten gleich. Für die Nichtbeamteten („non-titulaires“) ergibt sich ein erheblich unsystematischeres Bild. Ihre Zahl und Bedeutung haben in den letzten Jahren stark zugenommen. Es ist allerdings sehr schwer, exakte Zahlen über den tatsächlichen Umfang der nichtbeamteten Staatsbediensteten zu erhalten, da die Angaben der Regierung von den Gewerkschaften als viel zu niedrig abgelehnt werden, andererseits aber auch die Regierung die gewerkschaftlichen Berechnungen als überhöht zurückweist[37]. Von der Direction générale de la fonction publique wurde 1969 al Zahl der non-titulaires 302 232 angegeben[38], die Gewerkschaften hingegen nennen Zahlen zwischen 400 000 und 500 000.

Entsprechend den Berechnungen der Verwaltung teilten sich diese nichtbeamteten Beschäftigten in folgende Gruppen auf:

190 500	Hilfskräfte	(auxiliaires)
85 000	angestellte Beschäftigte	(contractuels)
26 500	zeitweilig angestellte Beschäftigte	(temporaires et vacataires)

Insbesondere die große Zahl von auxiliaires wird allgemein, auch von seiten der Verwaltung, kritisiert, da hierdurch im Laufe der Jahre die Personalkapazität unter Umgehung der haushaltsrechtlich ausgewiesenen Planstellensätze ausgedehnt wurde. Sie werden überwiegend für niedrig bewertete Tätigkeiten eingestellt[39]. Ihre dienstrechtliche Stellung ist durch das Gesetz vom 3. Februar 1950 gesetzlich geregelt und wird als öffentlich-rechtliches Dienstverhältnis aufgefaßt[40]. Es unterscheidet sich aber vom Dienstrecht der Beamten nicht unerheblich. So fehlen z. B. für die auxiliaires die Unkündbarkeit und das Recht auf eigene Personalvertretung.

Demgegenüber stellt sich die Situation der contractuels und temporaires weniger problematisch dar. Sie sind entweder durch öffent-

---

[37] Vgl. zu diesem Streit exemplarisch: *P. Le Corroller*, Auxiliaires: Un dossier explossif, in: L'Express, vom 23. Nov. 1974, S. 36.

[38] Vgl. *Jeanne Siwek-Pouydesseau*, Les personnels non-titulaires de l'Etat, in: Les agents non-titulaires dans l'administration, S. 27.

[39] Vgl. *Laurent Blanc*, S. 13.

[40] Vgl. *Alain Plantey*, I/S. 29 f. und S. 62; *Hans-Werner Laubinger*, S. 800.

lich-rechtlichen oder privatrechtlichen Vertrag angestellt, um für eine bestimmte Zeit eine vakante Stelle zu besetzen oder um eine besondere Aufgabe, für die ein Spezialist benötigt wird, zu erfüllen[41].

Hiermit soll die Darstellung der wesentlichen Randbedingungen für die Personalvertretung im System des öffentlichen Dienstes abgeschlossen werden, um weitere bedeutende einflußnehmende Faktoren aus dem System der französischen Verwaltung zu behandeln.

bb) Die Verwaltungsstruktur

Die Organisationsstruktur der französischen Verwaltung ist zentralistisch im Gegensatz zur föderalistischen Struktur in der Bundesrepublik Deutschland. Dies läßt sich bereits aus der Personalstärke der einzelnen Verwaltungsebenen ersehen. Während in Frankreich ca. 2 Millionen Staatsbedienstete der Zentralverwaltung und ihrer nachgeordneten Behörden ca. 1 Million Beschäftigte der Kommunen gegenüberstehen, ist in der Bundesrepublik das Verhältnis von Bundesverwaltung mit ca. 1,2 Millionen Beschäftigten (mit Bundespost und Bundesbahn) zur Verwaltung der Länder und Gemeinden mit ca. 2,2 Millionen Beschäftigten gerade umgekehrt[42]. Wenn diese auch zahlenmäßig sehr starke Zentralverwaltung in Frankreich betrachtet wird, so muß dabei beachtet werden, daß die eigentliche Zentralverwaltung, d. h. die Ministerialverwaltung in Paris, nur etwa 1,5 % des Personals der gesamten Staatsverwaltung beansprucht[43]. Die verbleibenden 98,5 % verteilen sich auf die nachgeordneten Dienststellen, services extérieurs, der 14 Ministerien in Paris[44]. Demgegenüber sind aber bei dieser Zentralverwaltung fast alle wesentlichen Aufgaben und Zuständigkeiten konzentriert. So obliegen trotz mehrerer Reorganisationsversuche noch alle wesentlichen Zuständigkeiten der Personalverwaltung ausschließlich der Zentralverwaltung. Mit den Dekreten N° 64-250 und 64-251 vom 14. März 1964 wurde erstmals der staatliche Wille zur Dekonzentration der Wirtschafts- und Verwaltungsstruktur manifestiert. Bereits mit der Ablehnung des Referendums vom 27. April 1969 über das Projekt zur Schaffung der „régions" und zur Neugliederung des „Sénat" war aber ein Erfolg dieser Bemühungen sehr in Frage gestellt worden.

---

[41] Vgl. *Laurent Blanc*, S. 13 f.

[42] Die Daten für die Bundesrepublik Deutschland sind dem statistischen Jahrbuch der BRD 1976, Stuttgart 1976, S. 412 f. entnommen.

[43] Vgl. *Francis de Baecque*, L'administration centrale de la France, Paris 1973, S. 51 ff., der auf der Grundlage eines Zahlenmaterials aus dem Jahre 1971 ein Verhältnis von 32 386 Beschäftigten der Zentralverwaltung gegenüber 1 971 268 der nachgeordneten Behörden angibt.

[44] Vgl. zur Geographie und den Mobilitätsproblemen der services extérieurs der Staatsverwaltung: *Marceau Long / Laurent Blanc*, L'économie de la fonction publique, Paris 1969, S. 112 ff.

Die aktuelle Situation stellt sich so dar, daß sich an der Allzuständigkeit des Ministers in allen Personalfragen in der Praxis nichts geändert hat und daß die wesentlichen Personalmaßnahmen wie Einstellung, Aufstellung der Beförderungspläne, die Beförderung selbst und die Ausübung der Disziplinargewalt nach wie vor von der Zentralverwaltung vorgenommen werden. Die Bemühungen zur Dekonzentration der Verwaltung müssen daher als Mißerfolg bezeichnet werden[45].

Die durch das Gesetz vom 5. Juli 1972 (Loi N° 72-619 du 5 juillet 1972, J.O. 9 juill, p. 7176) schließlich geschaffenen 22 „régions" sind in ihren Zuständigkeiten im wesentlichen auf budgetäre, wirtschaftliche und infrastrukturelle Aufgaben beschränkt. Sie konnten sich bisher auch nicht als formales Organisationskonzept in allen Verwaltungsbereichen durchsetzen. In den Verwaltungen, in denen Mittelinstanzen bestanden oder neueingerichtet wurden, orientierte man sich nur selten an den räumlichen Grenzen der politischen „régions". So wurden für die Police nationale durch das Dekret N° 71-572 vom 1. Juli 1971 als interdepartementale Mittelinstanzen 10 Generalsekretariate geschaffen, die mehrere „régions" umfassen. Auch die 25 „académies", Mittelinstanzen im Erziehungsbereich, decken sich nicht mit den neugeschaffenen politischen „régions".

Ebenso besitzen die „départements", als unterste staatliche Verwaltungsebene, nur sehr beschränkte Selbstverwaltungsrechte. An der Spitze der Verwaltung steht der Präfekt, der eine Doppelstellung als Repräsentant der Selbstverwaltungskörperschaft und als weisungsgebundener Vertreter der Regierung einnimmt. Das „département" ist gleichzeitig für viele Ministerialbereiche die kleinste lokale Verwaltungseinheit.

cc) Die Gewerkschaftsstruktur

Ein weiteres wichtiges Strukturmerkmal für die Personalvertretung stellt der Gewerkschaftspluralismus im öffentlichen Dienst in Deutschland und Frankreich dar[46].

Die in Frankreich auch im privatwirtschaftlichen Sektor vorzufindende pluralistische Gewerkschaftsstruktur stellt sich in der Bundesrepublik Deutschland als ein Sonderfall dar. Der privatwirtschaftliche Bereich wird hier durch die Einheitsgewerkschaften des DGB bestimmt, andere gewerkschaftliche Organisationen wie die des CGB und der DAG existieren zwar, spielen aber keine wesentliche Rolle. Nur im

---

[45] Diese Einschätzung wird unterstützt durch *Serge Salon*, S. 3.

[46] Zur umfangreichen Literatur über den Gewerkschaftspluralismus sei auf die Literaturangaben bei *Winfried Vahl*, Die französischen Arbeitergewerkschaften C.G.T., C.G.T.-F.O. und C.F.D.T. (C.F.T.C.) im politischen System der V. Republik, Diss. Köln 1974, S. 24, Fn. 2 verwiesen.

Bereich des öffentlichen Dienstes stellen die Gewerkschaften des DBB ein deutliches Gegengewicht zu den DGB-Gewerkschaften dar, auch wenn sie wegen ihrer Beschränkung auf die Vertretung von Beamteninteressen nicht an den Tarifverhandlungen teilnehmen können. Die ebenfalls im öffentlichen Dienst präsente DAG scheint sich seit der Aufkündigung der Tarifgemeinschaft mit der ÖTV im Jahre 1976 zu einem dritten Pol innerhalb des Gewerkschaftsspektrums zu entwickeln[47].

In Frankreich wird das Gewerkschaftssystem des öffentlichen Dienstes im wesentlichen von 7 Organisationen bestimmt. Darüber hinaus gibt es zwar noch eine Vielzahl kleinerer Einzelgewerkschaften und gewerkschaftlicher Gruppierungen, diese sieben Organisationen sind aber als repräsentativ anerkannt und haben Sitz und Stimme im Conseil supérieur de la fonction publique (C.S.), dem höchsten paritätischen Beratungs- und Beteiligungsgremium des öffentlichen Dienstes[48]. Davon gehören drei Organisationen den großen gewerkschaftlichen Dachverbänden, confédérations, an: die Union Général des Fédérations des Fonctionnaires (U.G.F.F.-C.G.T.) als Untergliederung der Confédération Générale des Travailleurs (C.G.T.), die Union des Fédérations des Fonctionnaires et Assimilées (U.F.F.A.-C.F.D.T.) als Untergliederung der Confédération Française Démocratique du Travail (C.F.D.T.) und die Fédération Générale des Fonctionnaires — Force Ouvrière (C.G.T.-F.O.). Daneben stehen als Unterorganisationen weniger bedeutender Dachverbände die Beamtenorganisationen der Confédération des Cadres (C.G.C.) und der Confédération Française des Travailleurs Chrétiens (C.F.T.C.). Ihr Einfluß ist auch im öffentlichen Dienst nicht sehr groß. Von überragender Bedeutung ist dagegen die Fédération de l'Education Nationale (F.E.N.), die eine der beiden ausschließlich im öffentlichen Dienst vertretenen Gewerkschaften ist. Sie ist zwar nur auf den Erziehungsbereich beschränkt, repräsentiert aber dennoch über 30 % der Beschäftigten des gesamten Staatsdienstes. Demgegenüber ist die Fédération Générale autonome des Fonctionnaires et des agents de l'Etat (F.G.A.F.) nur von untergeordneter Bedeutung.

In diesen nationalen Gewerkschaften des öffentlichen Dienstes sind eine Vielzahl von Einzelgewerkschaften organisiert. Das Gewerkschaftssystem in Frankreich ist in einem wesentlich höheren Maße als in der

---

[47] Vgl. ÖTV-Magazin, 5/76, S. 5: Nicht mehr gemeinsam mit der DAG; Berichte zum 11. Bundeskongreß der DAG in Wiesbaden, in: Der Angestellte, 1. Dez. 1975, S. 20 ff.

[48] *Jeanne Siwek-Pouydesseau,* Le Conseil supérieur de la Fonction publique, 1/1971 - 72, S. 161 ff. (165 f.); *Marie-Chantal Mathias,* Le Conseil supérieur de la Fonction publique, Mémoire de D.E.S. de science politique, Année universitaire 1972/73, S. 17 f.; auf die Zusammensetzung und Aufgaben des C.S. wird weiter unten näher eingegangen: 2. Kap. A.

Bundesrepublik funktional differenziert. Die drei großen Beamtengewerkschaften der C.G.T., C.F.D.T. und F.O. sind in fast allen Ministerialbereichen mit eigenständigen gewerkschaftlichen Organisationen vertreten. Nicht selten wurden sogar innerhalb eines Ministerialbereichs nochmals für die Direktionen eigene Gewerkschaften geschaffen, so beispielsweise in der Direction générale des impôts und der Direction générale de la Comptabilité publique im Ministère de l'Economie et des Finances. Die Gewerkschaft F.E.N. umfaßt allein für den Bereich des Ministère de l'Education 44 Einzelgewerkschaften. Sie sind alle auf nationaler Ebene konstituiert und haben fast ausnahmslos ihren Sitz in Paris. Dieser Umstand führt korrespondierend zur Struktur der Verwaltungsorganisationen auch im gewerkschaftlichen Bereich zu einer starken Zentralisierung.

Die gewerkschaftliche Repräsentanz an der Basis, sei es für eine Verwaltung, eine Stadt oder ein Departement, wird durch die Unions de base locales, die Unions départementales oder die Commissions de Liaisons wahrgenommen. Dies sind allerdings interprofessionale Organisationen, in denen die Mitglieder eines gemeinsamen Dachverbandes aus den verschiedensten Berufssparten auf der jeweiligen Ebene zusammengefaßt sind[49]. Sie haben für die spezifische Interessenvertretung im öffentlichen Dienst nur in Ausnahmefällen eine Bedeutung.

Eine Beschreibung der einflußnehmenden Faktoren aus dem französischen Gewerkschaftssystem kann nicht die politischen Standorte der einzelnen Gewerkschaftorganisationen unberücksichtigt lassen, ohne empfindliche Einbußen für mögliche Erkenntnisse aus dem Gewerkschaftssystem für die Personalvertretung in Kauf zu nehmen. Es soll zunächst eine knappe Standortbeschreibung der einzelnen Beamtenorganisationen gegeben werden, die sich in der Regel kaum von dem ihrer Dachorganisationen unterscheidet.

Die U.G.F.F.-C.G.T. ist von allen Gewerkschaften am stärksten parteipolitisch gebunden, und zwar an die kommunistische Partei (P.C.F.). Sie ist sowohl programmatisch als auch in der Führungsspitze personell eng mit der P.C.F. verbunden und führt auch mit ihr viele gemeinsame Aktionen durch. An ihrer Basis allerdings besteht diese personelle Verknüpfung keineswegs durchgehend. Ein gewisser Teil ihrer Mitglieder ist nicht gleichzeitig Mitglied in der kommunistischen Partei und ein vielleicht noch größerer Teil der Mitglieder der P.C.F. ist in anderen Gewerkschaften als der C.G.T. organisiert[50].

---

[49] Vgl. Guide pratique de la fonction publique, S. 220; Structures de la Fédération de l'Education nationale, in: l'enseignement public N° 1/1975, S. 16.

[50] Rapport d'activité et d'orientation, in: La tribune des fonctionnaires, Supplément au N° 246, févr 1973, Bulletin N° 2 du 14ème Congrès de l'U.G.F.F., S. 2 f.

Eine dieser Gewerkschaften ist die U.F.F.A.-C.F.D.T. Sie ist entsprechend dem Standort ihrer Dachorganisation parteipolitisch nicht festgelegt, wenngleich ihr häufig eine Affinität zur P.S.U. nachgesagt wird[51]. In der gesellschaftspolitischen Entwicklung dieser Gewerkschaft vom demokratischen Sozialismus zu einem modernen, den Klassenkampf bejahenden Sozialismus[52] kann die Beamtenorganisation der C.F.D.T. tendenziell eher dem gemäßigten Flügel der Dachorganisation zugerechnet werden. Ihr Bekenntnis zum „programm commun" der Volksfront blieb davon allerdings unberührt. Die politische Standortbestimmung nach dem Auseinanderbrechen der Linksunion im Herbst 1977 läßt sich noch nicht abschließend vornehmen. Es zeichnet sich jedoch ab, daß die C.F.D.T. auch in diesem Konflikt zwischen kommunistischer und sozialistischer Partei der P.C.F. eher kritisch gegenüber steht.

Ebenfalls in der Grundrichtung der früheren Linksunion einzuschätzen ist die F.E.N., wenngleich von ihr eindeutige parteipolitische Aussagen nicht gemacht werden, da ihre Mitgliedsgewerkschaften mitunter sehr starke politische Differenzen aufweisen. Als Exponenten sind hier die Gewerkschaft der Mittel- und Oberschullehrer S.N.E.S. als sozialistisch/kommunistisch orientiert und die Gewerkschaft der Grundschullehrer S.N.I. mit sehr gemäßigten politischen Aussagen zu nennen.

Die letzte der großen Gewerkschaften, die Fédération Générale des Fonctionnaires — F.O., betont ausdrücklich ihre parteipolitische Neutralität, was aber nicht bedeutet, daß sie punktuell nicht auch zum Kampf gegen die derzeitige politische Führung bereit wäre[53].

Die beiden Beamtenorganisationen der C.G.C. und der C.F.T.C. sind parteipolitisch strikt neutral und neigen von ihrer Mitgliederstruktur her allerdings eher einer gaullistisch-konservativen Grundhaltung zu. Überhaupt keine parteipolitische Aussage läßt sich über die unabhängigen Gewerkschaften der F.G.A.F. machen[54].

Bemüht man sich nun um eine zusammenfassende Beurteilung, so wird man eine starke Tendenz innerhalb der Gewerkschaften des öffentlichen Dienstes, insbesondere in Anbetracht der Größe und Bedeutung

---

[51] *Udo Kempf,* Das politische System Frankreichs, Opladen 1975, S. 188.

[52] Vgl. *Edmond Maire,* La C.F.D.T. et les agents des services publics, in: Guide pratique de la fonction publique, S. 3 ff.; *Yves Saint-Jours,* Le syndicalisme dans la fonction publique, Notes et Etudes Documentaires, N° 4197 - 4198, S. 46.

[53] *Pierre Tribie,* Rapport d'activité au Congrès de la Fédération Générale des Fonctionnaires-F.O., in: la nouvelle tribune, N° 201, S. 2 f.; *Yves Saint-Jours,* S. 47.

[54] Vgl. zu der gesamten Einschätzung exemplarisch die Darstellung der aktuellen Situation der Gewerkschaften des öffentlichen Dienstes im Frühjahr 1977 bei *Jean-Pierre Dumont,* Les syndicats haussent le ton, in: Le monde du 6 avril 1977, S. 1 + 28.

der drei erstgenannten, zu kommunistischen oder sozialistischen Gesellschaftsvorstellungen feststellen können, was sie natürlich in einen grundsätzlichen Gegensatz zu allen bisherigen Regierungen der V. Republik und deren Verwaltungen brachte. Hieraus wird in der Literatur häufig abgeleitet, daß die Beamtenschaft ihrem Dienstherrn, der Verwaltung, „keineswegs im Geiste vertrauensvoller Zusammenarbeit gegenüberstehe", sondern von einer „streitbaren Gehaltsempfängermentalität" geprägt sei[55]. Zu der Frage, wieweit diese politischen Strukturen in den Bereich der Personalvertretung hineinwirken und ob diese Einschätzung dafür aufrechtzuerhalten ist, kann die vorliegende Untersuchung möglicherweise einen Beitrag leisten.

2. Zur Untersuchung der Wirksamkeit der Personalvertretungssysteme

Nachdem der methodische Rahmen dieser Untersuchung auf der Grundlage der Erkenntnisse der vergleichenden Verwaltungswissenschaft dargestellt und erläutert wurde, soll nun auf die Frage eingegangen werden, wie in diesem Rahmen Aussagen über die Wirksamkeit der Personalvertretung in beiden Ländern gemacht werden können. Auf die Problematik von Wirksamkeitsanalysen in der Verwaltung ist in der Literatur vielfach hingewiesen worden[56]. Unter Berücksichtigung dieser Erkenntnisse soll der Versuch unternommen werden, mit einem eingeschränkten, auf die konkrete Problemstellung hin definierten Wirksamkeitsbegriff die angestrebten Aussagen zu gewinnen.

Wirksamkeit im Spannungsfeld divergierender Interessen, die durch die Personalvertretung gefördert oder gehemmt werden, kann nicht unter dem Gesichtspunkt der organisatorischen Effizienz im Sinne der häufig beschriebenen Verwaltungseffizienz gesehen werden[57], da sich das System der Personalvertretung nicht als eine bürokratische Organisation, sondern als ein Interaktionsfeld sozialer Partner darstellt. Aus dem gleichen Grunde kann auch zur Bestimmung der Wirksamkeit der Personalvertretung nicht ein betriebswirtschaftlicher Ansatz in Form einer Kosten-Nutzen-Analyse herangezogen werden, der in den letzten Jahren für die Untersuchung der Effizienz der Verwaltung an Bedeutung gewonnen hat[58].

---

[55] *Renate Remandas,* Die Freiheitsrechte der Angehörigen des öffentlichen Dienstes in Frankreich, Diss. Mainz 1965, S. 27; vgl. auch *Henri Dubief,* Le syndicalisme révolutionnaire, Paris 1969, S. 114 ff.

[56] Vgl. *Peter Eichhorn / Heinrich Siedentopf,* Effizienzeffekte der Verwaltungsreform, Baden-Baden 1976, S. 23; *Hans-Ulrich Derlien,* Theoretische und methodische Probleme der Beurteilung organisatorischer Effizienz der öffentlichen Verwaltung, in: Die Verwaltung 1974, S. 1 ff. (1 und 22); *Gerhard Gröbner,* Effizienzanalysen im Staatssektor, in: Die Verwaltung 1970, S. 297 ff.

[57] Vgl. *Hans-Ulrich Derlien,* S. 1 ff. mit weiteren Nachweisen.

Vielmehr soll die Wirksamkeit der Personalvertretung als Zielerreichungseffizienz definiert werden[59]. Es konnte festgestellt werden, daß sowohl bei der Normierung der Personalvertretung in beiden Ländern Ende der vierziger Jahre bzw. Anfang der fünfziger Jahre als auch bei den Novellierungen und Modifikationen in der jüngsten Vergangenheit von den maßgeblichen Initiatoren und einflußnehmenden Gruppen ganz bestimmte Ziele angesprochen wurden, die sie mit ihren Vorstellungen von den Normen der Personalvertretung verwirklicht sehen wollten. Die Ziele sind zwar heterogen, sich teilweise widersprechend, mitunter aber auch interdependent und es wird nicht möglich sein, alle Einzel- und Unterziele in ihrer gesamten Komplexität zu erfassen. Dennoch lassen sich aus der Vielfalt der Ziele einige Grundtendenzen bestimmen, die es erlauben, ein Zielkonzept der Personalvertretung zu beschreiben. Aus dieser Zielbeschreibung sollen die Kriterien gewonnen werden, die einer Analyse der Wirksamkeit beider Personalvertretungssysteme, d. h. ihres Zielerreichungsgrades, zugrunde gelegt werden können.

Der Grad der Zielerreichung soll in zwei Schritten untersucht werden. Zunächst wird die Umsetzung der Ziele in die normierten Strukturen behandelt. Hierzu soll zuerst festgestellt werden, welche Strukturmerkmale des Systems der Personalvertretung zur Erfüllung welcher Ziele als funktional angesehen werden. Daran anschließend werden die Normen dargestellt, die die Struktur der Personalvertretung in beiden Ländern bestimmen. In einem zweiten Schritt soll dann danach gefragt werden, wie diese Normen in der Praxis durchgesetzt und somit die zur Zielerreichung als funktional angesehenen Strukturelemente realisiert sind.

Diese Darstellung der Praxis der Personalvertretung in beiden Ländern wird sich auf eine vom Verfasser selbst durchgeführte empirische Untersuchung stützen müssen, da die wenigen empirischen Daten, die über die Praxis der Personalvertretung bisher in der Literatur veröffentlicht sind, für diese spezielle Fragestellung nicht ausreichen[60].

---

[58] Vgl. *Peter Eichhorn / Heinrich Siedentopf*, S. 30 f.; *Gerhard Gröbner*, S. 297; *Peter Eichhorn*, Grundsätzliche Bemerkungen zur Nutzen-Kosten-Analyse, in: Wibera-Sonderdruck, Nr. 34, Oktober 1972, S. 5.

[59] Vgl. *Walter Leisner*, Effizienz als Rechtsprinzip, in: Recht und Staat, Heft 402/403, S. 7.

[60] Für die Bundesrepublik Deutschland liegen bisher nur eine Untersuchung für den Postbereich von *Werner Potthoff*, Die Mitbestimmung der Beamten im öffentlichen Dienst, Diss. Münster 1965 und ein Teilausschnitt, der sich mit Personalvertretung befaßt, aus der Organisationssoziologischen Untersuchung der bremischen Verwaltung, Projektgruppe Organisationsforschung der Senatskanzlei, Bremen 1972, vor. Für Frankreich wurde bisher nur eine Untersuchung von *Frederic Meyers*, The State and Government Employee Unions in France, Ann Arbor 1971, veröffentlicht. Vgl. aber die umfassenden empirischen Untersuchungen zum BetrVG bei *Gundolf Kliemt*,

Wenn aus diesem methodischen Vorgehen Aussagen zur Zielerreichungseffizienz gemacht werden sollen, so muß gleichzeitig auf eine Einschränkung für die Reichweite der Aussage hingewiesen werden, die sich aus der Anlage der empirischen Untersuchung ergibt. Eine uneingeschränkte Wirksamkeitsanalyse müßte entsprechend den eben dargestellten Stufen der Prüfung als wesentlicher Faktor die Funktion der Personalvertretung für die Beschäftigten selbst aufgrund einer empirischen Bestimmung ihrer Einschätzungen und Meinungen zur Personalvertretung beinhalten. Dieses Vorgehen war aber aus forschungsökonomischen Gründen nicht möglich und muß bereits im methodischen Ansatz berücksichtigt werden. Es konnte empirisch lediglich die Sichtweise der Personalvertreter, der Dienststellenvertreter und der Gewerkschafter einbezogen werden. Die Analyse der Wirksamkeit wird daher keine Aussagen über die Wirksamkeit der Interessenvertretung selbst, sondern nur über die Bedingungen einer wirksamen Interessenvertretung des Personals im öffentlichen Dienst machen können.

Hieraus ergibt sich dann ein vierteiliger Aufbau der nachfolgenden Untersuchung: das erste Kapitel wird der Darstellung der Ziele und Funktionen der Personalvertretung dienen, im zweiten Kapitel werden daran anschließend die normierten Strukturen beider Regelungssysteme behandelt werden. Dem wird dann im dritten Kapitel eine Beschreibung der vorgefundenen Realität der Personalvertretung in Deutschland und in Frankreich aufgrund einer empirischen Untersuchung ausgewählter Verwaltungsbereiche gegenübergestellt. Das abschließende vierte Kapitel wird aus einer Konklussion von Zielen, Normen und Praxis in einer vergleichenden Analyse die Zielerreichungseffizienz der Personalvertretungssysteme beider Länder und ihre Funktionen innerhalb ihres kontextuellen Bereichs behandeln.

Die Praxis des BetrVG im Dienstleistungsbereich, Tübingen 1971 und *Otto Blume*, Normen und Wirklichkeit einer Betriebsverfassung, Tübingen 1964.

Erstes Kapitel

Ziele und Funktionen der Personalvertretung

In diesem Kapitel werden zunächst entsprechend dem eben erläuterten methodischen Vorgehen die Ziele der Personalvertretung betrachtet.

Am Anfang stehen einige Vorbemerkungen zur Vorgehensweise, in denen die Grundlagen der Zielbeschreibung dargelegt werden. Hierbei wird zunächst auf die spezifischen Probleme einer Zielbetrachtung im Bereich der Personalvertretung eingegangen und daran anschließend werden die drei Betrachtungspositionen und die Quellen der Zielbeschreibung dargestellt. Die sich hieraus ergebenden drei Zielgruppen werden den Schwerpunkt dieses Kapitels bilden. Zum Schluß wird dann auf die Interdependenzen und Konflikte der Zieldiskussion eingegangen.

A. Vorbemerkungen zur Vorgehensweise

1. Probleme der Zielfindung im Bereich der Personalvertretung in beiden Ländern

Es wurde bereits oben bei den Erörterungen zum methodischen Vorgehen auf die Interdependenzen zwischen den unterschiedlichen Zielpositionen hingewiesen. Darauf soll im Anschluß an die Zielbeschreibung detailliert eingegangen werden[1]. In der Vorbemerkung sollen lediglich einige grundsätzliche Klarstellungen vorgenommen werden.

Die zwei Länder umfassende Anlage dieser Untersuchung und deren unterschiedliche ideologische und politische Strukturen, die eben in der Darstellung der Randbedingungen im politischen System bereits aufgezeigt werden konnten, bewirken eine erhebliche Komplexität der Ziele. Wenn daher im folgenden neun Hauptziele der Personalvertretung in beiden Ländern beschrieben werden, so soll durchaus eingestanden sein, daß dadurch die Zielkomplexität in nicht unerheblicher Weise reduziert wird. Dies erscheint jedoch gerechtfertigt, da mit der Zielbeschreibung nicht der Anspruch verfolgt wird, ein filigranes Zielsystem der Personalvertretung zu entwerfen, sondern — insbesondere auch im Hinblick auf den vergleichenden Ansatz — gewisse durch-

---

[1] Vgl. unten 1. Kap. E.

gängige Zielstrukturen zu erkennen, die zur Grundlage der Wirksamkeitsbetrachtungen gemacht werden können. Hierbei sollen allerdings die diffusen programmatischen Zielvorstellungen wie die der „participation" in Frankreich oder der „Demokratisierung" in der Bundesrepublik Deutschland aufgefächert und durch eine weitgehende Operationalisierung einer Zuordnung zu den einzelnen Strukturelementen zugänglich gemacht werden. Es gilt darüber hinaus ebenfalls, unklar umschriebene Ziele wie Verbesserung des Betriebsklimas, Steigerung der Arbeitszufriedenheit und des Verantwortungsbewußtseins der Beschäftigten sowie Hebung der Arbeitseffektivität zu spezifizieren.

Es ist allerdings unvermeidlich, daß auch in der folgenden Zielbeschreibung ein gewisser Abstraktionsgrad eingehalten wird, wenn man der Intention, übergreifende Zielstrukturen zu erkennen, gerecht werden will.

Hierbei ist auch das Problem der Qualität der anzusprechenden Ziele zu berücksichtigen. Denn ein Gesetzesvorhaben in einem sozialen Spannungsfeld wird nicht die gleiche Zielklarheit besitzen wie beispielsweise eine wirtschaftslenkende oder -fördernde Norm. Man wird in dieser Diskussion um die Ziele der Personalvertretung neben verschiedenen Zielpositionen auch verschiedene Intensitätsstufen unterscheiden können. Es gibt ausdrücklich ausgesprochene und vorgefaßte Ziele, es gibt gewünschte Wirkungen, die als Ziele definiert werden, es gibt aber auch bewußte und in Kauf genommene Funktionen, die somit Zielqualität erhalten können. Man wird daher bei einer Beschreibung der Ziele auch gewollte und gewünschte Funktionen miteinbeziehen müssen und das Thema dahingehend erweitern.

2. Drei Betrachtungspositionen

Bei der Betrachtung der Zieldiskussion um eine Personalvertretung in Deutschland und Frankreich sollen alle wesentlichen Zielpositionen berücksichtigt werden. Hierbei wird davon ausgegangen, daß drei Bereiche aus dem Kreis der Betroffenen als zentral und bestimmend angesehen, die übrigen als peripher für die Zielsetzung vernachlässigt werden können.

Die Ziele einer Interessenvertretung der Beschäftigten in einer hierarchisch gegliederten Organisation werden einmal bestimmt von dem Gegensatz zwischen Führungs- und Entscheidungsebene auf der einen Seite und der Beschäftigtenebene auf der anderen Seite. Hierbei steht die Betrachtung der Ziele, die im Interesse der Beschäftigten verfolgt werden, zunächst im Vordergrund. Für sie wurden diese Regelungen geschaffen, und ihre Interessen sollen durch diese Institution vertreten werden.

Auf der anderen Seite steht die Führungsebene, deren Stellung im System der Personalvertretung nur unzulänglich beschrieben wäre, sähe man sie ausschließlich als passiven Adressat von Mitbestimmungsforderungen an, die selbst neutral der Institution gegenübersteht. Auch die Behördenleitung verbindet mit einer organisierten Interessenvertretung konkrete eigene Ziele.

Es fällt schwer, diesem eindeutig abgegrenzten Begriffspaar Behördenleitung — Beschäftigte im internen Bereich ebenso deutlich extern eine einflußnehmende Gruppe gegenüberzustellen. Denn es stehen im gesamtgesellschaftlichen Bereich eine Vielzahl von Gruppen bereit, bei denen ein vitales Interesse an einer funktionsfähigen Verwaltung zu vermuten ist. Man greife nur beispielhaft den Bürger als Benutzer der Verwaltungseinrichtungen, die Wirtschaft, die Wohlfahrtsverbände oder die Gewerkschaften heraus. Es scheint jedoch legitim, sich bei dieser Untersuchung im externen Bereich als einflußnehmende Gruppe auf die Gewerkschaften zu beschränken, weil das hier behandelte Problem einer innerbehördlichen Mitbestimmung sie als außerbehördlich organisierte Interessenvertretung am engsten berührt. Jeder Benutzer der Verwaltung wird zwar ebenfalls ein Interesse an dem innerbehördlichen Entscheidungsprozeß haben, seine Interessen und eventuell daraus abgeleiteten Ziele werden sich aber nur höchst mittelbar auf die Personalvertretung beziehen.

Die Nähe der Gewerkschaft zur Personalvertretung dagegen ist sehr deutlich. In der französischen Regelung lassen sie sich sogar kaum noch als externe Faktoren definieren, sondern sind als bestimmende Gruppe mit in die Normen einbezogen. Das deutsche BPersVG zeichnet sich hier durch eine gewisse Inkonsequenz aus. Der gesamten Systematik des Gesetzes sind die Gewerkschaften als einflußnehmendes Element fremd — eine systemwidrige Ausnahme bildet nur der § 33 S. 2 BPersVG —; bereits im Hearing zum Gesetzesentwurf aber waren die Gewerkschaften die wesentlichen Informationsträger für die Personalseite über die Erfahrungen mit dem alten Gesetz[2].

Wenn hiermit also ein dritter Zielbereich Gewerkschaft in die Beschreibung mitaufgenommen wird, so soll damit der spezifischen Sichtweise der Gewerkschaften von der Personalvertretung Rechnung getragen werden, es soll aber nicht dadurch eine Divergenz von Zielen der Gewerkschaften und Zielen der Beschäftigten konstruiert, sondern nur eine über die Ziele der Beschäftigten hinausgehende, sie aber durchaus einschließende Zielposition beschrieben werden.

---

[2] Vgl. Reform des Personalvertretungsgesetzes, Aus der öffentlichen Anhörung des Innenausschusses des Deutschen Bundestages am 21. März 1973, Zur Sache 3/73, hrsg. vom Presse- und Informationszentrum des Deutschen Bundestages, Bonn 1973.

3. Grundlagen und Quellen der Zielbeschreibung

Die Frage, auf welche Quellen sich die Beschreibung der Ziele der Personalvertretung stützen kann, bedarf ebenfalls einer Vorklärung. Da die Zielbeschreibung selbst nicht zum Gegenstand der empirischen Erhebungen gemacht werden soll, bleibt die Analyse der vorhandenen Dokumente, in denen sich Äußerungen der Betroffenen finden lassen. Bei einer Durchsicht dieser Dokumente fällt auf, daß die Beiträge zur Zieldiskussion den drei Betroffenengruppen, so wie sie eben im vorausgegangenen Abschnitt bestimmt wurden, nicht zu gleichen Teilen zugerechnet werden können.

So sind beispielsweise aus dem Kreis der einzelnen Beschäftigten kaum Äußerungen zu Zielen erkennbar[3], und auch die vereinzelten Beiträge von Dienststellenleitern sind kaum dazu geeignet, konkrete Zielpositionen zu erkennen[4]. Die Diskussion um die Ziele der Personalvertretung wurde vielmehr auf der parlamentarischen Ebene, in den Koalitionsgesprächen, Ausschußberatungen und den Plenarsitzungen, durch Beiträge der Gewerkschaften und auf der wissenschaftlichen Ebene in der Fachliteratur geführt. Hier wurden die Ziele im Interesse der drei Betroffenengruppen angesprochen und formuliert.

Hierbei liegen die Akzente für beide Länder verschieden. So hat in der Bundesrepublik das BPersVG eine umfangreiche parlamentarische Beratung erfahren. Bereits für seine erstmalige Normierung im Jahre 1955 war es schon zweimal als Gesetzentwurf im Bundestag eingebracht und beraten worden[5], und auch für die Novellierung des PersVG im Jahre 1974 mußte durch den vorzeitigen Abbruch der 6. Legislaturperiode das Gesetzgebungsverfahren zweimal eingeleitet werden. Daher stehen aus diesen insgesamt vier Verfahren mit ihren Ausschußberatungen und Plenarsitzungen zahlreiche Äußerungen zu den Zielen der Personalvertretung zur Verfügung[6].

---

[3] Dieser Feststellung vordergründig widersprechende Überschriften von Aufsätzen wie z. B. *Willi Bopp*, Probleme der Personalvertretung aus der Sicht der Beschäftigten, in: Die Personalvertretung 1969, S. 239 - 246 oder *Adam Schimmelpfennig*, Der Personalrat aus der Sicht der Beschäftigten, in: Die Personalvertretung 1974, S. 205 ff. erscheinen bei eingehender Betrachtung als Darstellungen aus der Sicht der Gewerkschaften bzw. als die Zusammenfassung einer empirischen Untersuchung, die sich mit Zielen nicht befaßt.

[4] Vgl. *Anton Jaumann*, Probleme des PersVG aus der Sicht des Dienstherrn, in: Die Personalvertretung 1969, S. 234 ff. oder *Otto Ernst Starke*, Aufgaben und Funktionen des Personalrates, in: DÖV 1975, S. 849 ff.

[5] Vgl. BT-Protokoll, I/228., S. 10318 - 10329 und BT-Protokoll II/20., S. 690 bis 730.

[6] Bedauerlicherweise konnten die für die Novellierung des Gesetzes sehr wichtigen Protokolle der Koalitonsgespräche zwischen SPD und FDP vom 15. 8. - 14. 11. 1973 nicht ausgewertet werden. Ein dahingehender Antrag des Verfassers an das BMI, Abt. D, wurde nur mit der bedeutenden Einschrän-

In Frankreich dagegen waren die Beiträge aus dem parlamentarischen Raum weniger zahlreich, da die Normen der Personalvertretung nur einmal im Jahre 1946 einer parlamentarischen Beratung unterworfen wurden, als mit dem Statut général des Fonctionnaires die gesetzliche Grundlage für die nachfolgenden Dekrete geschaffen wurde. Diese Dekrete aus den Jahren 1948, 1959 und 1976 wurden ohne parlamentarische Beratung von der Verwaltung vorbereitet und erlassen, so daß auch keine zugänglichen Materialien darüber vorhanden sind.

Ähnlich umfangreich dagegen sind in beiden Ländern die Beiträge aus dem gewerkschaftlichen Bereich und aus der Fachliteratur, wenngleich auch den französischen Gewerkschaften gelegentlich ein gewisses Desinteresse an den Institutionen der Personalvertretung nachgesagt wird[7]. Insbesondere den Zielpositionen der Gewerkschaften kann eine wesentliche Bedeutung für die Einflußnahme auf die spätere gesetzliche Regelung beigemessen werden[8]. Speziell für die Beeinflussung der Gesetzesvorhaben im Bereich der Personalvertretung durch die Gewerkschaften und Berufsverbände liegen sowohl für die Bundesrepublik[9] als auch für Frankreich[10] bereits detaillierte Untersuchungen vor.

Durch die grundsätzliche und theoretische Diskussion der Ziele in der Fachliteratur wurden die Grundlagen sowohl für die parlamentarische als auch für die gewerkschaftliche Diskussion gelegt. Sie ist daher bei den Quellen der Zielbeschreibung mit zu berücksichtigen.

---

kung bewilligt, daß nicht die Gesprächskontrolle, sondern lediglich das Ergebnisprotokoll zur Einsicht freigegeben wurde. Hieraus waren allerdings keine der vertretenen Zielpositionen zu erkennen.

[7] Vgl. *Danièle Loschak*, Principe hiérarchique et participation, in: Bulletin de l'institut internationale d'administration publique 1976, S. 121 ff. (197 f.); *Jeanne Siwek-Pouydesseau*, La participation, S. 85 f.

[8] Vgl. zur allgemeinen Problematik der Einflußnahme von Verbänden auf die Gesetzgebung: *Jean Meynaud / Jean Meyriat*, Les groupes de pression, in: Revue française de science politique 1962, S. 433 - 455; *Josef Kaiser*, Die Repräsentation organisierter Interessen, Berlin 1956.

[9] Vgl. *Otto Stammer u. a.*, Verbände und Gesetzgebung, Köln 1965, S. 52 bis 150; *Karl-Heinz Diekershoff*, Der Einfluß der Beamtenorganisation auf die Gesetzgebung des PersVG vom 5. 8. 1955, maschinenschriftl. Diplomarbeit, Köln 1960, S. 114 - 144; *Benno Heussen*, Funktion und Grenzen des Personalvertretungsrechts unter verfassungsrechtlichem Aspekt, Diss. München 1972, S. 41 - 47.

[10] *Jeanne Siwek-Pouydesseau*, Les conditions d'élaboration du Statut général des Fonctionnaires de 1946, in: Annuaire international de la Fonction publique 1970 - 71, S. 11 ff.; *dies.*, Consultation et participation, in: G. Langrod (Hrsg.), La consultation dans l'administration contemporaine, Paris 1972, S. 223 - 240.

B. Ziele im Individualinteresse der Beschäftigten

Die Ziele im Interesse des einzelnen Beschäftigten im öffentlichen Dienst sollen an erster Stelle behandelt werden. Hierzu wurden in beiden Ländern eine Vielzahl mitunter diffuser Zielvorstellungen entwickelt. Das Spektrum der angesprochenen Ziele reichte von der Steigerung der Arbeitszufriedenheit über die Selbstverwirklichung des Menschen bei der Arbeit bis zur Verbesserung des Betriebsklimas.

Aufgrund eines Quellenstudiums wurden als wesentliche Ziele im Individualinteresse der Beschäftigten die folgenden drei Zielpositionen festgestellt: individuelle Selbstbestimmung, kollektive Selbstbestimmung und Machtbindung.

1. Die individuelle Selbstbestimmung

Unter der Zielposition der Förderung der individuellen Selbstbestimmung sollen all die Beiträge zusammengefaßt werden, die eine Stärkung der Position des einzelnen Beschäftigten in seiner Arbeitswelt bezwecken. Hierunter fallen insbesondere auch die Beiträge zur Zieldiskussion, die mit „Erhöhung der Arbeitszufriedenheit und Verbesserung des Betriebsklimas“ umschrieben werden. Die Forderung nach Selbstbestimmung des Individuums kann jedoch nicht als Zielposition der Personalvertretung beschrieben werden, ohne daß auf die Problematik des Autonomiebegriffs als Zielvorstellung im Arbeitssektor hingewiesen wird.

Die Grundlagen der Autonomieforderung wurden in den Werken der politischen Denker des 18. und 19. Jahrhunderts gelegt[11]. Die Freiheit des Individuums wurde als ein abstrakter und vager Anspruch definiert, der dem Bürger die Möglichkeit der Teilhabe im politischen Bereich erschließen soll. Die Emanzipation des Individuums richtet sich gegen den absoluten Herrscher und die Staatsmacht. Sie bezieht sich nur auf den politischen Bereich und läßt die Arbeitssphäre weitgehend unbeachtet[12].

Der Wandel vom bürgerlich-liberalen Staat des 19. Jahrhunderts zur industriellen Massengesellschaft unserer Zeit in den westlichen Demokratien bedingte eine Modifizierung des Autonomiegedankens in den

---

[11] *John Locke,* Zwei Abhandlungen über die Regierung, hrsg. von W. Euchner, Frankfurt 1967, II/§ 87, S. 256; *Jean-Jacques Rousseau,* Staat und Gesellschaft, Contrat social, übers. v. K. Weigand, München 1959, I/8, S. 21 f.; *Charles de Secondat de Montesquieu,* Vom Geist der Gesetze, übers. von K. Weigand, Stuttgart 1965; *John Stuart Mill,* Über die Freiheit, übers. v. Achim v. Borries, Frankfurt/Wien 1969.

[12] Vgl. die umfassende Darlegung bei *Gisela Zimpel,* Selbstbestimmung oder Akklamation? — Politische Teilnahme in der bürgerlichen Demokratietheorie, Stuttgart 1972, S. 21 ff.

Demokratietheorien der modernen Sozial- und Politikwissenschaften[13]. Bereits die Theoretiker des Sozialismus deckten die Schwächen der liberalistischen Emanzipationsforderung auf, indem sie auf die unsoziale Funktion des Autonomiepostulats hinwiesen[14].

Mit dem Strukturwandel der Demokratie in den Industriegesellschaften und dem zunehmenden Staatsinterventionismus änderte sich auch die Rolle des partizipierenden Bürgers, indem er einer anonymen Bürokratie gegenüberstand und die reale Teilhabe an politischen Entscheidungen sich auf sein Wahlrecht im Abstand von mehreren Jahren beschränkte. Politische Partizipation wird daher vielfach als bloße Akklamation, nicht aber als Mittel zur autonomen Selbstbestimmung des Individuums angesehen[15].

Trotz dieses differenzierten Autonomieverständnisses im Bereich der politischen Teilhabe wird in der sozial- und politikwissenschaftlichen Literatur die Forderung nach Übertragung und Ausweitung des Autonomiegedankens in den beruflichen Sektor erhoben, weil das Ziel, die Selbstbestimmung des Individuums zu fördern, nicht allein auf den Bereich der politischen Teilhabe beschränkt werden dürfe, sondern auch der gesamtgesellschaftliche Bereich mit all seinen Subsystemen möglichst demokratisch strukturiert sein soll[16]. In diesem gesamtgesellschaftlichen Rahmen kommt aber der beruflichen Sphäre eine zentrale Bedeutung zu.

Die Problematik der Forderung nach Autonomie des Individuums am Arbeitsplatz ergibt sich also einmal aus der allgemeinen Demokratietheorie, zum anderen leitet sie sich aus den Erkenntnissen der Arbeitssoziologie ab. Eine Reihe amerikanischer Autoren stellten eine Bedürfnispyramide des Arbeitnehmers auf, worin die Selbstbestimmung und Selbstverwirklichung des einzelnen am Arbeitsplatz zur höchsten und letzten Forderung erhoben wurde. Eigene Kreativität und Teilhabe am Entscheidungsprozeß werden als urmenschliche Be-

---

[13] Vgl. *dies.*, ebenda, S. 80 ff.

[14] Vgl. *Karl Marx*, Zur Judenfrage, in: Die Frühschriften, hrsg. v. S. Landshut, Stuttgart 1953, S. 193 ff.; vgl. hierzu ebenso *Herbert Marcuse*, Der eindimensionale Mensch, Studien zur Ideologie der fortschrittlichen Industriegesellschaft, Neuwied/Berlin 1967, S. 163.

[15] Vgl. *Morris Janowitz*, Die soziologischen Voraussetzungen der Theorie der Demokratie, in: Kölner Zeitschrift für Soziologie und Sozialpsychologie, 1956 (8), S. 357 ff.; *Morris Janowitz / Dwaine Marvick*, Competitive Pressure and Democratic Consent, in: H. Eulau / S. J. Elderveld / M. Janowitz (Hrsg.), Political Behavior, Glencoe/Ill. 1956, S. 275 ff.; *Talcott Parson*, Structure and Process in Modern Societies, Glencoe/Ill. 1960; *Josef Schumpeter*, Kapitalismus, Sozialismus und Demokratie, München 1950.

[16] *Frieder Naschold*, Organisation und Demokratie, 3. Auflage, Stuttgart 1972, S. 47 ff.; *Wolfgang H. Staehle*, Organisation und Führung sozio-technischer Systeme, Stuttgart 1973, S. 22 ff.; *Fritz Villmar*, Strategien der Demokratisierung Bd. I: Theorie der Praxis, Neuwied/Berlin 1973, S. 99 f.

dürfnisse definiert[17]. Der durch diese Untersuchungen gefundene Wert der Selbstbestimmung am Arbeitsplatz wird allerdings durch andere Untersuchungen relativiert, die zu dem Ergebnis kommen, daß die Forderung nach Autonomie des Individuums als ein professorales Postulat zu bezeichnen sei, das entfernt sei von den Wünschen und Bedürfnissen der Arbeitnehmer[18].

Die Einwände gegen das Ziel, eine Förderung der Selbstbestimmung des Individuums am Arbeitsplatz anzustreben, gründen sich im wesentlichen auf drei Feststellungen:

— Einmal wird behauptet, der größte Teil der arbeitenden Bevölkerung sehe nicht im Beruf das Feld, auf dem er Befriedigung erreichen und sich selbst verwirklichen möchte, sondern in Hobby, Familie und in anderen Bereichen seiner Freizeit[19].

— Ein zweiter Grund, aus dem sich die Forderung nach Selbstbestimmung verbiete, sei die Apathie, die bei vielen Organisationsmitgliedern angetroffen werden kann. Das Desinteresse an der Veränderung der Bedingungen am Arbeitsplatz könne sich zwar auf die vielfältigsten Gründe zurückführen lassen, die reine Feststellung dieses Desinteresses könne aber bereits schon die Skepsis gegenüber der Autonomieforderung begründen[20].

— Schließlich sei es die Anpassung der Beschäftigten an ihre — möglicherweise unbefriedigende — Situation, die die Zurückhaltung gegenüber der Selbstbestimmungsforderung begründe. Es konnte festgestellt werden, daß ein großer Teil der Organisationsmitglieder sich in graduell unterschiedlicher Intensität eher an unliebsame Verhältnisse anpaßt, als ein Interesse an deren Veränderung zu entwickeln[21].

[17] Vgl. *Abraham H. Maslow*, Motivation and Personality, 2. Auflage, New York 1973, S. 97 ff.; *Frederick Herzberg / Bernard Mauser / Barbara Syndermann*, The Motivation to work, 2. Auflage, New York 1959, S. 97 ff. und 124 ff.; *Douglas McGregor*, Der Mensch im Unternehmen — The human side of enterprise, 2. Auflage, Düsseldorf 1971, S. 59 ff.; vgl. in der Sekundärliteratur: *Octave Gélinier*, Direction participative par objectifs, Hommes et Techniques, Numéro spécial 281, 1968, S. 9 ff.; *Lutz v. Rosenstiel*, Motivation im Betrieb, München 1972, S. 55 f.; *Adam Schimmelpfennig*, Personalratsarbeit — psychologisch-soziologische Probleme in der Praxis, Bonn-Bad Godesberg 1975, S. 86 ff.

[18] Vgl. *George Strauß*, The personality-versus-organization hypothesis, in: W. Nord (Hrsg.), Concepts and Controversy in Organizational Behavior, Pacifis Palisades/California 1972, S. 332 ff.

[19] Vgl. *Robert Dubin*, Industrial Workers' World: A Study of the "Central life Interests" of industrial Workers, in: S. N. Eisenstadt (Hrsg.), Comparative social problems, New York 1964, S. 319 ff.

[20] *Georges Strauß*, S. 336.

[21] Vgl. *Robert Presthus*, Individuum und Organisation — Typologie der Anpassung, Hamburg 1966, S. 171 ff.

All diese Gründe lassen die Autonomieforderung daher auch aus der Sichtweise der Arbeitssoziologie problematisch erscheinen. Die Problematik dieses Zieles kann in diesem Rahmen nur in Umrissen aufgezeigt werden, und es bleibt festzustellen, in welcher Weise die Zielposition der individuellen Selbstbestimmung trotz aller theoretischer Bedenken in die Diskussion um die Personalvertretung Eingang gefunden hat.

Zunächst soll — wie auch in allen folgenden Punkten — die Zieldiskussion auf der Grundlage der oben beschriebenen Quellen aus der Bundesrepublik und anschließend aus der französischen Sicht behandelt werden.

Das Ziel, die individuelle Selbstbestimmung der Beschäftigten an ihrem Arbeitsplatz zu stärken, wurde in der Bundesrepublik Deutschland insbesondere im parlamentarischen Raum mit besonderem Nachdruck vertreten. Bereits in der Begründung zum Regierungsentwurf zum PersVG 1955 heißt es: „Eine den Grundsatz der parlamentarisch-demokratischen Verantwortlichkeit wahrende Mitwirkung der im öffentlichen Dienst tätigen Personen an Entscheidungen, die sie an ihrem Arbeitsplatz berühren, erscheint vor allem gerechtfertigt, damit sie das Gefühl echter Mitarbeiterschaft haben[22].“ Auch in der parlamentarischen Beratung des Gesetzes wurde die Stärkung der individuellen Selbstbestimmung als eines der wesentlichen Ziele des Gesetzes angesprochen[23].

Es ist dabei allerdings zu beachten, daß diese Forderung nach individueller Selbstbestimmung sich nur auf die Beteiligung an Entscheidungen im internen Bereich beschränkt. Dies wird auch deutlich in den Äußerungen aus dem parlamentarischen Raum zur Novellierung des PersVG. Schon in der Beschreibung der Zielsetzung des Regierungsentwurfs für ein neues BPersVG wird das Ziel, die Rechtslage an „das gewandelte Verständnis über die Mitwirkung der Bediensteten an Entscheidungen, die ihr persönliches innerdienstliches Verhältnis betreffen“, anzupassen, an erster Stelle genannt[24]. In den parlamentarischen Beratungen wurde die individuelle Selbstbestimmung unter den verschiedensten Gesichtspunkten als Ziel des Gesetzgebungsvorhabens angesprochen, sei es „um die Beschäftigten von dem Gefühl, leise treten zu müssen, zu befreien[25]“, „die Rechte des einzelnen in der öffentlichen Verwaltung im Auge zu behalten“[26] oder „um den

---

[22] BT-Drucksache I/3552, S. 15.

[23] Vgl. *Abg. Sabel (CDU/CSU)*, BT-Protokoll II/20., S. 693 und *Abg. Kühn (FDP)*, ebenda, S. 695.

[24] BT-Drucksache VI/3721 (Vorblatt).

[25] *Abg. Groß (FDP)*, BT-Protokoll VII/70., S. 4338.

[26] *Ders.*, ebenda, S. 4337.

einzelnen vor Schaden zu bewahren und das Wohl des einzelnen zu sichern“[27].

Auch von den Gewerkschaften wird diese Zielposition vertreten, wenngleich auch nicht mit gleicher Intensität und gleicher Zielinterpretation. So wird der von Verwaltungs- und Regierungsseite vertretenen Beschränkung auf die Beteiligung an Entscheidungen im innerdienstlichen Verhältnis von den Gewerkschaften nicht gefolgt. Eine von der gewerkschaftlichen Grundlinie etwas abweichende Auffassung kann allerdings beim DBB festgestellt werden.

Stellvertretend für die Äußerungen des DGB kann hier die Stellungnahme im Hearing des Innenausschusses des Deutschen Bundestages vom 23. März 1973 genannt werden: „Der abhängige Arbeitnehmer bedarf, gleich in welcher Funktion er tätig ist, des Schutzes und der Selbstverwirklichung durch Mitwirkung und Mitbestimmung[28].“

Für den DBB können die Äußerungen des Vorsitzenden des Landesbundes Hamburg angeführt werden: „Es ist der erklärte Wille des DBB und seiner Mitgliedsgewerkschaften, vorrangig die Rechte des einzelnen in den Behörden und Verwaltungen gegenüber der Dienststelle zu stärken[29].“ Auch von der DAG wurde das Ziel der individuellen Selbstbestimmung besonders hervorgehoben. Sie erwartete, „daß der Bundestag ein Gesetz verabschiedet, das ihnen (den Beschäftigten des öffentlichen Dienstes, der Verf.) das Gefühl echter und verantwortungsbewußter Mitarbeiterschaft in der Verwaltung vermittelt“[30].

Ein weiterer Beleg für das besondere Gewicht, das dem Ziel der Stärkung der Position des Individuums in Deutschland bei der Diskussion um die Personalvertretung zukam, sind die Formulierungen der offiziellen Fragen, die seitens des Innenausschusses im Hearing zum Personalvertretungsgesetz an die Sachverständigen gestellt wurden. Kennzeichnend sind hier die Fragen 3.3: „Sind Sie der Auffassung, daß den einzelnen Beschäftigten gegenüber der Personalvertretung mehr Rechte eingeräumt werden sollten?“ und die Frage 3.4: „Sind Sie der Auffassung, daß der notwendige Schutz der Persönlichkeit des einzelnen

---

[27] *Abg. Miltner (CDU/CSU),* ebenda, S. 4319.

[28] Reform des Personalvertretungsgesetzes, S. 96; ebenso der Landesvorsitzende der ÖTV-Bayern, *Willy Bopp,* Probleme des PersVG aus der Sicht der Bediensteten, in: Die Personalvertretung 1969, S. 239 ff. (245); Entschließungen der DPG zum Personalvertretungsrecht, in: Der deutsche Beamte 1968, S. 183 f.

[29] *Joachim Gragert,* Mehr Mitbestimmung — aber für wen?, in: Die Personalvertretung 1972, S. 172 ff. (173); ebenso die Forderung des DPV zur Novellierung des PersVG, in: Der Beamtenbund 1968, S. 6.

[30] Stellungnahme der DAG zum Personalvertretungsgesetz, Hamburg 1952, S. 4.

Beschäftigten im Verhältnis zum Personalrat vom Gesetzentwurf in ausreichender Weise berücksichtigt worden ist[31]?"

Hierbei wird eine weitere Dimension des Selbstbestimmungsbegriffs deutlich. Dem Individuum soll nicht nur ein Schutz vor ihn bestimmenden Interessen des öffentlichen Dienstherrn, sondern auch vor einer Fremdbestimmung durch die frei gewählte Personalvertretung gewährt werden[32].

Das Ziel, die individuelle Selbstbestimmung der Beschäftigten des öffentlichen Dienstes durch Personalvertretung zu fördern, tritt dagegen in Frankreich weit in den Hintergrund. Insbesondere der letztgenannte Aspekt — Autonomie gegenüber den Vertretungsorganen selbst — ist eine Zielposition, die in Frankreich nicht vertreten wird.

Dies findet seine Begründung in dem stark ausgeprägten Syndikalismus in Frankreich, der selbst im öffentlichen Dienst schon eine fast 100jährige Tradition hat, obwohl den Beamten erst durch das Statut général des Fonctionnaires von 1946 das Koalitionsrecht zugestanden wurde. Dennoch existierten aber schon seit dem Ende des vorigen Jahrhunderts Gewerkschaften und Verbände (associations) der Beamten mit Kenntnis und Duldung der Regierung und Verwaltung[33]. Dieser Einfluß der Gewerkschaften auf die Interessenvertretung des Personals im öffentlichen Dienst seit dem Beginn dieses Jahrhunderts bewirkte, daß in der allgemeinen Diskussion das Ziel der Selbstbestimmung des Individuums an seinem Arbeitsplatz zugunsten kollektiver Ziele in den Hintergrund trat[34].

Während der Maiunruhen im Jahre 1968, die gerade im öffentlichen Dienst eine besondere Resonanz hatten, trat auch die individuelle

---

[31] Vgl. Reform des Personalvertretungsgesetzes, S. 69/71.

[32] Vgl. zum Ziel der individuellen Selbstbestimmung aus der Literatur: *Erich Feindt,* Aspekte der Demokratisierung, Mitbestimmung und Partizipation, in: ZBR 1973, S. 353 ff. (365); *Walter Schmitt Glaeser,* Partizipation im öffentlichen Dienst, in: DÖV 1974, S. 152 ff. (157); *Adam Schimmelpfennig,* Entfremdung, Selbstbestimmung und Personalratsarbeit, in: Die Personalvertretung 1975, S. 418; *Günter Püttner,* Mitbestimmung und Mitwirkung des Personals in der Verwaltung, in: „Demokratisierung" und Funktionsfähigkeit der Verwaltung, hrsg. von Hans-Joachim von Oertzen, Stuttgart 1974, S. 80 f.

[33] Vgl. insbesondere die knappe, aber vollständige Darstellung der historischen Entwicklung bei *Roger Grégoire,* La Fonction publique, Paris 1954, S. 52 - 70, insb. S. 55 f. und S. 62 ff.; ausführlichere Darstellungen finden sich bei *Georges Frischmann,* Histoire de la Fédération C.G.T. des P.T.T. (1672 bis 1946), 2. Auflage, Paris 1967; *Maxime Leroy,* Les transformations de la puissance publique, Paris 1907; *André Tiano,* Les traitements des fonctionnaires et leur détermination (1930 - 1957), Paris 1957, S. 253 - 365; *Georg Leistner,* Der Streik im öffentlichen Dienst Frankreichs, Köln 1975, S. 3 ff.

[34] Vgl. *Pierre Harmignie,* L'état et ses agents — étude sur le syndicalisme administratif, Louvain 1911, S. 32 ff.

Autonomieforderung noch einmal in die öffentliche Diskussion. In einem nicht-gewerkschaftlichen Flugblatt, das während dieser Tage in der Direction de la Prévision im Finanzministerium verteilt wurde, hieß es: „Die Teilhabe an der Festlegung der Aufgaben ist unerläßlich. Die Verwaltung muß jedem gestatten, sich an seinem Arbeitsplatz weiterzuentwickeln, zu wissen wofür man arbeitet, sie muß jedem Verantwortlichkeit innerhalb seines Zuständigkeitsbereichs gewähren und muß den einzelnen teilhaben lassen an der Organisation und an der Gestaltung seines Arbeitsbereichs[35].“

Diese Positionen konnten jedoch nicht unter dem Ziel der Selbstbestimmung des Individuums Eingang in die anschließenden Diskussionen der einflußnehmenden Gruppen um eine erweiterte Beteiligung des Personals im öffentlichen Dienst finden. Die Gewerkschaften und die Verwaltung kamen in einer Übereinkunft vom 2. Juni 1968 — Protocole Oudinot — zu Ergebnissen, die weitgehend nur eine Erweiterung der Rechte der Gewerkschaften im öffentlichen Dienst bewirkten[36]. Die Forderung nach der Stärkung der Rechte des einzelnen im System der Personalvertretung wird nicht gestellt. Inwieweit Forderungen im Individualinteresse hinsichtlich einer Auflösung oder Verminderung der Führungsmacht im öffentlichen Dienst in der französischen Diskussion von Bedeutung sind, wird weiter unten untersucht werden[37].

2. Die kollektive Selbstbestimmung

Die Forderung nach kollektiver Selbstbestimmung ist nicht getrennt von dem eben erörterten Ziel der individuellen Selbstbestimmung zu sehen, beinhaltet aber doch unterschiedliche und weitergehende Dimensionen, die bei einer präzisen Unterscheidung in der Zieldiskussion berücksichtigt werden müssen[38]. Während sich die Beiträge zum ersten Zielkomplex auf die Chancen und Auswirkungen der Personalvertretung für den einzelnen Beschäftigten im öffentlichen Dienst bezogen, stellen die Beiträge zur kollektiven Selbstbestimmung mehr die Förderung gemeinschaftlicher Belange der Beschäftigten und der instrumentellen Gesichtspunkte einer kollektiven Interessenvertretung in den Vordergrund. Daß eine Verschiebung der Prioritäten zwischen diesen

---

[35] Zitiert bei *Jeanne Siwek-Pouydesseau,* La participation, S. 90 f.

[36] Vgl. zur Einschätzung dieser Zielposition auch: *P. Auzas / H. Bayard / J. C. Grunstein / D. Schlissinger,* La participation dans les administrations publiques et les événements des Mai - Juin 1968, Mémoire du Centre d'étude et de recherche des sciences administratives (C.E.R.S.A.), Paris II, Oktober 1969, S. 97 ff.

[37] Vgl. unten, 1. Kap. B. 3.

[38] Vgl. hierzu *Walter Schmitt Glaeser,* Partizipation im öffentlichen Dienst, in: DÖV 1974, S. 152 ff. (157).

beiden Zielpositionen durchaus auch gegensätzliche Grundauffassungen zu Tage treten läßt, wird im folgenden zu zeigen sein.

Als Äußerungen zu der Zielposition „kollektive Selbstbestimmung" aus dem parlamentarischen Raum kann repräsentativ das Schlußwort des damaligen Bundesinnenministers Genscher zur 3. Lesung des BPersVG gelten: „Die Verwaltungsangehörigen erhalten durch das neue Gesetz bessere Möglichkeiten, durch ihre gewählten Vertreter auf Entscheidungen, die sie unmittelbar betreffen, einzuwirken ... Die Angehörigen des öffentlichen Dienstes sollen sich nicht als Objekt einer anonymen Verwaltungsmaschinerie fühlen, sondern durch ihre Vertretungen den innerdienstlichen Bereich mitgestalten[39]."

Aus gewerkschaftlicher Sicht stellt sich dagegen dieses Ziel weniger wertneutral dar, sondern wird teilweise konkurrierend zum Ziel der individuellen Selbstbestimmung verstanden. Insbesondere aus Äußerungen des DGB geht hervor, daß er eine stärkere Betonung der kollektiven Selbstbestimmung auf Kosten einer besonders hervorgehobenen individuellen Selbstbestimmung wünscht. „Der DGB ist überzeugt, mit seinen Vorschlägen zum BPersVG einen Weg aufzuzeigen, wie die Arbeitnehmer des öffentlichen Dienstes ebenso wie die Beamten aus ihrer bloßen Objektstellung im Bereich des Binnenverhältnisses zwischen Beschäftigten und den Leitern der Dienststellen befreit und wie die Abhängigkeiten von Entscheidungen, auf deren Zustandekommen sie keinen oder nur geringen Einfluß haben, beseitigt werden können. Diesem Ziel dient das vom DGB geforderte System der kollektiven Mitbestimmung durch größere Einflußnahme der frei gewählten Personalräte auf die Entscheidungen innerhalb der Dienststelle[40]." In einem Gutachten von Wolfgang Däubler für den Bundesvorstand des DGB ist dies noch deutlicher ausgedrückt: „Wie die Erfahrung zeigt, kann die Absicherung des einzelnen nicht alleine dadurch erfolgen, daß ihm als Individuum bestimmte Befugnisse eingeräumt werden — die am Arbeitsplatz herrschenden Verhältnisse würden in allzu vielen Fällen eine Realisierung verhindern. Notwendig ist vielmehr die Möglichkeit kollektiver Interessenvertretung, die bestehende Abhängigkeiten in beträchtlichem Umfang zu mildern vermag[41]."

Diese beiden exemplarischen Äußerungen zur Zielposition der kollektiven Selbstbestimmung beleuchten bereits ihre wesentlichen Elemente. Zum einen die weitgehende Reduzierung der Vermittlung der Selbstbestimmung auf die Vertretungskörperschaft, zum anderen das

[39] BT-Protokoll VII/70., S. 4339.

[40] *Theodor Brinkmann*, BPersVG muß verbessert werden, in: Der Deutsche Beamte 1968, S. 206.

[41] *Wolfgang Däubler*, Weniger Mitbestimmung im öffentlichen Dienst, in: Arbeit und Recht 1973, S. 233 ff. (243).

Mißtrauen gegenüber einer undifferenzierten Zielposition der individuellen Selbstbestimmung der Beschäftigten[42].

Die französische Diskussion um diese Zielposition ist hier hingegen recht eindeutig. Entsprechend den bereits erörterten Grundeinstellungen zu der Forderung der individuellen Selbstbestimmung scheidet dieser Bereich aus der Diskussion aus. Die kollektive Selbstbestimmung der Arbeitnehmer der Privatwirtschaft wie des öffentlichen Dienstes wurde sogar in der Präambel zur Verfassung der IV. Republik im Jahre 1946 als Zielposition ausdrücklich fixiert: „Jeder Arbeitnehmer nimmt durch Vermittlung seiner gewählten Vertreter an der kollektiven Bestimmung seiner Arbeitsbedingungen teil."

Die Einhelligkeit der Auffassung, daß „participation" im öffentlichen Dienst allein Stärkung der kollektiven Interessenvertretungsorgane in Frankreich bedeuten kann, zeigt auch eine Passage aus dem Circulaire du 14 sept 1970 à l'exercise des droits syndicaux dans la Fonction publique: „Die Regierung wird bemüht sein, die Beziehungen zwischen den Behördenvertretern und den Personalvertretern zu verbessern. Sie hält den permanenten Dialog auf allen Ebenen für sehr wichtig. Gleichzeitig gesteht sie zu, daß die gewerkschaftlichen Organisationen gegenüber dem öffentlichen Arbeitgeber die natürliche Interessenvertretung der Beschäftigten des öffentlichen Dienstes sind[43]."

Auch während eines Kolloquiums des Institut Technique des Administrations publique (I.T.A.P.), das kurz nach den Ereignissen des Mai 1968 unter Teilnahme einer großen Zahl von hohen Verwaltungsbeamten und Wissenschaftlern stattfand, wurde die Zielposition der kollektiven Selbstbestimmung als wesentliche Forderung für die neu zu gestaltenden Regelungen der Personalvertretung hervorgehoben[44].

3. Machtbindung

Bereits in dem Bericht der Sachverständigenkommission zur Auswertung der Erfahrungen bei der Mitbestimmung wurde die Machtbindung als eines der vier grundlegenden Ziele für die Mitbestimmung im privatwirtschaftlichen Bereich definiert[45]. Hierbei wird die Mit-

---

[42] Vgl. zum Ziel der kollektiven Selbstbestimmung aus der Literatur: *Walter Schmitt Glaeser*, S. 157; *Gunter Kisker*, Gruppenmitbestimmung in der öffentlichen Verwaltung, in: DÖV 1972, S. 520 ff.

[43] Nicht veröffentlicht im Journal officiel, abgedruckt in: Statut général des Fonctionnaires, 1975, N° 1024 des publications des Journaux officiels, S. 247 ff. (247).

[44] Vgl. Colloque de l'I.T.A.P. sur la „participation" dans des administrations publiques, in: Les cahiers I.T.A.P., N° 18, oct 1969, S. 6.

[45] Vgl. Mitbestimmung im Unternehmen, BT-Drucksache VI/334, S. 20 f.

bestimmung sowohl als Legitimation unternehmerischer Machtausübung als auch als Kontrolle von Unternehmensmacht begründet.

Der erste Aspekt wird in der Diskussion um Mitbestimmung im öffentlichen Dienst allgemein als nicht zutreffend verworfen, da durch die demokratische Legitimation der Regierung und deren Verwaltung keine Notwendigkeit zum Ausgleich eines Legitimationsdefizits bestünde[46]. Demgegenüber wird der zweite Aspekt dieser Zielposition auch im öffentlichen Dienst für zutreffend gehalten. Denn trotz der demokratischen Legitimation und Kontrolle der Führungsebene der öffentlichen Verwaltung kann nicht verkannt werden, daß auch im öffentlichen Dienst ein soziales Spannungsverhältnis besteht, in dem Macht ausgeübt wird, die auf einer Zuweisung von Zuständigkeiten und Entscheidungsbefugnissen an die Führungsebene in der öffentlichen Verwaltung beruht.

Der Vorsitzende des DGB beschrieb diese Situation folgendermaßen: „Die Konflikte ergeben sich letztlich aus der Tatsache, daß auch der im öffentlichen Dienst Beschäftigte abhängige Arbeit leistet, daß auch er bei seiner Tätigkeit dem Direktions- und Weisungsrecht anderer unterworfen ist[47].“ Die Konsequenz aus dieser Situation für die Ziele der Personalvertretung wird gezogen, indem die Befreiung der Beschäftigten aus „ihrer Abhängigkeit von Entscheidungen, auf deren Zustandekommen sie keinen Einfluß haben“, durch ein neugestaltetes Personalvertretungssystem gefordert wird[48], oder indem wiederum in Anlehnung an die privatwirtschaftliche Diskussion festgestellt wird: „Von Bedeutung ist, daß auch hier (im öffentlichen Dienst, der Verf.) Arbeitgeber und Arbeitnehmer als soziale Gegenspieler vorhanden sind. Wichtig ist, daß in der Auseinandersetzung um bessere Arbeitsbedingungen soziologisch das gleiche Spannungsfeld wie in der Wirtschaft besteht und daß die Angehörigen des öffentlichen Dienstes das gleiche legitime Interesse an einer fortschrittlichen Arbeitsverfassung haben; einer Verfassung, in der sie nicht Befehlsempfänger sind, sondern in der sie gleichberechtigt im Rahmen gewisser Grenzen mitbestimmen können und es auch wollen[49].“

---

[46] Vgl. *Alfred Krause*, Reform und Demokratisierung der Verwaltung?, in: Der Beamtenbund 1975, S. 10; *Walter Leisner*, Mitbestimmung im öffentlichen Dienst, Bonn-Bad Godesberg 1971, S. 32 f.; *Ernst-Hasso Ritter*, Mitbestimmung im öffentlichen Dienst oder Privatisierung des Staatswesens?, in: JZ 1972, S. 107 ff. (109 ff.); *Günter Püttner*, Mitbestimmung und Mitwirkung in der Verwaltung, S. 77 f.

[47] *Heinz Oskar Vetter*, Ansprache anläßlich der Kundgebung des DGB zum BPersVG am 2. April 1973 in Bonn, unveröffentlichtes Manuskript.

[48] Vgl. *Theodor Brinkmann*, S. 206.

[49] *Heinz Frieser*, Beamte wollen mitgestalten — mitverantworten — mitbestimmen, Düsseldorf 1968, S. 6; ebenso der Vorschlag des DGB zum Entwurf des Gesetzes über die Personalvertretungen in öffentlichen Verwal-

Diese Forderungen werden in gleichem Maße auch von den Gewerkschaften des DBB vertreten. So formulierte der Vorsitzende des DPV beispielsweise: „Wir denken dabei an die Notwendigkeit, personelle und soziale Entscheidungen transparenter, d. h. für die Kollegenschaft, für uns alle kontrollierbarer zu machen[50].“

Machtbindung als Ziel eines Personalvertretungssystems im Interesse der einzelnen Beschäftigten bedeutet also die Differenzierung und Bindung von Entscheidungsmacht durch die Beteiligung der gewählten Repräsentanten des Personals.

In der französischen Diskussion wurde diese Zielposition ebenfalls als die Auflösung bzw. Differenzierung des sozialen Spannungsfeldes zwischen der Führungsebene und den Beschäftigten des öffentlichen Dienstes gesehen. Diesem Aspekt der Diskussion um eine erweiterte Beteiligung des Personals in der Verwaltung wird großes Gewicht beigemessen, ja teilweise sogar als zentraler Punkt der „participation“ beurteilt[51].

Hierbei wird als wesentlicher Ansatzpunkt der „participation“ die Einschränkung der hierarchischen Struktur des öffentlichen Dienstes durch erweiterte Befugnisse der Personalvertretungen angeführt. Bereits bei der erstmaligen gesetzlichen Zulassung von Beamtenvertretungen im Statut général des Fonctionnaires von 1946 spielte das Ziel der Machtbindung eine wesentliche Rolle und war zentraler Angriffspunkt für konservative Kritiker, die durch eine Aufweichung des hierarchischen Prinzips durch die Vertretungsrechte des Personals die Funktionsfähigkeit des Staates gefährdet sahen[52].

In den Maiunruhen des Jahres 1968 wurde die Forderung erhoben, die aus dem hierarchischen Aufbau der französischen Verwaltung resultierende autoritäre Weisungs- und Direktionsgewalt der Führungsebene der Verwaltung einzuschränken, indem man die Personalvertretung stärker an den innerbehördlichen Entscheidungen beteiligt, um somit für den einzelnen die Weisungen durchschaubarer und transparenter zu machen[53]. In diesem Zusammenhang wird gefordert, durch

tungen und Betrieben, Oktober 1952, S. 5 und *Josef Prieschl,* Die Beschäftigten der Deutschen Bundespost und ihre Interessenvertretung, in: Zeitschrift für das Post- und Fernmeldewesen 1976, Heft 3, S. 4 ff. (5).

[50] *Johannes Minde,* Mitbestimmen und mitverantworten, in: T. Ellwein / L. Betzmeir / J. Minde / A. Zehnder, Mitbestimmung im öffentlichen Dienst, Bonn-Bad Godesberg 1969, S. 44.

[51] Vgl. Colloque de l'I.T.A.P. sur la „participation“ dans les administrations publiques, S. 9 f.

[52] Vgl. *Paul Marie Gaudemet,* Le déclin de l'autorité hiérarchique, in: Recueil Dalloz 1947, 6e cahier, Chronique, S. 34 ff.; *Jean Rivero,* Vers la fin du droit de la fonction publique?, in: Recueil Dalloz 1947, 39e cahier, Chronique, S. 37 ff.

[53] Vgl. *Jeanne Siwek-Pouydesseau,* La participation, S. 90 f.

eine Erweiterung der Rechte der Personalvertretungen die Macht der Behördenhierarchie zu differenzieren[54], das Verständnis von der Rolle des Chefs in der Verwaltung zu ändern (transformation du rôle du chef)[55] und die Letztentscheidungsmacht der Dienststellenleitung in allen innerbehördlichen Angelegenheiten abzubauen (supression de l'arbitrage)[56].

Insgesamt wird also in der französischen Diskussion das Ziel der Machtbindung im Individualinteresse ähnlich wie in der Bundesrepublik Deutschland als eine Differenzierung des sozialen Spannungsfeldes, das durch die hierarchische Struktur des öffentlichen Dienstes auch hier existent ist, gesehen. Dieser Zielposition mag in Frankreich durch die bereits beschriebene zentralisierte und streng hierarchische Verwaltungsstruktur noch eine größere Bedeutung zukommen[57].

C. Ziele im Interesse der Behördenleitung

Neben den Zielen, die mit der Personalvertretung im Interesse der einzelnen Beschäftigten verfolgt werden, werden von den einflußnehmenden Gruppen auch Ziele und Funktionen im Interesse der Behördenleitung angesprochen. Da die Vertretung dieser Interessen naturgemäß weniger durch die Arbeitnehmerorganisationen verfolgt wird, sind auch die Beiträge der Gewerkschaften zu diesem Teil der Zieldiskussion weniger aufschlußreich. Es wird hier im wesentlichen auf Äußerungen von Verwaltungsvertretern und auf Beiträge aus dem parlamentarischen Raum zurückgegriffen.

Daraus ergeben sich drei Zielpositionen, die zum Gegenstand dieses Abschnitts gemacht werden: die Konfliktvermeidung, die Leistungsmotivation und die Kanalisierung von Personalinteressen. Das oft angesprochene, aber wenig differenzierte Ziel der Effizienzsteigerung der öffentlichen Verwaltung wird in diesem Rahmen mitbehandelt.

---

[54] *Louis Armand,* Présentation du Rapport sur les obstacles à l'expansion économique, in: Revue administrative 1960 (13), S. 469 ff. (482).

[55] Coloque de l'I.T.A.P., S. 10.

[56] Droits syndicaux dans la fonction publique, in: La fonction publique, N° 234, avril 1974, S. 4 f. (5).

[57] Vgl. hierzu aus der französischen Literatur: *Jacques Chevallier,* La participation dans l'administration française, in: Bulletin de l'institut international de l'administration publique N° 37, 1976, S. 85 ff. (95 ff.); *Jean-François Nicolas,* Bilan du fonctionnement des comités techniques paritaires et des commissions administratives paritaires, Dossier de recherche du C.E.R.S.A., Paris II, S. 2; *P. Auzas / H. Bayard / J. C. Grunstein / D. Schlissinger,* S. 65.

1. Konfliktvermeidung

Das Ziel der Konfliktvermeidung stellt sich als ein Unterziel dieser gewünschten Effizienzsteigerung dar. Durch den Wegfall sozialer Reibungsverluste soll der Arbeitsablauf in der öffentlichen Verwaltung ungestörter sein und die Erledigung der Aufgaben gründlicher und schneller vonstatten gehen. Eine These, die angesichts der hohen Zahl der Streiktage in der französischen Verwaltung ohne weiteres plausibel erscheint.

Nach den Ausführungen des Abgeordneten Groß (FDP) in der 3. Lesung des BPersVG kann die Personalvertretung „die Verwaltungsabläufe erleichtern, indem sie manche betriebsinterne Schwierigkeiten verkürzt“[58].

Von einem Oberbürgermeister und Verwaltungschef einer Großstadtverwaltung wurde betont, daß mehr Mitbestimmung und mehr Mitwirkung durch die Personalvertretung dazu geeignet seien, „den sozialen Frieden im Betrieb zwar nicht herzustellen, denn es (die Personalvertreter, der Verf.) sind ja auch keine Beglückungstheoretiker, aber Erleichterungen zu bringen und Spannungen im Betrieb abzubauen“. Er führte gleichzeitig die konfliktfreie Reduzierung seiner Verwaltung um 200 Planstellen innerhalb von 7 Jahren auf die stimmberechtigte Mitwirkung eines Mitglieds des Gesamtpersonalrates und auf die ständige Rückkoppelung zu den Dienststellenpersonalräten bei allen Organisationsplanungen zurück[59]. Auf diese wesentliche Funktion der Konfliktvermeidung durch die Vermittlertätigkeit des Personalrats wurde auch noch von einer Reihe anderer Verwaltungsvertreter deutlich hingewiesen[60].

Auch den Gewerkschaften ist diese Funktion sehr wohl bewußt, auch wenn sie die Konfliktvermeidung nicht direkt als Ziel ansprechen. So formulierte einer der maßgeblichen Fachleute für Personalvertretungsfragen im DGB-Bundesvorstand: „Gegensätzliche Interessen sollen durch die Form des Dialogs und der Mitentscheidung ausgetragen werden. So gesehen bedeutet Mitbestimmung Kooperationsbereitschaft

[58] BT-Protokoll VII/70., S. 4338.

[59] Vgl. *Reinhold Zundel*, Mitbestimmung und Mitwirkung des Personalrats in der Verwaltung, in: „Demokratisierung“ und Funktionsfähigkeit der Verwaltung, S. 99.

[60] Vgl. die Ausführungen des damaligen Staatssekretärs *Anton Jaumann*, Probleme des PersVG aus der Sicht des Dienstherrn, in: Die Personalvertretung 1969, S. 234 ff. (236); ebenso Staatssekretär a. D. *Karl Weißhäuptl*, zitiert bei Wolfgang Kanz, Erfahrungen mit dem PersVG, in: Die Personalvertretung 1969, S. 231 f.; zur Vermittlerfunktion des Personalrats: *Frank Bieler*, Die Verantwortlichkeit des Personalrats gegenüber der Belegschaft, in: Die Personalvertretung 1974, S. 376 ff.; eine kritische Haltung zu dieser Funktion nimmt *Klaus Matthiesen*, Der Personalrat: Unterdrücker und Unterdrückter, in: Die Personalvertretung 1970, S. 152 ff., ein.

und Kompromiß und ist somit eine Organisationsform des kooperativen Interessenausgleichs[61]."

Die Bedeutung des Ziels der Konfliktvermeidung, das mit erweiterter Beteiligung des Personals des öffentlichen Dienstes in Frankreich erreicht werden soll, wird am eindrucksvollsten durch den Anlaß dieser Diskussion um „participation" im öffentlichen Dienst selbst nachgewiesen. Die plötzlich aufgetretene Unruhe und Unzufriedenheit bei den Beschäftigten im Mai 1968 machten sowohl der Verwaltung als auch den Gewerkschaften die Notwendigkeit institutionalisierter Konfliktvermeidungsmechanismen klar. Man besann sich auf die Institutionen, die in den Jahren zuvor inhaltsleer und selten konsultiert existierten, und die Möglichkeiten, die diese Gremien zur Steuerung von Personalinteressen boten[62].

So äußerte ein hoher Beamter der Direction générale de la Fonction publique: „Der permanente Dialog zwischen den verantwortlichen Verwaltungschefs auf allen Ebenen mit den gewerkschaftlichen Organisationen schafft ein Klima des Vertrauens und beugt Koniflkten vor[63]." Im gleichen Sinne wird auch in dem Circulaire du 14 sept 1970 des Premierministers über die Ausübung der Rechte der Gewerkschaften im öffentlichen Dienst in besonderer Weise der Beitrag der gewerkschaftlich designierten oder gewählten Personalvertreter für die Wahrung des sozialen Friedens und der Vermeidung innerbehördlicher Konflikte hervorgehoben[64].

2. Leistungsmotivation

Ein weiteres Ziel, das im Interesse der Behördenleitung angesprochen wird, ist die Steigerung der Leistungsmotivation der Beschäftigten. Unter Leistungsmotivation durch Personalvertretung wird verstanden, daß durch eine Erweiterung der Beteiligungsmöglichkeiten der Beschäftigten an den innerbehördlichen Angelegenheiten ihre Motivation zur Arbeit gestärkt wird und sich damit ihre Leistung steigert. Als motivierende Faktoren werden dabei einmal höhere Arbeitszufriedenheit und zum anderen stärkeres Verantwortungsbewußtsein der einzelnen Beschäftigten genannt[65].

---

[61] *Wolfgang Schneider,* Gesellschaftliche Aspekte der Neuregelung aus der Sicht des DGB, Referat, gehalten am 26. 4. 1974 vor der Verwaltungs- und Wirtschaftsakademie Bochum, unveröffentlichtes Manuskript.

[62] Vgl. *Jeanne Siwek-Pouydesseau,* La participation, S. 90 ff.

[63] *Serge Salon,* Les réformes de la fonction publique et de l'administration en France, S. 16.

[64] Ebenso *Jacques Chevallier,* La participation dans l'administration française, S. 86, der darauf hinweist, daß die Partizipation des Personals an innerbehördlichen Entscheidungen nicht gegen den öffentlichen Dienst gerichtet ist, sondern daß durch eine Erhöhung der Integrationskapazität die Leistungsfähigkeit des Systems wachsen kann.

Stellvertretend für viele sei hier ein Erlaß des Ministerpräsidenten von Schleswig-Holstein über die Grundsätze des Personalvertretungsrechts unter Punkt 1 angeführt: „... Es (das Personalvertretungsrecht, der Verf.) soll zugleich durch ein Eingehen auf die Persönlichkeit und die Interessen des Mitarbeiters den Leistungswillen und die Arbeitsfreude stärken und so die Leistungsfähigkeit der Verwaltung insgesamt heben. Zufriedene Mitarbeiter leisten mehr als solche, deren Sorgen nicht erkannt oder beachtet werden[66]."

Gleiche Intentionen sind auch der parlamentarischen Diskussion um den Erlaß des PersVG 1955 zu entnehmen: „Es bringt ja schließlich auch das Personal, der Arbeiter und Angestellte genauso wie der Beamte, in diese Partnerschaft etwas Aktives ein, nämlich seine Person, seine Dienstleistung; und wenn man ihm Vertrauen schenkt und ihm entgegenkommt, wo es möglich ist, und weitgehend entgegenkommt, dann wird dieses Vertrauen auch wieder seine Belohnung finden durch erhöhte Dienstfreudigkeit[67]."

Von seiten der Gewerkschaften wurde dieser Zielposition keine Beachtung geschenkt.

Das Ziel der Steigerung der Leistungsmotivation wird in Frankreich weitgehend unter dem Gesichtspunkt der Erweiterung der Verantwortlichkeit der Beschäftigten in ihrem Zuständigkeitsbereich gesehen.

Bereits kurz nach Erlaß des Dekrets N° 59-308, das die commissions administratives paritaires und die comités techniques paritaires betrifft, wurde von dem „Comité chargé d'étudier les obstacles à l'expansion de l'économie" im Rahmen der Untersuchung des öffentlichen Dienstes gefordert, durch eine erweiterte Zuständigkeit der Personalvertretungen das Personal systematisch an den Problemen der Behördenorganisation zu interessieren, um somit die Leistungsfähigkeit des einzelnen und der gesamten Organisation zu erhöhen[68]. In einem Circulaire du 12 dec 1957 des Premierministers wurde wenige Jahre zuvor betont: „Der Gedanke der Eigeninitiative und der Verantwortlichkeit der Beschäftigten des öffentlichen Dienstes muß gestärkt werden[69]."

---

65 Inwieweit diese Prämissen vor dem Hintergrund der neueren Motivationsforschung haltbar sind, kann hier nicht näher untersucht werden. Jedenfalls kann festgestellt werden, daß auch in einem Motivations-Modell von McClelland ein deutlicher Vorrang den subjektiven, personen- und sozialbezogenen Faktoren für die Motivation zur Leistung gegenüber dem sachbezogenen Anteil der Leistungsmotivation eingeräumt wird. Dargestellt bei *Hans-Jörg Herber*, Motivationspsychologie, Stuttgart 1976, S. 59 ff.

66 Erlaß des Ministerpräsidenten des Landes Schleswig-Holstein vom 18. 2. 1975 — StK 110 — Amtsbl.Schl.-H. 1975, S. 287 f.

67 *Abg. Rümmele (CDU/CSU)*, BT-Protokoll, I/228., S. 10324.

68 Rapport Armand / Rueff, Avis et recommandations concernant l'Administration, in: Revue administrative 1960 (13), S. 485 ff. (486).

69 Zitiert nach *Jeanne Siwek-Pouydesseau*, La participation, S. 87.

Auch in der wissenschaftlichen Literatur wurde das Ziel, die Motivation zur Leistung durch Beteiligung des Personals an innerbehördlichen Angelegenheiten, als eine der wesentlichen Zielsetzungen der „participation" beschrieben[70].

3. Kanalisierung von Personalinteresse

Das Ziel der Kanalisierung von Personalinteressen berücksichtigt zwei verschiedene Gesichtspunkte im Interesse der Behördenleitungen. Zum einen die rein zahlenmäßige Reduzierung von Beschwerden, Wünschen oder Anregungen des Personals durch ihre Bündelung bei der Personalvertretung, zum anderen die Möglichkeit, durch die Vermittlung der Personalvertretung Informationen über Sorgen und Probleme des Personals zu erhalten, von denen sie sonst möglicherweise keine Kenntnis erhalten hätte.

So wurde bereits bei der Diskussion im Reichstag um die Einführung der Beamtenausschüsse in den Jahren 1907/1908 als Begründung für eine Beamtenvertretung angeführt, daß „keine oder (eine) zu geringe Fühlung zwischen Vorgesetzten und Untergebenen vorhanden sei"[71]. Die Beamtenausschüsse wären deshalb so notwendig, „weil das Heer der Beamten so unendlich gewachsen sei, daß es den höheren Stellen gar nicht mehr möglich wäre, die Verhältnisse der unter ihnen stehenden Beamten, mögen es höhere, mittlere oder Unterbeamte sein, völlig zu überschauen"[72]. Für die wenigen schon vor dem 1. Weltkrieg eingerichteten Beamtenausschüsse wurde als Begründung angeführt, daß durch ihre Vermittlung den Beamten die Möglichkeit gegeben werde, Wünsche, Anträge und Beschwerden allgemeiner Art der Behördenleitung zu unterbreiten[73].

Es fragt sich natürlich, ob diese angesprochenen Ziele und Funktionen einer Personalvertretung auch in der heutigen modernen Verwaltung noch Geltung haben. Es kann jedoch auch aus Äußerungen von Verwaltungsvertretern aus jüngster Zeit entnommen werden, daß die Kanalisierung von Personalinteressen für sie auch weiterhin eine wichtige Funktion der Personalvertretung ist. Hierbei wird ganz besonders auf die Filterfunktion des Personalrats „für die Aussortierung

---

[70] Vgl. *Octave Gélinier*, Direction participative par objectifs, Hommes et Techniques, numéro spécial 281, 1968, S. 39.

[71] Vgl. *Abg. Hamecher* im Jahre 1908 vor dem Reichstag, Verhandlungen des Reichstages, XII. Legislaturperiode, I. Session, S. 3122 (Stenographische Berichte XII./S. 3122).

[72] So der *Reichstagsabgeordnete Lattmann* am 6. 12. 1907 auf einer Mitgliederversammlung des Bezirksvereins Berlin des Verbandes der unteren Post- und Telegraphenbeamten, in: Deutsche Post 1907, S. 1275.

[73] Vgl. *Werner Potthoff*, Die Mitbestimmung der Beamten im öffentlichen Dienst, Diss. Münster 1965, S. 70.

utopischer, egoistischer, ironischer u. a. Vorschläge" abgestellt, die somit der Verwaltung zur Bearbeitung erspart bleiben[74]. Die Kanalisierung wird also nicht mehr als rein quantitative Selektion, sondern auch als eine qualitative Auswahl durch den Personalrat angesehen.

Das Ziel der Kanalisierung von Personalinteressen durch die Personalvertretung wird in Frankreich, ähnlich wie in der Bundesrepublik, nicht mit dem Nachdruck angesprochen wie andere Ziele. Dennoch spielt es aber als gewollte Funktion eine nicht unerhebliche Rolle in der Diskussion um „participation" im öffentlichen Dienst. Insbesondere für die „concertation", die offiziösen Verhandlungen zwischen Regierung und Gewerkschaften primär über Lohnfragen, daneben aber auch über organisatorische Angelegenheiten des öffentlichen Dienstes, wird dieser Gesichtspunkt von den Verwaltungsvertretern deutlich herausgestellt, teilweise sogar als Begründung für die gesamte Politik der „concertation", die seit 1968 durchgeführt wurde, ausgewiesen[75].

Ein hoher Beamter der Direction générale de la Fonction publique faßte dies knapp zusammen: „Die ‚concertation' trägt wesentlich zur Information der Sozialpartner nach beiden Seiten bei[76]." Darüber hinaus wird dies aber auch als eine wichtige Forderung für die einzelne Dienststelle angesehen. „Die Dienststellenleitung soll insbesondere das Personal an Entscheidungen beteiligen, um sich über das zu informieren, was die Beschäftigten wollen[77]."

Abschließend sei noch einmal auf die bereits oben angesprochene Zielposition im Interesse der Behördenleitung, die Steigerung der Verwaltungseffizienz, hingewiesen. Auch dieses Ziel wird in beiden Ländern gleichermaßen in der Diskussion betont und auch in beiden Ländern in ebenso unspezifizierter Weise vorgetragen. Nachdem nun die drei wesentlichen Ziele im Interesse der Behördenleitung behandelt worden sind, wird man feststellen können, daß insbesondere die Zielpositionen Konfliktvermeidung und Leistungsmotivation bzw. dessen Unterziele Steigerung des Verantwortungsbewußtseins und Förderung der Arbeitszufriedenheit sich als Teilaspekte des Zieles der Effizienzsteigerung darstellen. Wenn daher hier auf die gesonderte Aufnahme der Effizienzsteigerung in die Zielbetrachtung verzichtet wird, so geschieht dies deshalb, weil mit diesen beiden Einzelzielen die für diese

---

[74] Vgl. *O.-Ernst Starke*, Aufgaben und Funktionen des Personalrats, in: DÖV 1975, S. 849 ff. (852).

[75] Vgl. *Michèle Voisset*, Concertation et contractualisation dans la fonction publique, in: A.J.D.A. 1970, S. 388 ff. (390); *André LeGuern*, Sur la crise de la politique contractuelle, in: Le militant des P.T.T., N° 3, 1976, S. 5 f.

[76] *Serge Salon*, Les réformes de la fonction publique et de l'administration en France, S. 16.

[77] *Jeanne Siwek-Pouydesseau*, Consultation et participation, S. 223 f.; ebenso *Jacques Chevallier*, La participation dans l'administration française, S. 86.

Untersuchung wesentlichen Gesichtspunkte der Effizienzsteigerung abgedeckt erscheinen.

D. Ziele im Interesse der Gewerkschaften

Als letzte Zielgruppe sollen nun die Ziele im Interesse der Gewerkschaften beschrieben werden. Es wurde bereits einleitend darauf hingewiesen, daß mit einer gesonderten Betrachtung dieser Ziele nicht eine Antinomie zu den Individualinteressen der von ihnen vertretenen Beschäftigten des öffentlichen Dienstes konstruiert werden soll, sondern lediglich die ihrer Bedeutung und ihrem Gewicht innerhalb des Systems der Personalvertretung entsprechende besondere Interessenlage berücksichtigt wird[78].

Insbesondere im französischen Personalvertretungssystem, wo die Gewerkschaften nach dem ausdrücklichen Willen des Gesetz- und Verordnungsgebers im System institutionell verankert sind, ist eine Berücksichtigung ihrer spezifischen Zielpositionen unerläßlich. Als Ziele im Interesse der Gewerkschaften werden ihre besondere Sichtweise der Machtbindung, die Demokratisierung des öffentlichen Dienstes und die gewerkschaftliche Gesellschaftspolitik im folgenden beschrieben werden.

1. Machtbindung

Das Ziel der Machtbindung aus gewerkschaftlicher Sicht berücksichtigt im Gegensatz zur Machtbindung im Individualinteresse der Beschäftigten weniger die Beziehungen der einzelnen Dienststellenleitung zum Beschäftigten, als vielmehr das generelle Verhältnis von der Verwaltungsführungsebene zu den Organisationen der Beschäftigten im öffentlichen Dienst. Es handelt sich daher um das Spannungsverhältnis zwischen den Dienststellenleitungen der jeweiligen Verwaltungsebenen auf der einen und den Organisationen der kollektiven Interessenvertretung auf der anderen Seite. Machtbindung aus gewerkschaftlicher Sicht bedeutet größere Einflußmöglichkeiten der Gewerkschaft im System der Personalvertretung und Mitsprache der gewerkschaftlichen Organisationen an der Vorbereitung der Normen des Personalvertretungsrechts und des öffentlichen Dienstrechts selbst. Die Äußerungen

---

[78] Diese Bedeutung der Gewerkschaft und die damit verbundene Problematik für die Mitbestimmung im öffentlichen Dienst wird nachdrücklich betont bei *Günter Püttner,* Mitbestimmung und Mitwirkung des Personals in der Verwaltung, S. 87 f.; *ders.*, Verfassungsprobleme der Mitbestimmung in öffentlichen und gemeinwirtschaftlichen Unternehmen, in: Mitbestimmung in den öffentlichen und gemeinwirtschaftlichen Unternehmen, Heft 12 der Schriftenreihe der Gesellschaft für öffentliche Wirtschaft und Gemeinwirtschaft e.V., Köln 1975, S. 52 ff. (63).

zu dieser Zielposition kommen dementsprechend auch überwiegend aus dem gewerkschaftlichen Bereich.

Für den ersten hier angesprochenen Aspekt dieser Zielposition wird Machtbindung im wesentlichen als eine Minderung von Behördenmacht durch gewerkschaftlichen Zugang und Einfluß auf das Beteiligungsverfahren verstanden. Wenn von Macht gesprochen wird, so ist auch hier nicht eine gänzlich unkontrollierte, zu Willkür und Mißbrauch neigende Ausübung von Führungsaufgaben gemeint, sondern lediglich die wertneutrale Feststellung, daß aus der Zuweisung von Zuständigkeiten und Entscheidungsbefugnissen an die Führungsebene in der öffentlichen Verwaltung eine gewisse Machtstellung resultiert.

Aus gewerkschaftlicher Sicht ist der Einfluß und der Zugang der Gewerkschaften im System der Personalvertretung von wesentlicher Bedeutung für eine wirkungsvolle Kontrolle und Differenzierung dieser Machtausübung durch die Verwaltungen. „Gute Personalratsarbeit ist auf die Dauer nur mit Unterstützung der Gewerkschaft möglich und eine optimale Wahrnehmung der Arbeitnehmerbelange setzt daher eine enge Zusammenarbeit zwischen Gewerkschaften und Personalrat voraus[79].“ Auf die Bedeutung der Gewerkschaften für den Abbau von Abhängigkeiten der Beschäftigten des öffentlichen Dienstes weist der ehemalige Vorsitzende des Hauptpersonalrates der Deutschen Bundespost und Mitglied des Hauptvorstandes der DPG hin: „Schließlich waren es zu allen Zeiten die organisierten Arbeitnehmer, die durch ihren Kampf für mehr Mitbestimmung den schrittweisen Abbau ihrer Abhängigkeiten gefordert haben. Ohne starke Gewerkschaften gäbe es keine Betriebs- und Personalräte.“ Hieraus folgert er weiter, die Position der Gewerkschaften im System der Personalvertretung sei zu stärken, um dem Interessenkonflikt mit den überwiegend auf das wirtschaftliche Ergebnis ausgerichteten Zielen der Arbeitgeber im öffentlichen Dienst wirksam entgegentreten zu können[80].

Zu dem zweiten Komplex der hier erörterten Zielposition, der Machtbindung durch stärkere Beteiligung der Gewerkschaften an der Normsetzung selbst, stellte der Vorsitzende des DPV die Forderung auf: „Das Recht der Gewerkschaften muß so weit gehen, daß im Verhandlungswege zwischen den zuständigen Ministerien und den Gewerkschaften ein einverständliches Ergebnis erzielt wird, das als gemeinsames Votum von Regierung und Gewerkschaften dem Parlament zur

---

[79] Stellungnahme des DGB im Hearing zum BPersVG, in: Reform des Personalvertretungsgesetzes, S. 62.

[80] Vgl. *Josef Prieschl,* Die Beschäftigten der Deutschen Bundespost und ihre Interessenvertretung, in: Zeitschrift für das Post- und Fernmeldewesen 3/1976, S. 4 ff. (5 f.).

Beschlußfassung vorgelegt werden kann[81]." Wenn diese Zielsetzung auch über den Rahmen des im BPersVG geregelten Beteiligungsverfahrens hinausgeht, so ist sie dennoch in diesem Gesamtkomplex der Mitbestimmungsdiskussion mitzubehandeln und auch als wesentlicher Punkt in der Zieldiskussion zu beachten.

Die Zielposition der Machtbindung aus gewerkschaftlicher Sicht hat in der französischen Diskussion einen sehr hohen Stellenwert. Wie oben bereits dargelegt[82], ist die Gewerkschaft als „der natürliche Vertreter der Interessen des Personals im öffentlichen Dienst"[83] allgemein anerkannt. Daraus resultiert, daß sie auch selbst eigene Interessen im System der Personalvertretung vertritt. Dementsprechend gewichtig und nachdrücklich wird auch dieses Ziel der Machtbindung exekutiver Regierungsmacht gegenüber der Gesamtheit der Arbeitnehmerschaft des öffentlichen Dienstes — repräsentiert durch die gewerkschaftlichen Organisationen — von den Gewerkschaften in der Diskussion um „participation" im öffentlichen Dienst vertreten. Dabei lassen sich ebenso wie in der deutschen Diskussion zwei verschiedene Zielrichtungen erkennen: Machtbindung durch Stärkung des Einflusses der Gewerkschaften im System der Personalvertretung und durch Mitsprache an dem Erlaß der Regelungen der Dienstverhältnisse selbst.

So wird in der Einleitung des Handbuchs für Personalvertreter der C.G.T. darauf hingewiesen, daß nur durch die permanente Wachsamkeit der gewerkschaftlichen Organisationen einer Manipulation der Normen der Personalvertretung durch die öffentliche Gewalt begegnet werden könne[84].

Stellvertretend für viele kann die Äußerung des Generalsekretärs der Gewerkschaft F.O. angeführt werden: „Die Beteiligung des Personals muß die ausdrückliche Bereitschaft der Verwaltungsvertreter beinhalten, die Gewerkschaften als ständige Gesprächspartner anzuerkennen, mit denen allein tragbare Lösungen für die Probleme im öffentlichen Dienst gefunden werden können[85]."

Die Gewerkschaften sehen in Frankreich die Institutionen der Personalvertretung als ein wesentliches Instrumentarium an, mit dem sie gewerkschaftliche Politik betreiben. Dabei muß berücksichtigt werden,

---

[81] *Johannes Minde*, Mitbestimmung und Mitverantwortung, S. 59.

[82] Vgl. 1. Kap. B. 2. und 3.

[83] Circulaire du 14 sept 1970 des Premierministers, S. 247.

[84] Guide pratique à l'usage des représentants du personnel aux commissions administratives paritaires et comités techniques paritaires, U.G.F.F.-C.G.T., Paris 1965, S. 1.

[85] *André Giauque*, La Fédération générale des Fonctionnaires face à l'évolution de la Fonction publique, in: La Nouvelle Tribune, sept - oct 1969, S. 6.

daß damit nicht nur mittelbar den Interessen des Personals gedient werden soll, sondern daß auch unmittelbar eigene Gewerkschaftsinteressen dabei vertreten werden.

2. Demokratisierung

Die Forderung nach Demokratisierung des öffentlichen Dienstes durch Mitbestimmung ist ebenso häufig gebraucht wie unpräzise[86]. Man bezeichnet die Demokratisierungsforderung als „schillernden Begriff“[87] oder sieht ihre Definition in einem „Gewirr von Grenzlinien“ verfangen[88]. Die Berechtigung dieser Beurteilung zeigt sich bereits bei der Durchsicht der wissenschaftlichen Literatur, wird aber vollends deutlich, wenn man den Inhalt des Begriffs Demokratisierung aus den Äußerungen der politischen Parteien oder Interessenverbände des öffentlichen Dienstes bestimmen will. Es soll daher zunächst der Versuch einer Begriffsbestimmung unternommen werden, ehe die Zuordnung dieser Zielpositionen zu dem Interessengebiet der Gewerkschaften erörtert wird. In der politikwissenschaftlichen Literatur wird die Demokratiediskussion für die öffentliche Verwaltung im Rahmen der übergeordneten Problematik der Demokratisierung komplexer Organisationen geführt[89]. Die Ergebnisse dieser Untersuchung werden im wesentlichen ohne Differenzierung für Parteien, Verbände, Betrieb, Universität und Verwaltung für anwendbar erklärt[90]. Demokratisierung wird als gesamtgesellschaftliches Prinzip angesehen, das in allen Bereichen der Gesellschaft verwirklicht werden soll. Der Grundgedanke, daß diejenigen, die Herrschaft ausüben, von denen zu dieser Herrschaft legitimiert sein müssen, die ihr unterliegen, müsse auch im öffentlichen Dienst verwirklicht werden.

Dem steht die strikte Reduktion der Demokratisierungsforderung in der juristischen Dogmatik auf die Verfassung und die Grenzen deren zulässiger Interpretation gegenüber. Das Demokratiegebot des Grundgesetzes aus Art. 20 und 28 GG wurde vom Bundesverfassungsgericht

[86] Auf die geringe wissenschaftliche Begründung der Demokratisierungsforderung weist *Heinrich Siedentopf,* Funktion und allgemeine Rechtsstellung, S. 156, hin.

[87] *Roman Herzog,* Möglichkeiten und Grenzen des Demokratieprinzips in der öffentlichen Verwaltung, in: Demokratie und Verwaltung, 25 Jahre Hochschule für Verwaltungswissenschaften Speyer, Berlin 1972, S. 485.

[88] *Klaus König,* Verwaltungsreform und Demokratiediskussion, ebenda, S. 272.

[89] *Frieder Naschold,* Organisation und Demokratie, 3. Auflage, Stuttgart 1972, S. 62, 102; *ders.,* Demokratie und Komplexität, in: PVS 1968, S. 494 ff.; *Klaus v. Beyme,* Die politischen Theorien der Gegenwart, München 1972, S. 218 ff.; *Carl Böhret,* Effizienz der Executive als Argument gegen Demokratisierung, in: PVS-Sonderheft 2, S. 243 ff. (246); *Fritz Vilmar,* Strategien der Demokratisierung Bd. I, Neuwied 1973, S. 99.

[90] Vgl. *Heinrich Siedentopf,* Funktion und allgemeine Rechtsstellung, S. 156.

bislang nur als Forderung und zwingendes Gebot für die Staatsform angesehen; Folgerungen aus dem Demokratiegebot außerhalb der Staatsorganisation lehnte es ab[91].

Dieser restriktiven Verfassungsauslegung stehen allerdings auch Meinungen gegenüber, die das Demokratiegebot nicht mehr nur als staatsorganisatorisches Ordnungsprinzip verstehen, sondern die Aussage der Verfassung als ein gesamtgesellschaftliches Strukturprinzip (Demokratie als Lebensform) ansehen und annehmen, daß der Begriff der „Demokratie" auch Erscheinungen der nicht unmittelbar staatlichen Sphäre umfaßt und gesamtgesellschaftliche Demokratie eine sinnvolle und wünschenswerte Ergänzung und Fundierung der staatlichen Demokratie bedeute (organischer Demokratiebegriff)[92]. Darüber hinaus wird auch die Auffassung vertreten, daß Demokratisierung in der öffentlichen Verwaltung nicht nur eine wünschenswerte Ergänzung des Demokratiegebots der Verfassung, sondern ein zwingendes Gebot des Grundgesetzes sei[93].

Neben diesen unterschiedlichen Grundpositionen auf der Ebene demokratietheoretischer Erörterungen wird die Komplexität der Demokratisierungsdiskussion im öffentlichen Dienst auch noch durch unterschiedliche Begriffsinhalte erweitert.

Unter Demokratisierung wird einmal die Forderung nach verstärkter Beteiligung der durch Verwaltungsentscheidungen betroffenen Bürger an solchen Entscheidungen verstanden. Den Bemühungen, diesen Bereich terminologisch auf den Begriff Partizipation festzulegen[94], wurde bislang noch nicht allgemein gefolgt[95].

---

[91] Vgl. BVerfG E 1, 14 ff. (41, 44, 49 f.); 9, 268 ff. (281 ff.); so auch *Wolfgang Zeidler,* Der Standort der Verwaltung in der Auseinandersetzung um das Demokratieprinzip, in: „Demokratisierung" und Funktionsfähigkeit der Verwaltung, S. 23; *Walter Leisner,* Mitbestimmung im öffentlichen Dienst, Bonn-Bad Godesberg 1970, S. 28 ff.

[92] Vgl. *Günter Püttner,* Die Mitbestimmung in kommunalen Unternehmen, Hannover 1972, S. 52 f.; zu dieser Auffassung scheint auch *Martin Kriele,* Das demokratische Prinzip im Grundgesetz, VVStRL 29 (1971), S. 46 ff. zu neigen.

[93] Vgl. *Wulf Damkowski,* Mitbestimmung als Forderung des Grundgesetzes, in: RiA 1975, S. 43 ff. (45 und 48 f.).

[94] Vgl. *Heinrich Siedentopf,* Funktion und allgemeine Rechtsstellung, S. 156.

[95] Vgl. beispielsweise *Renate Mayntz,* Das Demokratisierungspotential der Beteiligung Betroffener an öffentlicher Planung, in: „Demokratie" und Funktionsfähigkeit der Verwaltung, S. 50 ff. oder *Walter Schmitt Glaeser,* der umgekehrt unter dem Thema „Partizipation im öffentlichen Dienst", in: DÖV 1974, S. 152 ff., die Beteiligung der Beschäftigten an innerbehördlichen Entscheidungen durch ihre Personalvertretungen abhandelt; ebenso *Jean Rivero,* A propos des métamorphoses de l'administration d'aujourd'hui: démocratie et administration, in: Mélanges offerts à René Savatier, Paris 1965, S. 821 ff.

Zum anderen wird unter Demokratisierung im öffentlichen Dienst die Forderung nach dem Abbau von Hierarchien verstanden[96]. Neuerdings faßt man unter den Begriff Demokratisierung im öffentlichen Dienst auch die Forderung nach der Wahl von Amtsträgern. Bestimmte Führungspositionen in der Verwaltungshierarchie sollen nicht mehr durch Ernennungen durch den Minister besetzt, sondern von Wahlgremien der Beschäftigten der jeweiligen Behörde bestimmt werden[97].

Schließlich aber bildet die Forderung nach Demokratisierung durch Mitbestimmung der Beschäftigten des öffentlichen Dienstes an innerbehördlichen Verwaltungsentscheidungen doch den Kernpunkt der Diskussion. Demokratisierung durch Beteiligung der Beschäftigten des öffentlichen Dienstes ist zweifellos nicht ausschließlich als ein Ziel der Personalvertretung im Interesse der Gewerkschaften zu sehen. Es können genauso auch gesamtgesellschaftliche Interessen oder Interessen der einzelnen Beschäftigten bestehen, die eine weitgehend demokratische Struktur der öffentlichen Verwaltung verlangen. Es konnte aber festgestellt werden, daß das Ziel der Demokratisierung durch Mitbestimmung weitgehend von seiten der Gewerkschaften angesprochen wurde, und auch dann, wenn im parlamentarischen Raum dies erörtert wurde, in der überwiegenden Zahl der Fälle die Verbindung zu den Gewerkschaften hergestellt wurde.

Während der Beratungen des Entwurfs des PersVG von 1955 konzentrierten sich die Bemühungen der Gewerkschaften darauf, die damals vorherrschende Auffassung, man brauche keine Demokratisierung der öffentlichen Verwaltung, da mit Einführung des parlamentarisch-demokratischen Regierungssystems diese Forderung bereits erfüllt sei[98], zu korrigieren und der Demokratisierungsforderung Nachdruck zu verleihen[99].

In der Diskussion um die Novellierung dieses Gesetzes wurde das Ziel der Demokratisierung durch Mitbestimmung im öffentlichen Dienst von mehreren Seiten aufgegriffen. Schon in der Regierungserklärung des damaligen Bundeskanzlers Brandt zu Beginn der 6. Legislaturperiode wurde die Forderung nach „mehr Demokratie“ durch erwei-

[96] Vgl. *Emil Guillaume*, Demokratisierung der Personalpolitik in der öffentlichen Verwaltung, in: Die Verwaltung 1971, S. 177 ff.; *Hans Raab*, Demokratisierung der Verwaltung — ein Diskussionsbeitrag zum Abbau von Hierarchie im öffentlichen Dienst, in: Der Deutsche Beamte 1973, S. 153.

[97] Vgl. *Alfred Krause*, Reform und Demokratisierung der Verwaltung, in: Der Beamtenbund, Dez. 1975, S. 10.

[98] Vgl. stellvertretend für viele: Begründung zum Entwurf der Bundesregierung, BT-Drucksache I/3552, S. 15; Schröder (Bundesinnenminister), BT-Protokoll II/20., S. 692.

[99] Vgl. Vorschlag des DGB zum Entwurf des Gesetzes über die Personalvertretungen in öffentlichen Verwaltungen und Betrieben, Oktober 1952, S. 4; Stellungnahme der DAG zum PersVG, Hamburg 1952, S. 3.

terte Mitbestimmung im öffentlichen Dienst aufgestellt[100]. Dies wurde durch die Gewerkschaften aufgegriffen und in folgender Weise präzisiert: „Die Rechte der Beschäftigten müssen verbessert und nach demokratischen Grundsätzen umgestaltet werden. Das bedeutet eine Einschränkung des Direktionsrechts (Weisungsbefugnis) des Arbeitgebers. Der einzelne muß mehr Recht auf Anhörung, auf Beratung, auf Information haben, und selbst Vorschläge zur Gestaltung seiner Arbeitswelt machen können[101].“

Ein weiterer Gesichtspunkt der Demokratisierung durch erweiterte Rechte der Personalvertretung liegt auf einer anderen Ebene. Es wird insbesondere von den Gewerkschaften des DBB geäußert, Demokratisierung als Ziel der Personalvertretung sei dahingehend zu verstehen, daß der Schutz der Minderheiten im System der Personalvertretung gewährleistet wird. Hierbei wird zum einen auf die Wahrung der Rechte der einzelnen dienstrechtlichen Gruppen (Beamte, Angestellte, Arbeiter)[102] und zum anderen auf den Schutz gewerkschaftlicher Gruppen in der Minderheit abgezielt. Aus einem tiefen Mißtrauen und schlechten Erfahrungen mit Mehrheitsgewerkschaften äußerte der stellvertretende Bundesvorsitzende der GDBA: „Wenn die Verwaltung demokratisiert werden soll und wenn Personalvertretungen demokratische Einrichtungen sein sollen, dann brauchen beide die gegenseitige Kontrolle; denn ohne Kontrolle gibt es keine Demokratie[103].“

Die Forderung nach Demokratisierung des öffentlichen Dienstes durch erweiterte Mitbestimmung wird man daher zusammenfassend auf die Kontrolle der Verwaltungsführung bei innerbehördlichen Entscheidungen durch die Gesamtheit der Beschäftigten sowie auf die Kontrolle und Legitimation der Personalvertretungen selbst festlegen können.

Während in der Bundesrepublik Deutschland der Begriff „Demokratisierung“ zum Programmsatz und Leitbild der gesamten Mitbestimmungsdiskussion für den öffentlichen Dienst und die Privatwirtschaft seit der Mitte der 60er Jahre wurde, fand in Frankreich eine ähnliche Diskussion über „démocratisation du pouvoir“ gerade im öffentlichen Dienst bereits um die Jahrhundertwende statt[104].

---

[100] Vgl. BT-Protokoll, VI/5., S. 20.

[101] Entschießungen der DPG, in: Der Deutsche Beamte 1968, S. 183.

[102] Vgl. zum Personalvertretungsgesetz — Stellungnahme des DBB zu dem Regierungsentwurf des Gesetzes über die Personalvertretungen in den öffentlichen Verwaltungen und Betrieben, August 1952, S. 3.

[103] *Ludwig Betzmeir*, Personalrat und Verwaltung — sind das Gegensätze?, in: T. Ellwein / A. Zehnder / J. Minde / L. Betzmeir, Mitbestimmung im öffentlichen Dienst, S. 83; ebenso auch der *Abg. Groß (FDP)*, BT-Protokoll VII/70., S. 4337; *Abg. Vollmer (CDU/CSU)*, ebenda, S. 4334.

[104] Vgl. *Maxime Leroy*, insb. S. 270 ff.

Die nach den Unruhen im Mai 1968 aufgenommenen Forderungen nach größerer Beteiligung der Beamten im öffentlichen Dienst wurde meist unter dem Schlagwort „participation" vertreten. Für diesen Begriff läßt sich die eingangs erwähnte Einschätzung des Begriffs „Demokratisierung" in gleicher Weise übernehmen. Auch die „participation" ist ein schillernder Begriff, der in vielfältigster Weise verwandt wird.

Für die Forderung nach „participation" kann man eine sehr ähnliche Aufgliederung vornehmen, wie sie bereits für den Begriff „Demokratisierung" in der Bundesrepublik Deutschland durchgeführt wurde. In der politischen Diskussion wurde „participation" im wesentlichen als Änderung der Staatsorganisation unter den Schlagworten régionalisation bzw. déconcentration sowie als die Erweiterung der innerbetrieblichen bzw. innerbehördlichen Beteiligungsrechte der Beschäftigten gesehen. In diesen beiden Bedeutungen wurde der Begriff auch im Referendum vom 27. April 1969 verwandt[105].

Darüber hinaus wird unter „participation" im öffentlichen Dienst ebenfalls die Beteiligung betroffener Bürger an entsprechenden Verwaltungsentscheidungen verstanden[106]. Im Rahmen der Forderung nach „participation" der Beschäftigten an innerbehördlichen Entscheidungen wird auch in der neueren Diskussion — teilweise synonym — die Forderung nach „démocratisation" erhoben. Insbesondere im „programm commun" der vereinigten Linken wird „démocratisation de la fonction publique" als ein zentrales Ziel ihrer politischen Aktivitäten angesehen[107]. Dabei werden zur Verwirklichung des Zieles der „démocratisation" nicht nur Maßnahmen wie Erweiterung der Zuständigkeiten der Personalvertretungen oder Verbesserung der Zugangsrechte der Gewerkschaften, sondern auch die Selbstverwaltung des Sozialbereichs durch die Beschäftigten gefordert[108].

Während in der Bundesrepublik Deutschland Demokratisierung allgemein durch eine Erweiterung der Mitbestimmung gefordert wird, spielt in der französischen Diskussion das Verfahren der Mitbestimmung kaum eine Rolle. Hingegen wird hier als Weg zur Erreichung des Zieles der „participation" bzw. „démocratisation" die Selbstverwaltung der Arbeitnehmerschaft (autogestion) gefordert[109].

---

105 Vgl. *Régis Waquet,* La „participation" dans la pensée politique de Général de Gaulle et projet de loi soumis au reférendum du 27 avril 1969, Paris 1970, S. 3 ff.

106 Vgl. hierzu die umfassenden Beiträge im Sammelband von *Georges Langrod (Hrsg.),* La consultation dans l'administration contemporaine, Paris 1972.

107 Zitiert bei *René Bidouze,* L'évolution des structures de l'appareil d'Etat, les réformes administratifs, le démantèlement du secteur public, in: La tribune des fonctionnaires, Supplément au N° 250, 1973, S. 16 f.

108 Vgl. Colloque de l'I.T.A.P., S. 9; *Georges Frischmann,* Défendre les libertés!, in: Le militant des P.T.T., févr 1976, S. 3.

Die ohnehin schon hochkomplexe Zielposition der Demokratisierung erfährt durch diesen Vergleich eine erneute Erweiterung. Als gemeinsame Grundstruktur dieses Ziels können aber dennoch festgehalten werden: der Abbau von Hierarchien, die Transparenz der Entscheidungsfindung in innerbehördlichen Angelegenheiten und die Kontrolle der Entscheidungsgrundlagen. Für die Bundesrepublik Deutschland allein kommt noch die Kontrolle und Legitimation der Personalvertretung selbst mit hinzu.

3. Gesellschaftspolitik

Unter der Zielposition „Gesellschaftspolitik“ soll hier verstanden werden, daß mit der Arbeit der Personalvertretungen auch ganz bestimmte gesellschaftspolitische Ziele verfolgt werden können. Hierunter fallen insbesondere solche Ziele, die auf eine Reformierung, Evolution oder Revolution der Gesamtgesellschaft gerichtet sind. Diese Zielposition spielte in der Bundesrepublik Deutschland in der Diskussion um die Personalvertretung im öffentlichen Dienst nur eine höchst untergeordnete Rolle und mag daher dem deutschen Leser peripher oder überflüssig erscheinen.

In Frankreich kommt diesem Aspekt jedoch eine wesentlich größere Bedeutung zu, da durch die starke gewerkschaftliche Anbindung des Personalvertretungssystems auch deren gesellschaftspolitische Vorstellungen, die von den französischen Gewerkschaften mit wesentlich größerer Intensität diskutiert und formuliert werden als in der Bundesrepublik Deutschland, Eingang in die Diskussion finden. Innerhalb des gewerkschaftlichen Spektrums in Frankreich wird man allerdings differenzieren müssen. Ein Teil der Gewerkschaften — so die F.O., C.G.C., F.E.N., F.G.A.F. — legt seiner Politik im Bereich der Personalvertretung die Vorstellung zugrunde, daß man durch intensive Einflußnahme und das Streben nach Teilhabe an Entscheidungen die in diesem Kapitel bisher beschriebenen Ziele erreichen könne. Insoweit liegt eine gewisse Parallelität in der ideologischen Grundlage zu den Gewerkschaften der Bundesrepublik vor. Ein anderer Teil der französischen Gewerkschaften, und dazu ist sicherlich die mächtige C.G.T. zu zählen und inzwischen wohl auch mit geringen Abstrichen die C.F.D.T., sieht dagegen keine Möglichkeit durch systemimmanente Erweiterungen der Beteiligungsrechte für die Personalvertreter Ziele im Individualinteresse der Beschäftigten oder gewerkschaftliche Ziele verfolgen zu können. Sie sehen die Institution der Personalvertretung lediglich als ein Instrument der Information und der Kontrolle, das dem höherrangigen

---

[109] Vgl. *Jean-Michel Galabert*, La participation à l'administration en France, in: „Demokratisierung“ und Funktionsfähigkeit der Verwaltung, S. 167.

Ziel, der Umwandlung der gesamten Staatsordnung, dienlich sein kann[110].

Als ein Weg zu diesem Ziel der gesellschaftlichen Umwandlung wird die bereits oben erwähnte Selbstverwaltung der Beschäftigten im Sozialbereich angesehen. Unter dem Schlagwort „autogestion“ wird die Einführung partikularer selbstbestimmter Subsysteme im gesamtgesellschaftlichen Bereich gefordert. Die Institutionen der Personalvertretung sind hierzu Instrumente, derer man sich zur Durchsetzung dieses Ziels auch im öffentlichen Dienst bedient[111].

Wenn diese Zielposition auch nicht als einhellige Auffassung der französischen Gewerkschaften gelten kann, so wird doch weiter unten zu zeigen sein, welche bedeutenden Auswirkungen diese Position insbesondere für die Praxis der Personalvertretung hat.

E. Interdependenzen und Konflikte in der Zieldiskussion

Bei dieser Beschreibung der neun Ziele der Personalvertretung mußte eine gewisse Reduktion der Zielkomplexität vorgenommen werden, um eine Darstellung in sich abgegrenzter Zielpositionen zu ermöglichen. Demgegenüber darf aber nicht verkannt werden, daß diese Ziele nicht parallel mit gleicher Intensität und Stoßrichtung vertreten werden, sondern daß sie teilweise interdependent sind, sich teilweise aber auch konkurrierend gegenüberstehen.

Auf die Relationen zwischen der deutschen und französischen Zieldiskussion wurde bereits schon bei den einzelnen Zielpositionen hingewiesen. Insgesamt wird man in Frankreich eine stärkere Betonung kollektiver und gewerkschaftlicher Ziele feststellen können, wogegen in der Bundesrepublik Deutschland primär auf die Einzelpersönlichkeit des Organisationsmitgliedes abgestellt wurde. Insgesamt wird man jedoch zu dem Ergebnis kommen müssen, daß in der Bundesrepublik eine erheblich intensivere Diskussion um die Ziele der Personalvertretung geführt wurde als in Frankreich.

Es gibt allerdings nicht nur Unterschiede zwischen beiden Ländern, sondern auch innerhalb eines Landes verläuft die Zieldiskussion nicht geradlinig, und es können erhebliche Interdependenzen zwischen den einzelnen Zielpositionen festgestellt werden.

110 Vgl. *Danièle Loschak*, Principe hiérarchique et participation dans la fonction publique, in: Bulletin de l'Institut international d'administration publique, N° 37, 1976, S. 121 ff. (181); ebenso *Gerhard Leminsky*, Entwicklung und Formen der Mitbestimmung in einigen westeuropäischen Ländern, in: Vom Sozialistengesetz zur Mitbestimmung — Zum 100. Geburtstag von Hans Böckler, hrsg. v. H. O. Vetter, Köln 1975, S. 427 ff. (441).

111 Vgl. zu dieser Auffassung: *Georges Frischmann*, S. 3 f.; *René Bidouze*, S. 5 f.

So ist das Ziel der Demokratisierung nicht unabhängig von der individuellen und kollektiven Selbstbestimmung und der Machtbindung zu sehen. Denn gerade die Stärkung der Position des Individuums und die Förderung seiner kollektiven Interessenwahrnehmung sowie die Differenzierung von Macht innerhalb einer Organisation sind Grundpositionen der Demokratisierungsforderungen.

Ebenso ist das Ziel der Leistungsmotivation nicht unabhängig von der individuellen Selbstbestimmung zu sehen. Wenn nämlich als motivierende Faktoren die Förderung der Arbeitszufriedenheit und die Stärkung des Verantwortungsbewußtseins der Beschäftigten angesehen werden, so sind dies ebenfalls Elemente der Zielposition der individuellen Selbstbestimmung.

Auf die Beziehungen zwischen der individuellen und kollektiven Selbstbestimmung ist oben schon eingegangen worden. Sie können nicht als zwei getrennt voneinander stehende Zielpositionen verstanden werden, sondern kollektive Selbstbestimmung wird weitgehend als Mittel zur Verwirklichung individueller Selbstbestimmung angesehen.

Gerade das Verhältnis zwischen diesen beiden Zielen macht jedoch deutlich, daß diese Zieldiskussion nicht konfliktfrei geführt wird. Während nämlich insbesondere im parlamentarischen Raum der Bundesrepublik Deutschland die Forderung der individuellen Selbstbestimmung als wichtigstes Ziel der Personalvertretung hervorgehoben wird, wird von seiten der Gewerkschaften in Deutschland und in Frankreich darauf hingewiesen, daß gerade die übermäßige Betonung der Stellung des einzelnen Beschäftigten im System der Personalvertretung die Gefahr der Blockierung einer wirksamen kollektiven Interessenvertretung in sich trage und die beiden Zielpositionen der individuellen und kollektiven Selbstbestimmung sich geradezu entgegengesetzt gegenüberstünden.

Grundsätzlich werden aber auch die Zielpositionen im Interesse der Behördenleitung und die im Interesse der Gewerkschaften eher konflikthaft zueinanderstehen. Weder die Konfliktvermeidung noch die Leistungsmotivation sind Ziele, die von den Gewerkschaften primär mit der Personalvertretung verfolgt werden. Umgekehrterweise sind auch Machtbindung und gewerkschaftliche Gesellschaftspolitik keine Ziele, die im Interesse der Behördenleitung liegen.

Schließlich besteht aber auch innerhalb der Gewerkschaften in beiden Ländern durchaus kein einheitlicher Konsens über die Ziele der Personalvertretung. Wenn von den DGB-Gewerkschaften in der Bundesrepublik mit Nachdruck Machtbindung durch stärkere Einbeziehung der Gewerkschaften in das System der Personalvertretung gefordert wird, so ist dies keineswegs gleichermaßen eine Zielposition des DBB. Die Gewerkschaften des DBB fordern vielmehr gerade eine weitgehende Zurückhaltung der Gewerkschaften im Bereich der Personalvertretung. Ebenso besteht zwischen den französischen Gewerkschaften Streit darüber, ob man mit der Personalvertretung im öffentlichen Dienst gesellschaftspolitische Ziele verfolgen soll. Hierauf wurde bereits oben schon näher eingegangen.

All diese Interdependenzen und Konflikte werden zu berücksichtigen sein, wenn man aus der Zieldiskussion Wirksamkeitskriterien für das System der Personalvertretung ableiten will.

Zweites Kapitel

Die Strukturen der Personalvertretung

Nachdem im vorangegangenen Kapitel die Ziele der Personalvertretung in beiden Ländern beschrieben wurden, sollen nun die formellen Regeln, die die Struktur der Personalvertretung bestimmen, dargestellt werden. Für das deutsche Personalvertretungssystem wird sich die Darstellung auf die Beschreibung der Grundstrukturen beschränken, und nur das französische System soll — soweit notwendig — detaillierter erörtert werden[1].

Dabei sollen aus der in beiden Ländern geführten Diskussion um die Ziele der Personalvertretung die Strukturen im System der Personalvertretung herausgearbeitet werden, die zur Erreichung der gewünschten Ziele als funktional angesehen und somit als wesentlich für eine wirksame Interessenvertretung erkannt werden. Hierbei wird davon abgesehen, die Zuordnung von geforderten Strukturen zu den damit verfolgten Zielen wiederum auf der Grundlage einer Dokumentenanalyse vorzunehmen und die jeweiligen Bezüge anhand von Äußerungen der einflußnehmenden Gruppen nachzuweisen. Denn es konnte bereits schon in der Zieldiskussion ein hohes Maß an Abstraktion festgestellt werden. Dies gilt aber in noch größerem Umfang für die Äußerungen zu den für die Durchsetzung der Ziele geforderten Strukturen.

Die Zuordnung der Ziele zu den Strukturen der Personalvertretung wird daher vor dem Hintergrund der bereits erörterten Zieldiskussion nach gewissen Plausibilitätsgesichtspunkten erfolgen müssen und kann sich nicht ausschließlich an den Äußerungen der einflußnehmenden Gruppen orientieren. Denn es ergibt sich auch aus der hier zugrundegelegten strukturell-funktionalen Sichtweise, daß Strukturen nicht immer eindeutig bestimmbare Funktionen aufweisen, sondern auch latente und unvorhersehbare Funktionen ihre Wirkungen bestimmen.

Als das wichtigste, in fast allen Zielpositionen geforderte, Strukturmerkmal eines Personalvertretungssystems kann die Teilhabe am Entscheidungsprozeß durch die Vertreter des Personals gesehen werden. Dies wurde insbesondere für die Ziele der kollektiven Selbstbestim-

---

[1] Soweit das deutsche Personalvertretungssystem erörtert wird, werden die Strukturen des BPersVG zugrunde gelegt. Partielle Besonderheiten der Landespersonalvertretungsgesetze werden an gegebener Stelle dargestellt.

mung und der Machtbindung im Individualinteresse sowie der Machtbindung aus gewerkschaftlicher Sicht und der Demokratisierung, darüber hinaus aber auch für das Ziel der Konfliktvermeidung gefordert. Mittelbare Funktionen erhoffte man sich von der Teilhabe am Entscheidungsprozeß für die individuelle Selbstbestimmung und die Leistungsmotivation, wobei zu berücksichtigen ist, daß diese individuelle Komponente in Frankreich nur eine untergeordnete Rolle spielte.

Das zweite, in vielen Äußerungen als ebenso wichtig angesehene, Strukturmerkmal ist die Information innerhalb des Personalvertretungssystems. Hierbei wird sowohl die Information der Personalvertretung, wie der einzelnen Beschäftigten als auch der Behördenleitung als wesentliches Wirksamkeitskriterium einer Personalvertretung angesehen. In diesem umfassenden Sinne wird die Information als funktional zur Erreichung aller oben beschriebenen Ziele erachtet. Für das Ziel der Gesellschaftspolitik in Frankreich hat sie teilweise mittelbare Funktionen.

Ferner wird als ein Strukturmerkmal eines Personalvertretungssystems — überwiegend allerdings in der Bundesrepublik — die Legitimation und Kontrolle der Personalvertretung durch die Beschäftigten gefordert. Dies wird seine Wirkungen insbesondere für die Ziele der individuellen Selbstbestimmung und der Demokratisierung, in weniger starkem Maße aber auch für die kollektive Selbstbestimmung und die Leistungsmotivation entfalten.

Schließlich wird man aus der Zieldiskussion ein viertes Strukturmerkmal erkennen können, das für die Wirksamkeit einer Interessenvertretung von großer Bedeutung ist: die Professionalisierung der Personalvertreter. Sie wird insbesondere funktional sein für die Ziele der kollektiven Selbstbestimmung, der Konfliktvermeidung, der Machtbindung aus gewerkschaftlicher Sicht, sowie der Demokratisierung; mittelbar aber auch für die Machtbindung im Individualinteresse und die Kanalisierung der Personalinteressen.

In diesem 2. Kapitel sollen nun diese vier Grundstrukturen im System der Personalvertretung beider Länder auf der Grundlage ihrer formellen Regelungen in den Normen des Personalvertretungsrechts dargestellt werden. Zuvor wird im Rahmen eines kurzen Überblicks auf die Organisationsstruktur der Institutionen der Personalvertretung in beiden Ländern eingegangen.

A. Die Organisationsstruktur der Personalvertretungen

Die Verwendung des Begriffs „Personalvertretung“ als Bezeichnung für die Institution zur Vertretung des Personals bei innerbehördlichen Angelegenheiten bedarf vorab einer kurzen terminologischen Klärung. Wenn von Vertretung des Personals gesprochen wird, so ist damit noch nicht zwangsläufig eine Beschränkung des Begriffsinhalts auf den Zuständigkeitsbereich des deutschen Personalrates[2] erfolgt. Denn Personalinteressen werden daneben noch von anderen Institutionen vertreten. Hier sind vor allem der Bundespersonalausschuß nach §§ 95 - 104 BBG bzw. die Landespersonalausschüsse[3] für die Vorbereitung allgemeiner Regelungen in der Personalverwaltung, und die Beteiligung der gewerkschaftlichen Spitzenorganisationen nach § 94 BBG[4] an der Vorbereitung von allgemeinen Regelungen der dienstrechtlichen Verhältnisse der Beamten zu nennen. Als wichtige Institution zur Vertretung der Interessen der Arbeiter und Angestellten des öffentlichen Dienstes müssen in diesem Zusammenhang auch die jährlichen Tarifverhandlungen aufgeführt werden.

Entsprechend der in der Einleitung formulierten Problemstellung dieser Arbeit wird hier nur die Vertretung des Personals im innerbehördlichen Bereich behandelt. Bei der Verwendung des Begriffs „Personalvertretung“ sind daher auch nur die Institutionen gemeint, die mit der Vertretung von Personalinteressen in innerbehördlichen Angelegenheiten befaßt sind. Diese Klärung wird notwendig, da die Organisationsstruktur dieser Personalvertretung in Frankreich erheblich differenzierter ist. Für die Wahrnehmung der Zuständigkeiten im innerbehördlichen Bereich — in personellen, organisatorischen und sozialen Angelegenheiten —, die in Deutschland nur dem PR obliegen, existieren in Frankreich unterschiedliche Institutionen.

Der Zuständigkeitsbereich des PR ist durch die enumerative Aufzählung der §§ 75 - 80 BPersVG festgelegt. Diese Zuständigkeiten lassen sich in drei Gruppen einteilen: die personellen Angelegenheiten, die organisatorischen Angelegenheiten und die sozialen Angelegenheiten. In einer groben Zuordnung kann man diesen drei einzelnen Zuständigkeitsbereichen des PR je eine gesonderte Institution auf französischer Seite gegenüberstellen[5].

[2] Im folgenden wird der Begriff „Personalrat“ mit PR abgekürzt; entsprechend „Bezirkspersonalrat“ mit BezPR und „Hauptpersonalrat“ mit HauptPR.

[3] Vgl. die Synopse der gesetzlichen Bestimmungen für Bundes- und Landesbeamte bei *Carl Hermann Ule*, Beamtenrecht, Köln 1970, S. 486.

[4] Vgl. die umfassende Darstellung bei *Hans-Werner Laubinger*, Beamtenorganisation und Gesetzgebung, maschinenschriftlich vervielfältigt, Speyer 1974.

[5] Eine detaillierte Beschreibung der Zuständigkeiten der Personalvertre-

In personellen Angelegenheiten sind die „commissions administratives paritaires“ (c.a.p.) zuständig (Décret N° 59-307 du 14 févr. 1959, J.O. du 20 févr. 1959)[6].

Die Zuständigkeit in organisatorischen Angelegenheiten obliegt den „comités techniques paritaires“ (c.t.p.) (Décret N° 59-307 du 14 févr. 1959, J.O. du 20 févr. 1959)[7]. Die Normen des Dekrets Nr. 59-307 vom 14. Febr. 1959 für die c.a.p. und c.t.p. wurden durch das Dekret 76-510 vom 10. Juni 1976 (J.O. 12 juin 1976, S. 3548) geändert. Hiervon wurden einige nicht unerhebliche Details betroffen, die Grundstrukturen blieben aber unverändert[8].

Für die Wahrnehmung sozialer Angelegenheiten gibt es keinen einheitlich benannten Kommissionstyp. Je nach Verwaltungsbereich heißen sie „commission des affaires sociales“, „comité des œuvres sociales“, „commission des services sociaux“ oder „comité de l'action sociale“. Abweichend von der Organisationsstruktur der c.a.p. und c.t.p. gibt es im Sozialbereich auch interministerielle Personalvertretungen: das „comité interministériel consultatif des services sociaux“ (Arrêté du 19 juin 1970, J.O. du 14 juil. 1970, S. 6583) für allgemeine soziale Angelegenheiten und die „commission centrale du logement“ (Décret N° 62-1240 du 23 oct. 1962, J.O. du 25 oct. 1962, S. 10371) für Wohnungsangelegenheiten.

Eine ebenfalls interministerielle Zuständigkeit besitzt der „Conseil supérieur de la fonction publique“ (C.S.)[9] (Décret N° 59-306 du 14 févr. 1959, J.O. du 20 févr. 1959). Er ist höchstes Beteiligungsorgan im öffentlichen Dienst in Frankreich und hat seine wesentlichen Zuständigkeiten im Bereich der allgemeinen Regelungen der Dienstverhältnisse und der Personalverwaltung. Seine Einbeziehung in diese Darstellungen der Personalvertretungen für innerbehördliche Angelegenheiten rechtfertigt sich durch seine Zuständigkeit als Berufungsinstanz gegen die dienstliche Beurteilung eines Beschäftigten und als Koordinator für die c.a.p. und c.t.p. (Art. 2 du Décret N° 59-306)[10].

---

tungen in Deutschland und Frankreich wird weiter unten vorgenommen, vgl. 2. Kap. B. 2. - 4.

[6] Im folgenden wird der Begriff „commission administrative paritaire“ mit c.a.p. abgekürzt.

[7] Im folgenden wird der Begriff „comité technique paritaire“ mit c.t.p. abgekürzt.

[8] Soweit diese Änderungen für die vier Grundstrukturen der Personalvertretung von Bedeutung sind, werden sie im folgenden mitbehandelt. In der empirischen Untersuchung konnten sie allerdings nicht mehr berücksichtigt werden, da sie erst nach Abschluß der Untersuchungen in Kraft traten.

[9] Im folgenden wird der Begriff „Conseil supérieur de la fonction publique“ mit C.S. abgekürzt.

[10] Vgl. aus der Literatur zum C.S.: *Jeanne Siwek-Pouydesseau*, Le Conseil supérieur de la Fonction publique, in: Annuaire International de la Fonction

In der Organisationsstruktur unterscheiden sich diese „Kommissionen“[11] allerdings teilweise nicht unerheblich von den deutschen PRäten. Während der Bezugsrahmen für die kleinste Einheit im System der Personalvertretung in der Bundesrepublik Deutschland, den örtlichen PR, immer die jeweilige Dienststelle ist (§§ 1, 6 BPersVG), bestehen für die französischen Kommissionen unterschiedliche Bezugsrahmen. Die kleinsten Einheiten bei den c.t.p. und den commissions sociales werden in der Regel für ein Verwaltungsdepartement gebildet, das weitgehend in seiner räumlichen Begrenzung mit dem politischen Departement übereinstimmt (Art. 40 du Décret N° 59-307). Hingegen ist für die c.a.p. grundsätzlich das jeweilige nationale Beamtencorps der Bezugsrahmen (Art. 2, alinéa 1 du Décret N° 59-307)[12]. Dieser Grundsatz bedingt, daß die kleinste organisatorische Einheit für die c.a.p. eines Beamtencorps durchaus nicht immer auf Departement-Ebene gebildet sein muß, sondern daß je nach Größe für alle Angehörigen eines Beamtencorps in ganz Frankreich nur eine c.a.p., und zwar auf nationaler Ebene, eingerichtet sein kann.

Nur die zahlenmäßig starken Corps (z. B. das Corps der Briefträger) haben neben der nationalen c.a.p. auch regionale und departementale c.a.p. Die Hierarchie der c.t.p. und commissions sociales richtet sich nach dem jeweiligen Verwaltungsaufbau. So gibt es teilweise Verwaltungen, die nur auf nationaler und regionaler Ebene ein c.t.p. und eine commission sociale haben, bei anderen, die keine Mittelstufe besitzen, gibt es diese Kommissionen nur auf nationaler und departementaler Ebene.

Schließlich ist noch ein letztes wesentliches Element der Organisationsstruktur der Personalvertretungen in Deutschland und in Frankreich zu behandeln, die interne Organisation. Die französischen Kommissionen sind grundsätzlich paritätisch besetzt, d. h. die Kommission wird von einer gleichen Anzahl von Personalvertretern und Verwaltungsvertretern gebildet. Hinzu kommt noch der Präsident der Kommission, der regelmäßig ein Vertreter der Verwaltungsseite ist, meistens der jeweilige Personalchef.

Die Größe dieser paritätischen Gremien richtet sich bei den c.a.p. nach der Anzahl der „grades“, die einem Corps angehören. Für einen

---

publique, 1971 - 72, S. 161 ff.; *Marie-Chantal Mathias,* Le Conseil supérieur de la fonction publique, Mémoire de D.E.S. de science politique, Paris I, Année universitaire 1972 - 73.

[11] Wenn im folgenden von „Kommissionen“ in Frankreich gesprochen wird, so ist die Gesamtheit der eben beschriebenen c.a.p., c.t.p., C.S. und commissions sociales angesprochen, die entsprechend ihrer Aufgabenstruktur den deutschen PRäten gegenüberstehen.

[12] Vgl. zur Struktur des öffentlichen Dienstes in Frankreich: oben, Einleitung, B. 1. b) aa).

„grade“ sind 2 Personalvertreter vorgesehen (Art. 6 du Décret N° 59-307). Die Zahl der Verwaltungsvertreter bestimmt sich nach der Anzahl der Personalvertreter.

Die Größe eines c.t.p. dagegen ist fest vorgegeben. Ein c.t.p. ministériel hat 30 Mitglieder, jeweils 15 Personal- und 15 Verwaltungsvertreter; alle c.t.p. auf einer niederen Stufe, sei es das c.t.p. central für eine Direktion des Ministeriums, sei es das c.t.p. departemental für die kleinste organisatorische Einheit dieses Verwaltungsbereiches auf örtlicher Ebene, haben insgesamt 20 Mitglieder (Art. 41 du Décret N° 59-307).

Die Sozialkommissionen sind nicht in allen Fällen paritätisch je zur Hälfte mit Personal- und Verwaltungsvertretern besetzt. In einigen Ministerialbereichen, so z. B. im Post- und Erziehungssektor, sind sie drittelparitätisch besetzt mit einem Drittel Verwaltungsvertreter, einem Drittel Personalverteter und einem letzten Drittel von Vertretern der Sozialversicherungs- und Wohlfahrtsträger (mutuelles).

Eine weitere Besonderheit findet sich ebenfalls im Sozialbereich. Das „comité interministériel consultatif des services sociaux“ ist das einzige paritätisch mit Personal- und Verwaltungsvertretern besetzte Personalvertretungsorgan, in dem die Personalseite die Mehrzahl der Sitze innehat. Es besteht aus 11 Personalvertretern und 8 Verwaltungsvertretern und wird von einem Personalvertreter präsidiert[13].

Der C.S. schließlich ist beim Amt des Premierministers gebildet und wird auch vom Premierminister präsidiert, sofern er mit allen Mitgliedern tagt (assemblé plénière). Es besteht daneben die Möglichkeit, daß die Personalvertreter (section syndicale) und die Verwaltungsvertreter (section administrative) für sich getrennt tagen. Dies geschieht regelmäßig an den Tagen vor der Sitzung der Vollversammlung.

Die Darstellung der Organisationsstruktur der französischen Personalvertretungen soll mit dieser Skizzierung abgeschlossen werden; soweit darüber hinaus Details zum Verständnis der im folgenden beschriebenen 4 Grundstrukturen notwendig sind, werden sie an der jeweiligen Stelle mitbehandelt[14].

---

[13] Vgl. *Yves Saint-Jours,* Le syndicalisme dans la fonction publique, Notes et Etudes Documentaires N° 4197 - 4198, Paris 1975, S. 19 f.

[14] Vgl. zur Organisationsstruktur der französischen Personalvertretungen: *Alain Plantey,* Traité pratique de la fonction publique, Tome II, 3. Auflage, Paris 1971, S. 580 ff.; *Yves Saint-Jours,* S. 15 ff.; Les organes de consultation du personnel dans l'administration française, Notes et études documentaires N° 3660, Paris 1970.

B. Die Teilhabe der Personalvertreter an Entscheidungen in innerbehördlichen Angelegenheiten

Aufgrund der oben dargestellten Zieldiskussion muß die Teilhabe der Personalvertreter am Entscheidungsprozeß in innerbehördlichen Angelegenheiten als das wesentliche Strukturmerkmal einer wirksamen Interessenvertretung des Personals im öffentlichen Dienst angesehen werden. Die Ausgestaltung des Verfahrens der Beteiligung in den Normen der Personalvertretung in der Bundesrepublik Deutschland und in Frankreich soll Gegenstand dieses Abschnitts sein. Hierbei wird zunächst auf die verschiedenen Intensitätsstufen der Beteiligung eingegangen, um daran anschließend die Gegenstände der Beteiligung innerhalb der drei Zuständigkeitsbereiche darzustellen.

I. Die Formen der Beteiligung

Die geforderte Teilhabe am Entscheidungsprozeß bei innerbehördlichen Angelegenheiten ist in den Personalvertretungssystemen für die einzelnen Zuständigkeiten mit unterschiedlicher Intensität ausgestaltet. Hierbei läßt sich zunächst feststellen, daß die Normen in der Bundesrepublik Deutschland die Intensitätsstufen der Beteiligung wesentlich differenzierter unterscheiden als die französischen Regelungen. Das deutsche Personalvertretungsrecht kennt drei Stufen der Beteiligung: die Mitbestimmung, die Mitwirkung und die Anhörung. Innerhalb dieser Stufen gibt es allerdings weitere, nicht unerhebliche Differenzierungen. Dagegen kennt die französische Regelung nur eine Form der Beteiligung, die „consultation“, die nach der Ausgestaltung ihres Verfahrens auf der Stufe der deutschen Mitwirkung steht.

Im folgenden Abschnitt sollen diese drei Formen der Beteiligung — Mitbestimmung, Mitwirkung bzw. consultation und Anhörung beschrieben werden.

a) Die Mitbestimmung

Das Verfahren der Mitbestimmung gibt es nur in der Bundesrepublik Deutschland. Es ist in § 69 BPersVG geregelt und gilt für die Angelegenheiten der §§ 75, 76 BPersVG. Das Gesetz definiert „Mitbestimmung“ in § 69 Abs. 1 BPersVG folgendermaßen: „Soweit eine Maßnahme der Mitbestimmung des Personalrates unterliegt, kann sie nur mit seiner Zustimmung getroffen werden.“ Nach der h. Rspr. bedeutet dies nicht nur, daß der PR auf die eigenverantwortliche Entscheidung des Dienstherrn Einfluß nehmen kann, sondern daß er damit die alleinige Entscheidungsbefugnis des Dienstherrn beschränkt[15].

---

[15] Vgl. BVerwG E 13, 291 (294).

Die Regelungen des BPersVG für das Verfahren der Mitbestimmung sind allerdings — und dies wird in der Literatur vielfach übersehen — keineswegs einheitlich und es wird auch durchaus nicht in allen Angelegenheiten, die das Gesetz verbal der „Mitbestimmung“ unterwirft, die alleinige Entscheidungsbefugnis des Dienstherrn beschränkt. Es lassen sich vier verschiedene Formen der Mitbestimmung unterscheiden: die echte Mitbestimmung, die unechte Mitbestimmung, die eingeschränkt echte Mitbestimmung und die eingeschränkt unechte Mitbestimmung. Darüber hinaus sind noch weitere partikulare Einschränkungen der Mitbestimmung normiert.

Nur bei der echten Mitbestimmung gibt es ein uneingeschränktes Recht auf Mitentscheidung des PR, entsprechend dem Verfahren des § 69 BPersVG. Danach hat die Dienststelle bei allen Maßnahmen in sozialen Angelegenheiten für Beamte, Angestellte und Arbeiter nach § 75 Abs. 2 Nr. 1 - 3 BPersVG und beim Abschluß von Dienstvereinbarungen über bestimmte soziale und organisatorische Angelegenheiten nach § 75 Abs. 3 Nr. 1 - 17 BPersVG die Zustimmung des PR einzuholen. Der PR hat seine Entscheidung grundsätzlich innerhalb einer Frist von 7 Tagen dem Dienststellenleiter mitzuteilen (§ 69 Abs. 2 S. 3 BPersVG). Äußert er sich innerhalb dieser Frist nicht schriftlich, so gilt die beantragte Maßnahme als gebilligt (§ 69 Abs. 2 S. 5 BPersVG). Falls zwischen PR und Dienststellenleitung keine Einigung zustandekommt, so kann der Dienststellenleiter oder der PR innerhalb von 6 Arbeitstagen die Angelegenheit einer übergeordneten Dienststelle vorlegen. Für eine Streitigkeit auf örtlicher Ebene kommen somit die Mittelbehörde oder die oberste Dienstbehörde für eine Stellungnahme in Frage. Falls auch nach einer Beratung der Angelegenheiten auf der obersten Behördenstufe zwischen oberster Dienstbehörde und HauptPR keine Einigung zustande kommt, obliegt die Entscheidung der Einigungsstelle (§ 69, Abs. 4 S. 1 BPersVG).

Die Einigungsstelle ist keine permanent tagende Institution[16]. Sie wird bei der obersten Dienstbehörde gebildet und besteht aus je drei Beisitzern, die von der obersten Dienstbehörde und der bei ihr bestehenden Personalvertretung bestellt werden, sowie einem unpartei-

[16] Es ist allerdings bestritten, ob der Bestimmung des § 71 zu entnehmen ist, daß die Einigungsstelle — wenn sie sich einmal konstituiert hat — auf Dauer eingerichtet ist, oder ob das Gesetz bestimmt, daß sie sich entsprechend den anfallenden Streitigkeiten von Fall zu Fall neu zu konstituieren hat. Für eine Dauereinrichtung: *W. Grabendorff / C. Windscheid / W. Ilbertz*, Bundespersonalvertretungsgesetz, 3. Auflage, Stuttgart 1974, § 71, Rdnr. 3; *Helmut Engelhard / Gustav Ballerstedt*, Personalvertretungsgesetz für das Land Niedersachsen, 3. Auflage, Neuwied/Berlin 1973, § 73 a, Anm. 5; für eine Bildung von Fall zu Fall: *Alfred Fischer / Hans Joachim Goeres*, Personalvertretungsrecht des Bundes und der Länder, Berlin 1974, § 71, Rdnr. 7. Die Lösungen der Praxis zu diesem theoretischen Problem werden weiter unten zu zeigen sein, vgl. 3. Kap. B. 2. c) aa).

ischen Vorsitzenden (§ 71 Abs. 1 BPersVG). Diese Einigungsstelle entscheidet über die Angelegenheit abschließend. Ihr Beschluß ist für die betroffene Dienststelle in den Fällen, die der echten Mitbestimmung unterliegen, bindend. Daher spricht man hier auch von einer echten Mitentscheidung, da die alleinige Entscheidungsbefugnis des Dienstherrn tatsächlich eingeschränkt wird[17].

Die eingeschränkt echte Mitbestimmung unterscheidet sich von der echten dadurch, daß in personellen Angelegenheiten der Angestellten und Arbeiter nach § 75 Abs. 1 Nr. 1 - 7 BPersVG der PR seine Ablehnung der beantragten Maßnahme nur auf einen der in § 77 Abs. 2 BPersVG enumerativ aufgeführten Ablehnungsgründe stützen kann[18]. Dies hat zur Folge, daß im Falle der Uneinigkeit zwischen Dienststelle und PR die Entscheidung der Einigungsstelle sich auch nur darauf beziehen kann, ob ein Grund zur Verweigerung der Zustimmung vorlag oder nicht (§ 69 Abs. 4 S. 1 BPersVG).

Die unechte Mitbestimmung betrifft die Zuständigkeit des PR beim Abschluß von Dienstvereinbarungen in bestimmten sozialen und organisatorischen Angelegenheiten für Beamte nach § 76 Abs. 2 Nr. 1 - 9 BPersVG. Diese Mitbestimmung ist deshalb unecht, weil bei Differenzen zwischen Dienststelle und PR letztlich nicht die Einigungsstelle, sondern die oberste Dienstbehörde selbst entscheidet. Die streitige Angelegenheit gelangt zwar auf demselben Wege wie im Verfahren der echten Mitbestimmung in die Einigungsstelle (vgl. § 69 Abs. 2 - 4 BPersVG), sie kann in diesen Fällen aber nur eine Empfehlung aussprechen. Die oberste Dienstbehörde ist in ihrer Entscheidung daran nicht gebunden. Damit trägt dieses Verfahren die Merkmale in sich, die die Grundsätze des Mitwirkungsverfahrens bestimmen.

Die eingeschränkt unechte Mitbestimmung schließlich gilt für die Zuständigkeiten bei personellen Angelegenheiten der Beamten nach § 76 Abs. 1 Nr. 1 - 9 BPersVG. Hierbei ist die unechte Mitbestimmung

---

[17] Vgl. zur Einigungsstelle die umfassenden Ausführungen bei: *Helmuth Kunze,* Die Einigungsstelle — Errichtung, Verfahren und Entscheidung — in: Die Personalvertretung 1977, S. 161 ff.

[18] Über die Auslegung dieser Vorschrift besteht Streit. Da mit der Novellierung des alten PersVG von 1955, nach dessen § 71 Abs. 2 die Zustimmung „nur" aus Gründen des damaligen Versagungskataloges verweigert werden durfte, gerade dieses Wörtchen „nur" gestrichen wurde, wird von einigen Autoren gefolgert, daß nunmehr der PR seine Ablehnung auf Gründe aller Art stützen könne und der Versagungskatalog des § 77 Abs. 2 BPersVG nur eine beispielhafte Aufzählung darstelle, vgl. *W. Grabendorff / C. Windscheid / W. Ilbertz,* § 77, Rdnr. 22. Demgegenüber wird von dem für die Novellierung federführenden und für die Koordination der Probleme bei der Auslegung des neuen Gesetzes zuständigen Ministerium, dem BMI, die Ansicht vertreten, der Versagungskatalog sei erschöpfend und die Streichung des Wortes „nur" sei allein aus optischen Gründen vorgenommen worden, vgl. *Horst Dietrich,* Das neue BPersVG vom 15. März 1974, in: ZBR 1974, S. 113 ff. (119).

wiederum durch Beschränkung auf die Ablehnungsgründe aus dem Versagungskatalog des § 77 Abs. 2 BPersVG eingeschränkt[19]. Diese Konstruktion der unechten Mitbestimmung, die eigentlich keine Mitbestimmung im Sinne der Definition des Gesetzes nach § 69 Abs. 1 BPersVG ist. weil die Dienststelle die Maßnahme nicht nur ohne die Zustimmung des PR, sondern auch gegen seine ausdrückliche Ablehnung dennoch treffen kann, wird man als einen Kompromiß des Gesetzgebers zwischen den verfassungsrechtlichen Schranken, die das BVerfG für die Mitbestimmung im öffentlichen Dienst bestimmt hat, und dem optischen Erscheinungsbild eines wichtigen sozialen Reformgesetzes werten müssen.

Einige marginale Einschränkungen des Mitbestimmungsrechts des PR ergeben sich noch aus dem Antragsvorbehalt des betroffenen Beschäftigten nach §§ 75 Abs. 2, 76 Abs. 2 und 77 Abs. 1 S. 1 BPersVG, aus dem Ausschluß der Beteiligung bei bestimmten Angelegenheiten von Beamten der Besoldungsgruppe A 16 und darüber nach § 77 Abs. 1 S. 2 BPersVG, sowie aus der eingeschränkten Zuständigkeit bei kurzfristigen Entscheidungen der Arbeitsorganisation nach § 75 Abs. 4 BPersVG.

Die Mitbestimmung stellt sich demnach als ein hochdifferenziertes Verfahren dar, das allerdings nicht in allen Punkten den Namen Mitbestimmung verdient. Inwieweit dieser Differenzierungsgrad in der Praxis Beachtung findet, wird weiter unten festzustellen sein.

b) Die Mitwirkung und die „consultation“

Die Definition des deutschen Gesetzgebers für die Mitwirkung lautet: „Soweit der Personalrat an Entscheidungen mitwirkt, ist die bezeichnete Maßnahme vor der Durchführung mit dem Ziele einer Verständigung rechtzeitig und eingehend mit ihm zu erörtern“ (§ 72 Abs. 1 BPersVG).

Das Verfahren der Mitwirkung unterscheidet sich im wesentlichen von dem der Mitbestimmung dadurch, daß keine Einigungsstelle in dieses Verfahren eingeschaltet wird. Wenn Meinungsverschiedenheiten zwischen PR und Dienststellenleitung auftreten, so steht dem PR zwar auch das Recht zu, die Angelegenheit den übergeordneten Dienststellen vorzulegen und sie zu einer erneuten Erörterung der Sache mit dem jeweiligen BezPR oder HauptPR zu veranlassen, die übergeordnete Dienststelle entscheidet aber in jedem Fall endgültig (§ 72 Abs. 4 S. 2 BPersVG).

---

[19] Vgl. *Clemens Windscheid*, Zur Frage der „Mitwirkung“ oder „Mitbestimmung“ in personellen Angelegenheiten der Beamten, in: Die Personalvertretung 1971, S. 49 ff.

Das Mitwirkungsrecht des PR bezieht sich auf die Angelegenheiten der §§ 78 Abs. 1 Nr. 1 - 5 und 79 Abs. 1 BPersVG. In den Fällen des § 78 Abs. 1 Nr. 3 - 5 BPersVG, der Einleitung des förmlichen Disziplinarverfahrens gegen einen Beamten, Entlassung eines Beamten auf Probe oder auf Widerruf und bei vorzeitiger Versetzung in den Ruhestand ist das Recht auf Mitwirkung allerdings wiederum durch den Antragsvorbehalt des betroffenen Beschäftigten eingeschränkt.

Das Beteiligungsverfahren für die französischen Kommissionen entspricht in seinen Grundstrukturen dem deutschen Mitwirkungsverfahren. Es beruht auch auf dem Grundsatz, daß die von der Dienststelle durchzuführenden Maßnahmen mit den Kommissionen zu erörtern sind, die Letztentscheidungsmacht aber in Händen der Dienststelle liegt. Einen besonderen Akzent erhält das französische Verfahren dadurch, daß die Personalvertreter nicht wie im deutschen PR allein entscheiden, sondern die paritätisch besetzte Kommission gemeinsam die Angelegenheiten erörtert und auch gemeinsam über sie abstimmt (Art. 31, alinéa 2 du Décret N° 59-307).

Dies gilt grundsätzlich für alle französischen Kommissionen gleichermaßen, eine gewisse Abweichung stellt nur das Verfahren vor dem C.S. dar. Dort werden alle Angelegenheiten vor der Beratung in der paritätisch besetzten Vollversammlung (assemblée plénière) in einer gesonderten Sitzung der Personalvertreter (section syndicale) vorberaten und einer Abstimmung unterzogen (Art. 10 du Décret N° 59-306). In die Verhandlungen vor der assemblée plénière kommen dann nur die Angelegenheiten, die schon von der section syndicale abgelehnt wurden.

Aufgrund der paritätischen Zusammensetzung der französischen Kommissionen kann es ein klares Abstimmungsergebnis nur dann geben, wenn sich jeweils Vertreter des Personals oder der Verwaltung dazu entschließen, mit der Gegenseite zu stimmen. Für den nicht selten auftretenden Fall, daß die Verwaltungsseite geschlossen für eine Maßnahme und die Personalseite geschlossen gegen sie stimmt, sieht das Gesetz ein Letztentscheidungsrecht durch den Präsidenten der Kommission vor (voix prépondérante) (Art. 31, alinéa 2, Art. 54 du Décret N° 59-307). Durch die Änderung des Dekrets Nr. 59-307 im Juni 1976 wurde allerdings dieses umfassende Letztentscheidungsrecht des Präsidenten auf die Disziplinarangelegenheiten beschränkt (Art. 15 du Décret N° 76-510). In allen anderen Angelegenheiten der c.a.p. und c.t.p. gilt der gestellte Antrag als angenommen.

Der Beschluß der Kommissionen stellt aber in allen Angelegenheiten lediglich eine Empfehlung (avis) an die Verwaltung dar. Sie ist nicht gezwungen, sich in ihrer Entscheidung danach zu richten.

Dieses vergleichsweise schwach ausgestaltete Beteiligungsrecht der französischen Kommissionen wurde von der Rspr. des Conseil d'Etat gegen alle Versuche der Verwaltung, es in der Praxis noch weiter zu reduzieren, immer in Schutz genommen[20].

c) *Die Anhörung*

Die Anhörung ist die niedrigste Beteiligungsstufe. Sie gilt für die deutschen PRäte in den Fällen der §§ 78 Abs. 2 - 5 und 79 Abs. 3 BPersVG.

Das Verfahren der Anhörung verpflichtet die Dienststelle lediglich, die beabsichtigten Maßnahmen dem PR mitzuteilen und ihm Gelegenheit zur Stellungnahme zu geben. Sie ist weder zur Erörterung verpflichtet noch können sich irgendwelche Konsequenzen an eine ablehnende Äußerung des PR knüpfen[21].

Zusammenfassend wird man feststellen können, daß die Formen der Beteiligung in den Normen der deutschen Personalvertretung erheblich differenzierter sind und die Beteiligungsrechte selbst auf einer höheren Intensitätsstufe stehen als in Frankreich.

2. Die Gegenstände der Beteiligung

Neben den Formen der Beteiligung sind die Art und die Anzahl der Angelegenheiten, die zum Gegenstand des Beteiligungsverfahrens gemacht werden können, die wesentlichen Grundbedingungen für die Teilhabe des Personals.

Entsprechend der oben vorgenommenen Gliederung der Zuständigkeiten der Personalvertretungen werden im folgenden die personellen, die organisatorischen und die sozialen Angelegenheiten beschrieben, für die nach den Normen der Personalvertretung eine Beteiligung notwendig oder möglich ist.

a) *Die Beteiligung in personellen Angelegenheiten*

Die Aufgaben der Personalvertretung im personellen Bereich werden in Frankreich ausschließlich von den c.a.p. wahrgenommen. Ihre Zuständigkeiten sind in Art. 25 du Décret N° 59-307 durch Verweisung auf die entsprechenden Artikel des Statut général des Fonctionnaires geregelt und entsprechen weitgehend den Zuständigkeiten der deutschen PRäte im personellen Bereich[22]. In der folgenden Synopse soll dies nachgewiesen werden.

---

[20] Vgl. insbesondere C.E. 27 novembre 1964 „Fédération générale des syndicats chrétiens de fonctionnaires", A.J.D.A. 1964, S. 713 f.

[21] Vgl. *W. Grabendorff / C. Windscheid / W. Ilbertz*, § 79, Rdnr. 28.

Sie sind zu beteiligen bei:

— Vorschlägen zur Ernennung von Beamten (Art. 25, alinéa 1 du Décret N° 59-307). Die deutschen PRäte sind für Einstellungen auch nur soweit zuständig (§ 75 Abs. 1 Nr. 1; § 76 Abs. 1 Nr. 1)[23] als der einzustellende Beschäftigte bereits tatsächlich in die Behörde eingegliedert werden soll.

— Beförderungen (Art. 28, 1° du Statut général des Fonctionnaires)[24]. Diese Beteiligung bezieht sich nur auf Beförderungen aufgrund des Beförderungsplans, nicht aber auf solche, die aufgrund von Examen oder Concours vorgenommen werden (Art. 28, 2° du Statut)[25]. Dies entspricht der Zuständigkeit der deutschen PRäte nach § 75 Abs. 1 Nr. 2; § 76 Abs. 1 Nr. 2 und 3.

— Versetzungen (Art. 48, alinéa 1 du Statut) entsprechend dem § 75 Abs. 1 Nr. 3; § 76 Abs. 1 Nr. 4.

— Abordnung eines Beschäftigten (Art. 38 du Statut) entsprechend der Abordnung für mehr als 3 Monate nach § 75 Abs. 1 Nr. 4; § 76 Abs. 1 Nr. 5.

— Ausnahmen vom Verbot der Ausübung einer Nebentätigkeit (Art. 8, alinéa 3 du Statut) entsprechend den § 75 Abs. 1 Nr. 7; § 76 Abs. 1 Nr. 7.

— Aufstellung von Beurteilungsrichtlinien (Art. 25 du Statut) entsprechend den § 75 Abs. 3 Nr. 9; § 76 Abs. 3 Nr. 3.

— Entlassung eines Beamten aus dem Dienstverhältnis (Art. 50, 1°, 52, 54 du Statut) vergleichbar der Zuständigkeit des PR nach § 79 bei der Kündigung von Angestellten und Arbeitern.

— Disziplinarmaßnahmen schwerer Art (Ermahnung und Verweis kann die Verwaltung ohne Beteiligung der c.a.p. aussprechen) (Art. 31 du Statut). In dieser Zuständigkeit tagt die c.a.p. als Conseil de Discipline. Seine Beteiligung ist obligatorisch. Demgegenüber sind die Beteiligungsrechte des PR nach § 78 Abs. 1 Nr. 3 erheblich schwächer ausgestaltet[26].

---

[22] Vgl. *Eliane Ayoub*, Les commissions administratives paritaires, in: Revue administrative N° 126 (1968), S. 700 ff. und N° 127 (1969), S. 36 f.; *Jean-François Nicolas*, Bilan du Fonctionnement des Commissions administratives paritaires et des comités techniques paritaires (notament à travers la jurisprudence de Conseil d'Etat), Dossiers de recherche du C.E.R.S.A., Paris II, S. 4 ff.

[23] Paragraphen ohne Gesetzesangabe sind solche des BPersVG.

[24] Im folgenden als „Statut" abgekürzt.

[25] Vgl. zum Beförderungssystem im französischen Dienstrecht: *Eliane Ayoub*, Le tableau d'avancement des fonctionnaires soumis au Statut général de la fonction publique, in: A.J.D.A. 1969, S. 675 ff.; *Alain Plantey*, II/S. 698 f.; *Ewald Tekülve*, Das französische Beamtenrecht, Bad Godesberg 1963, S. 20.

[26] Vgl. zur Beteiligung im Disziplinarverfahren nach deutschem Personal-

— Versetzung eines Beamten in den Wartestand (Art. 45 du Statut) vergleichbar mit der vorzeitigen Versetzung in den Ruhestand nach § 78 Abs. 1 Nr. 5.

— Ablehnung eines Antrages auf Teilzeitbeschäftigung; diese Zuständigkeit erhielt die c.a.p. erst durch die Modifizierung des Art. 25 des Dekrets Nr. 59-307 durch den Art. 12 des Dekrets Nr. 76-510. Sie entspricht der Zuständigkeit des PR nach § 76 Abs. 1 Nr. 8.

— Sie sind schließlich nach Art. 25, alinéa 2 des Dekrets Nr. 59-307 für alle persönlichen Probleme der Beschäftigten zuständig.

Damit ist der normierte Zuständigkeitsbereich der c.a.p. umschrieben. Die deutschen PRäte haben darüber hinaus noch einige weitere Zuständigkeiten im personellen Bereich (vgl. § 75 Abs. 1 Nr. 5 und 6; § 76 Abs. 1 Nr. 6; § 75 Abs. 2 Nr. 4; § 76 Abs. 2 Nr. 8 und 9), die jedoch nicht den Kernbereich der Rechtstellung des Beschäftigten im öffentlichen Dienst betreffen. In den wesentlichen Zuständigkeiten sind die deutschen und französischen Personalvertretungen annähernd gleichgestellt.

b) *Die Beteiligung in organisatorischen Angelegenheiten*

Die Zuständigkeiten im organisatorischen Bereich obliegen in Frankreich ausschließlich den c.t.p. Während in personellen Angelegenheiten noch eine vergleichsweise präzise Definition des Aufgabenbereichs der zuständigen c.a.p. festgestellt werden konnte, sind die Aufgaben der c.t.p. in Art. 46 des Dekrets Nr. 59-307 nur generalklauselartig aufgeführt.

Sie sind zuständig für:

— Fragen der Organisation der Verwaltung und der Dienststelle (Art. 46, 1°). Dieser weiten Regelung stehen die Vorschriften des BPersVG über die Beteiligung bei der Auflösung, Einschränkung, Verlegung oder Zusammenlegung von Dienststellen (§ 78 Abs. 1 Nr. 2), bei Fragen der Ordnung in der Dienststelle (§ 75 Abs. 3 Nr. 15) und der Gestaltung der Arbeitsplätze (§ 75 Abs. 3 Nr. 16) gegenüber.

— Fragen des Arbeitsablaufs in der Verwaltung und den einzelnen Dienststellen (Art. 46, 2°). Hierzu korrespondiert insbesondere die Zuständigkeit der PRäte aus § 78 Abs. 1 Nr. 1 zur Mitwirkung an der Vorbereitung von Verwaltungsanordnungen einer Dienststelle, aber auch die Beteiligung bei der Regelung der Arbeitszeit (§ 75 Abs. 3 Nr. 1), der Modalitäten für die Zahlung der Dienstbezüge

---

vertretungsrecht: *Hans-Joachim Weinmann*, Die Beteiligung des Personalrats im Disziplinarverfahren, in: ZBR 1975, S. 136 ff.; *Clemens Windscheid*, Die Beteiligung des Personalrats an nichtförmlichen Disziplinarmaßnahmen, in: ZBR 1975, S. 280 ff.

(§ 75 Abs. 3 Nr. 2) und der Aufstellung des Urlaubsplans (§ 75 Abs. 3 Nr. 3).

— Probleme der Einführung neuer Arbeitsmethoden und -techniken und deren Auswirkungen auf das Personal (Art. 46, 3°)[27]. Dem stehen insbesondere die Zuständigkeiten der PRäte aus § 75 Abs. 3 Nr. 17 bei der Einführung und Anwendung technischer Einrichtungen, die dazu bestimmt sind, das Verhalten und die Leistung der Beschäftigten zu überwachen, aus § 76 Abs. 2 Nr. 5 bei Maßnahmen zur Hebung der Arbeitsleistung und Erleichterung des Arbeitsablaufs und aus § 76 Abs. 2 Nr. 7 bei der Einführung grundlegend neuer Arbeitsmethoden gegenüber.

— die Ausarbeitung oder Änderung dienstrechtlicher Regelungen für die Beschäftigten ihres Verwaltungsbereichs (Art. 46, 4°)[28]. Diese Zuständigkeiten liegen außerhalb der Beteiligungsrechte der Personalräte.

— zur Prüfung der generellen Richtlinien, die zur Aufgabenerfüllung der jeweiligen Verwaltung erarbeitet werden (Art. 46, 5°)[29]. Auch hier besitzen die deutschen PRäte keine Zuständigkeiten[30].

— Probleme der Hygiene und Gesundheit am Arbeitsplatz (Art. 46, 5°)[31]. Aus dem Zuständigkeitsbereich der PRäte sind hier die Beteiligungsrechte aus den §§ 75 Abs. 3 Nr. 10, 76 Abs. 2 Nr. 4 für die Bestellung von Vertrauens- und Betriebsärzten und aus § 75 Abs. 3 Nr. 11 für Maßnahmen zur Verhütung von Dienst- und Arbeitsunfällen zu nennen.

In all diesen organisatorischen Angelegenheiten war die Beteiligung der c.t.p. bis zur Änderung des Décret nicht obligatorisch, sondern es lag im Ermessen der Behörde, ob die c.t.p. damit befaßt wurde. Durch Art. 46 du Décret N° 76-510 wurde die Beteiligung in Angelegenheiten der Absätze 3 - 6 obligatorisch.

— Schließlich sind die c.t.p. nach Art. 2 du Décret N° 73-562 ebenfalls an den generellen Problemen der Programme der beruflichen Fort-

[27] Dieser Absatz war früher der 2. Halbsatz des Art. 46, 2° und ist durch die Änderung durch das Dekret Nr. 76-510 zu einem eigenständigen Absatz geworden.

[28] Dieser Absatz war früher mit gleichem Wortlaut Absatz 3.

[29] Dieser Absatz wurde neu eingefügt durch das Dekret Nr. 76-510.

[30] Vgl. für die deutsche Diskussion um die Erweiterung der Zuständigkeiten der Personalräte auf eine Beteiligung an fachlichen Angelegenheiten oder an Organisationszielen: Entschließungen der Deutschen Postgewerkschaft, in: Der deutsche Beamte 1968, S. 183 ff.; *Wulf Damkowski*, Mitbestimmung im öffentlichen Dienst als Forderung des Grundgesetzes, in: RiA 1975, S. 1 ff., 21 ff. und 41 ff.; *Klaus König*, Verwaltungsreform und Demokratiediskussion, in: Demokratie und Verwaltung, 25 Jahre Hochschule für Verwaltungswissenschaften Speyer, Berlin 1972, S. 271 ff., insbesondere S. 293 f.

[31] Auch dieser Absatz wurde neu eingefügt.

bildung in ihrem Verwaltungsbereich und den Fragen der Anwendung dieses Décret zu beteiligen. In diesem Bereich sind die PRäte zuständig für die allgemeinen Fragen der Fortbildung (§ 76 Abs. 2 Nr. 6), die Durchführung der Berufsausbildung (§ 75 Abs. 3 Nr. 6) und die Auswahl der Bewerber für die Fortbildungsveranstaltungen (§ 75 Abs. 3 Nr. 7; § 76 Abs. 2 Nr. 1)[32].

In diesem Bereich der organisatorischen Angelegenheiten zeigt sich in allen Zuständigkeiten ein wesentlich höherer Differenzierungsgrad bei den Normen der deutschen Personalvertretung, der allerdings die Möglichkeit einer extensiven Auslegung der Bestimmung auch einengt. Eine grundlegende Differenz besteht in den Beteiligungsrechten an der Aufstellung der Organisationsziele und der Ausarbeitung dienstrechtlicher Bestimmungen in Frankreich.

c) *Die Beteiligung in sozialen Angelegenheiten*

Die Organisationsstruktur der Kommissionen, die die Zuständigkeit in sozialen Angelegenheiten in Frankreich wahrnehmen, ist sehr heterogen. Entsprechend unterschiedlich sind auch die Regelungen der Zuständigkeiten.

Auf interministerieller Ebene besteht das „comité consultatif des services sociaux des administrations d'Etat". Nach Art. 1 de l'Arrêté du 19 juin 1970 des Staatssekretärs im Amt des Premierministers hat es folgende Aufgaben:

— Auskünfte über die Durchführung sozialer Vorhaben in den einzelnen Verwaltungsbereichen zu sammeln
— die Koordination und Harmonisierung der sozialen Dienste zu überprüfen
— für die einzelnen Verwaltungen die notwendigen Informationen über die Aufstockung der Mittel des Sozialetats zur Verfügung zu stellen
— und Maßnahmen zu planen, die auf interministerieller Ebene zu ergreifen sind.

In den einzelnen Verwaltungsbereichen sind jeweils eigene Sozialkommissionen mit eigenen rechtlichen Grundlagen eingerichtet. Sie haben departementale und regionale Untergliederungen, die insoweit den PRäten gegenüberzustellen sind.

---

[32] Vgl. zur Beteiligung der Personalräte an der beruflichen Fortbildung: *Klaus Dammann*, Mitbestimmung an der Berufsbildung, in: Die Personalvertretung 1976, S. 247 ff.; *Clemens Windscheid*, Das Beteiligungsrecht des Personalrats bei der Auswahl von Bewerbern zu Lehrgängen, in: Die Personalvertretung 1977, S. 13 ff.

Beispielhaft sollen hier die Sozialkommissionen im Erziehungsbereich herausgegriffen werden. Nach dem Arrêté du 29 novembre 1963 du Ministre de l'Education nationale sind diese Kommissionen zuständig für:

— die Information der Verwaltung über die Bedürfnisse des Personals in sozialen Angelegenheiten
— die Prüfung der Möglichkeiten, die Information des Personals über die Sozialleistungen des Ministeriums besser zu gewährleisten
— die Untersuchung der Möglichkeiten, die Sozialleistungen im Sinne des Personals weiterzuentwickeln
— Vorschläge zur Verbesserung der Koordination im Sozialbereich zu machen.

Bereits aus diesem Beispiel ist zu erkennen, wie umfassend aber auch undifferenziert die Zuständigkeiten dieser Sozialkommissionen gefaßt sind.

Demgegenüber sind die Zuständigkeiten der PRäte in sozialen Angelegenheiten im BPersVG in den §§ 75 Abs. 2 Nr. 1 - 3 und 75 Abs. 3 Nr. 5 und 13 detailliert aufgezählt.

Zusammenfassend wird man feststellen können, daß sich die Gegenstände der Beteiligung in beiden Personalvertretungssystemen grundsätzlich sehr ähnlich sind, in personellen Angelegenheiten sogar fast deckungsgleich. Der Differenzierungsgrad der Normen ist aber in organisatorischen und sozialen Angelegenheiten sehr unterschiedlich.

3. Die Initiativen der Personalvertreter

Das bisher beschriebene Verfahren der Beteiligung bezog sich immer nur auf die Fälle, in denen die Dienststelle einseitig aktiv wurde und die Personalvertretung jeweils nur der reagierende Teil war. Die Teilhabe am Entscheidungsprozeß umfaßt jedoch auch noch einen anderen Gesichtspunkt. Die Personalvertreter sollen auch die Möglichkeit besitzen, erkannte und zur Entscheidung anstehende Problemlagen eigeninitiativ aufzugreifen und in das förmliche Beteiligungsverfahren einzubringen. Dieses Initiativrecht ist gleichsam das Gegenstück zur Beteiligungspflicht der Dienststelle.

In der Bundesrepublik Deutschland bestimmt sich das Initiativrecht des Personalrats nach § 70 BPersVG. Hiernach ist er in bestimmten Angelegenheiten des § 75 Abs. 3 Nr. 1 - 6 und Nr. 11 - 17 BPersVG sogar berechtigt, nach Ablehnung seines Initiativvorschlags das förmliche Einigungsverfahren nach § 69 Abs. 3 und 4 BPersVG zu betreiben mit der Konsequenz, daß gegebenenfalls die Einigungsstelle verbindlich über seinen Vorschlag entscheidet (§ 70 Abs. 1). Bei allen anderen Angelegenheiten des Zuständigkeitskataloges der §§ 75 - 80 BPersVG kann der PR im Fall einer Ablehnung seines Vorschlags ihn der nächsthöheren Dienststelle vorlegen. Die oberste Dienstbehörde entscheidet hier aber endgültig (§ 70 Abs. 2)[33].

Für die französischen Kommissionen ist ihr Initiativrecht in Art. 31 du Décret N° 59-307 geregelt. Aufgrund eines schriftlichen Antrags von mindestens der Hälfte der Personalvertreter ist der Präsident verpflichtet, die c.a.p. oder c.t.p. einzuberufen. Mit diesem Initiativantrag kann die Behandlung jeder Angelegenheit, die im Zuständigkeitsbereich der c.a.p. oder c.t.p. liegt, erreicht werden. Das weitere Verfahren richtet sich dann allerdings wieder nach den allgemeinen Grundsätzen des Beteiligungsverfahrens.

C. Information

Die Information wurde in der Einleitung dieses Kapitels als ein Strukturmerkmal des Personalvertretungssystems bezeichnet, das für die Erreichung aller beschriebenen Ziele als funktional angesehen wird. Daher ist auch zu prüfen, in welcher Weise die Normen der Personalvertretung in beiden Ländern die Information zwischen den beteiligten Gruppen bestimmen. Hierbei wird unterschieden in die Information des einzelnen Beschäftigten, die Information der Personalvertreter und die Information an die Dienststellenleitung.

1. Die Information des Personals

In den Bestimmungen für die deutsche Personalvertretung ist als wesentliche Informationsinstitution für die einzelnen Beschäftigten die Personalversammlung vorgesehen. Nach § 49 Abs. 1 BPersVG hat hier der PR halbjährlich seinen Tätigkeitsbericht zu erstatten. Daneben ist den PRäten nach § 43 BPersVG auch die Möglichkeit eingeräumt, während der Arbeitszeit Sprechstunden einzurichten, die ebenfalls Informationsfunktionen für das Personal ausüben können. Darüber hinaus sind im System der Personalvertretung keine weiteren Bestimmungen zur Information des einzelnen Beschäftigten festgelegt[34]. In den französischen Regelungen ist hingegen überhaupt keine Institution zur Information des Personals vorgesehen.

---

[33] Vgl. *Wilhelm Ilbertz,* Das Initiativrecht der Personalvertretung, in: ZBR 1977, S. 59 ff.

[34] Vgl. zu den normierten und nichtnormierten Informationskanälen zwischen PR und Beschäftigten: *Ottmar Ambos,* Die Beziehungen des Personalrates zu den Beschäftigten, in: PV 1970, S. 265 ff.

2. Die Information der Personalvertretung

Die Information an die Personalvertretung ist dagegen auch in Frankreich geregelt. Nach Art. 34 des Décret N° 59-307 ist den Personalvertretern jede Unterstützung zu gewähren, die sie zur Erfüllung ihrer Aufgaben benötigen. Ferner sind ihnen alle notwendigen Schriftstücke und Dokumente zur Verfügung zu stellen. Darüber hinaus sind jedoch keine Bestimmungen getroffen. Für die Information des PR durch die Behörde bestimmt § 68 Abs. 2 BPersVG, daß die Personalvertretung zur Durchführung ihrer Aufgaben rechtzeitig und umfassend zu unterrichten ist und daß ihr alle erforderlichen Unterlagen zur Verfügung zu stellen sind. Hier kommt allerdings als weitere Informationsinstitution des Monatsgesprächs nach § 68 Abs. 1 BPersVG hinzu[35].

Die Information der Personalvertretung beschränkt sich aber nicht nur auf die Informationen von seiten der Dienststellenleitung, sondern hat einen zweiten Aspekt, die Information von seiten des Personals. Für die Bundesrepublik Deutschland kann hier wieder auf die Personalversammlung und die Sprechstunde verwiesen werden, da diese Institutionen nicht nur Informationen an das Personal, sondern auch vom Personal zur Personalvertretung liefern. Wie bereits erwähnt, sind diese Einrichtungen in den französischen Regelungen nicht vorgesehen.

Im BPersVG ist ferner noch ausdrücklich als Aufgabe des PR in § 68 Abs. 1 Nr. 3 BPersVG normiert, Anregungen und Beschwerden von Beschäftigten entgegenzunehmen und auch auf deren Erledigung bei der Dienststellenleitung einzuwirken.

3. Die Information der Behördenleitung

Im Dekret Nr. 59-307, das die gesetzliche Grundlage für die c.a.p. und c.t.p. darstellt und somit als die das Beteiligungsverfahren bestimmende Norm hier herangezogen wird, sind auch für die Information der Behördenleitung keine Regelungen getroffen. Wie oben bereits erwähnt[36], ist in den Regelungen für die Sozialkommissionen ausdrücklich in Art. 1 des Arrêté du 19 juin 1970 als Aufgabe des „comité interministériel consultatif des services sociaux" bestimmt, daß es die Verwaltung über alle Probleme im Sozialbereich der einzelnen Verwaltungen zu informieren habe. Das gleiche gilt für die örtlichen Sozialkommissionen. Darüber hinaus sind aber keine Regelungen für die Information der Behördenleitung getroffen.

---

[35] Vgl. zum Informationsrecht des PR gegenüber der Dienststelle: *Ottmar Ambos*, Informationsanspruch des zuständigen Personalrates — Personalakteneinsicht — Verweigerung der Zustimmung, in: Die Personalvertretung 1973, S. 261 ff.

[36] Vgl. 2. Kap. B. 2. c).

In der deutschen Regelung stellt sich das bereits erwähnte Monatsgespräch auch als eine Informationsinstitution für die Behördenleitung dar, da hier wechselseitig Informationen zwischen PR und Dienststellenleitung ausgetauscht werden sollen. Darüber hinaus ist aber auch in § 68 Abs. 1 Nr. 3 BPersVG die Information der Behördenleitung berücksichtigt, wenn als Aufgabe des PR bestimmt ist, Anregungen und Beschwerden des Personals an die Dienststellenleitung weiterzugeben.

Abschließend muß jedoch festgestellt werden, daß insgesamt die Ausgestaltung der Informationsstruktur in den Normen der Personalvertretung nur sehr schwach ist und der hohe Anspruch, der an das Strukturelement der Information in der Zieldiskussion gestellt wird, in den formellen Regelungen keinen entsprechenden Niederschlag gefunden hat. Es wird zu überprüfen sein, wie sich die Informationsstrukturen in der Praxis darstellen.

D. Legitimation und Kontrolle

Das Strukturmerkmal Legitimation und Kontrolle wurde insbesondere in der bundesrepublikanischen Diskussion als wesentlich zur Erreichung der Ziele im Individualinteresse der Beschäftigten angesehen. In Frankreich dagegen wurden individuelle Ziele erheblich differenzierter angesprochen. Es wird sich zeigen, daß davon auch deutliche Wirkungen auf die Gestaltung der Legitimationsstruktur und Kontrollstruktur im System der französischen Personalvertretung ausgehen.

Als wesentliche Merkmale der Legitimation und Kontrolle werden die Auswahl der Personalvertreter, die Personalversammlung und der Rechtsschutz bei der Verwaltungsgerichten herangezogen.

1. Auswahl der Personalvertreter

Für die Auswahl der Personalvertreter besteht der bedeutende Unterschied zwischen dem deutschen und dem französischen System darin, daß in Frankreich nur die Mitglieder der c.a.p. durch eine Wahl legitimiert werden, die Personalvertreter für alle anderen Kommissionen dagegen durch die repräsentativen Gewerkschaften des jeweiligen Verwaltungsbereichs bestimmt werden. Beide Auswahlverfahren sollen im folgenden beschrieben werden.

a) Das Wahlverfahren

Alle deutschen PRäte werden nach § 19 Abs. 1 BPersVG in geheimer und unmittelbarer Wahl gewählt. Dies gilt auch für die Stufenvertretungen.

Die französischen c.a.p. werden ebenfalls in geheimer Wahl gewählt (Art. 19 du Décret N° 59-307). Dabei werden die Grundsätze der Verhältniswahl zugrundegelegt[37]. Entsprechend der Organisation der c.a.p. werden die Wahlen für jedes einzelne Corps getrennt durchgeführt. Wahlberechtigt sind alle Mitglieder dieses Corps, soweit sie nicht vom Dienst suspendiert sind (Art. 12).

Wählbar sind alle Angehörigen dieses Corps, die die Voraussetzungen zur Einschreibung in die Wahllisten erfüllen (Art. 14). Die erforderlichen Voraussetzungen bestehen darin, daß die Kandidaten seit mindestens drei Monaten vor der Wahl in der betreffenden Verwaltung beschäftigt sind und sich zum Zeitpunkt der Wahl nicht in einer längeren Beurlaubung befinden. Ferner dürfen sie nicht mit höheren Disziplinarstrafen belegt sein. Das Wahlvorschlagsrecht ist nicht eingeschränkt. Gewählt wird nach Listen. Die Kandidaten müssen mindestens einen Monat vor der Wahl ihre Eintragung in die Listen vorgenommen haben (Art. 15). Die Wahl selbst wird während der Dienstzeit in den Räumen der Dienststelle als Urnenwahl durchgeführt (Art. 17). Eine Anfechtung der Wahl ist innerhalb von fünf Tagen dem jeweiligen Minister vorzutragen (Art. 24). Der Entscheid des Ministers kann vor dem Verwaltungsgericht angefochten werden.

Dieses Wahlverfahren weicht nicht in grundsätzlicher Hinsicht von dem Verfahren der deutschen PRäte ab.

b) Die Bestimmung der Personalvertreter durch die Gewerkschaften

Das Verfahren der Bestimmung der Personalvertreter durch die Gewerkschaften ist dem deutschen Personalvertretungsrecht fremd. In Frankreich werden durch dieses Verfahren alle Personalvertreter in den c.t.p., den commissions sociales und im C.S. legitimiert. Nach Art. 44 des Dekrets Nr. 59-307 werden die Personalvertreter durch die gewerkschaftlichen Organisationen bestimmt, die gewisse formale Anforderungen aus Art. 44 des Statut général des Fonctionnaires erfüllen und für den betreffenden Verwaltungsbereich als repräsentativ angesehen werden. Die 16 Personalvertreter im C.S. werden vom Premierminister aufgrund von Vorschlägen der repräsentativen Gewerkschaften ernannt.

Der Begriff der Repräsentativität einer Gewerkschaft wird durch eine Instruction du 18 mars 1950 präzisiert, indem als Kriterium die Mitgliederzahl, das Beitragsaufkommen, das Alter und die Erfahrung der Gewerkschaft, ihre Unabhängigkeit und ihre patriotische Haltung

---

[37] Vgl. C.E. Fédération nationale des syndicats de police, 29 janvier 1960, Rec., S. 69 ff.; zur Zulässigkeit des Mehrheitswahlrechts C. E. Fédération nationale des syndicats de police, A.J.D.A. 1966, S. 355 ff.

während der Zeit des II. Weltkrieges bestimmt sind. Wenn aufgrund dieser Kriterien sich keine Einigung zwischen den Gewerkschaften erzielen läßt, so entscheiden die Ergebnisse in den letzten c.a.p.-Wahlen in dem betreffenden Verwaltungsbereich[38].

2. Die Kontrolle durch die Personalversammlung

Die Institution der Personalversammlung ist den französischen Regelungen fremd. Für die deutschen PRäte ist sie in §§ 48 ff. BPersVG geregelt. Sie ist in jedem Kalenderhalbjahr einmal einzuberufen (§ 49 Abs. 1). Vom PR einberufene Personalversammlungen finden in der Regel außerhalb der Dienstzeit statt. Ausnahmen hiervon sind aber zulässig (§ 50 Abs. 2).

Auf die Informationsfunktion der Personalvertretung wurde bereits hingewiesen. Die Kontrollfunktion ist in § 51 BPersVG normiert. Danach kann die Personalversammlung dem PR Anträge unterbreiten und zu seinen Beschlüssen Stellung nehmen. Sie darf alle Themen behandeln, die die Dienststelle unmittelbar betreffen[39].

3. Die Kontrolle der Personalvertretungen durch die Verwaltungsgerichte

Schließlich wird eine weitere Möglichkeit der Kontrolle des PR dadurch gegeben, daß § 83 Abs. 1 Nr. 3 BPersVG den Rechtsweg für Streitigkeiten über Aufgaben, Befugnisse und Geschäftsführung des PR eröffnet. Antragsbefugt ist jeder, „dem durch ausdrückliche Vorschrift ein Antragsrecht eingeräumt ist oder wer aus sachlichen Gründen an der Entscheidung interessiert ist und damit ein rechtlich beachtliches Interesse an ihr hat“[40].

Für die einzelnen Beschäftigten wurde die Antragsbefugnis von der Rspr. allerdings sehr eng ausgelegt. Sofern ein Beschäftigter von einem Beschluß des PR nur passiv betroffen ist, besitzt er keine Aktivlegitimation mehr[41]. Ein solches Verfahren ist in den Regelungen der französischen Personalvertretung nicht vorgesehen.

---

[38] Vgl. *Alain Plantey*, II/S. 601 f.; *Jean-François Nicolas*, S. 10; vgl. auch C.E. Fédération chrétienne des travailleurs des P.T.T., 15 octobre 1969, Rec. S. 436 f.

[39] Vgl. zur Diskussion um die zulässigen Themen auf Personalversammlungen: *Reinhard Lehmann*, Themen von Referaten in Personalversammlungen, in: Die Personalvertretung 1975, S. 168 ff.; *Wilhelm Ilbertz*, Sind Ansprachen und Vorträge von Persönlichkeiten des öffentlichen Lebens auf Personalversammlungen zulässig?, in: Die Personalvertretung 1976, S. 45 ff.

[40] BVerwGE 5, 118 ff.

[41] OVG Berlin, Die Personalvertretung 1971, S. 62 f.; vgl. hierzu auch *Clemens Windscheid*, Die Anfechtung von Beschlüssen des Personalrats, in:

Zusammenfassend läßt sich ein deutlicher Unterschied zwischen den beiden Regelungssystemen feststellen. Die Kontroll- und Legitimationsstruktur ist in den Normen des BPersVG wesentlich stärker ausgestaltet als in den Normen der französischen Personalvertretung.

E. Professionalisierung

Das Strukturmerkmal der Professionalisierung berücksichtigt all die Regelungen, die im System der Personalvertretung getroffen sind, um die Personalvertreter in die Lage zu versetzen, umfangreiche und hochkomplexe Verwaltungsvorgänge erfassen zu können, und somit die Grundlagen für eine wirksame Interessenvertretung legen. Diese Regelungen beziehen sich im wesentlichen auf den Status der Personalvertreter und auf deren Aus- und Fortbildung.

1. Status der Personalvertreter

Unter dem Status der Personalvertreter werden hier sowohl ihre zeitlichen als auch ihre räumlichen Arbeitsbedingungen verstanden. Zum einen benötigen die Personalvertreter Zeit, um ihre Zuständigkeiten wahrnehmen zu können. Denn der Umfang der Aufgaben erlaubt es nicht, diese Arbeit nach Feierabend oder während der dienstlichen Tätigkeit zu erledigen. Deshalb wurden Regelungen für die Freistellung von Personalvertretern getroffen. Zum anderen erfordert der Umfang der Tätigkeit und die Notwendigkeit einer engen Verbindung zum Personal auch räumliche Arbeitsmöglichkeiten für die Personalvertreter in den Dienststellen. Deshalb wurden auch hierüber Regelungen getroffen.

a) Freistellungen

In der Bundesrepublik Deutschland bestimmt sich der Umfang der Freistellungen von PR-Mitgliedern nach der Größe der jeweiligen Dienststelle. In § 46 Abs. 4 BPersVG ist detailliert aufgeführt, bei welcher Personalstärke wieviel PR-Mitglieder freizustellen sind. Diese Regelung bezieht sich aber nur auf die örtlichen PRäte. Für die Stufenvertretungen ist die Regelung der Freistellungen zwischen der Dienststelle und der Stufenvertretung für den Einzelfall auszuhandeln. Einige Ministerien haben dies allerdings durch Erlaß oder Verordnung fest bestimmt[42].

Die Personalvertretung 1977, S. 125 ff.; *Hartmut Steinbach*, Prozesse von öffentlichen Bediensteten — Einige bemerkenswerte Betrachtungen —, in: Die Personalvertretung 1975, S. 376 f.

[42] Vgl. hierzu die Konkretisierung in der Rspr.: BVerwG, Die Personalvertretung 1969, S. 172 ff. (177).

In Frankreich sind alle Regelungen, die den Status oder die Ausbildung der Personalvertreter betreffen, nicht in dem Dekret Nr. 59-307 geregelt, das die rechtliche Grundlage für c.a.p. und c.t.p. bildet, sondern in dem Circulaire du 14 sept 1970 (N° 10-383/S.G.) relative à l'exercise des droits syndicaux dans la fonction publique. Dieser Circulaire, von seiner Rechtsnatur einem Ministerialerlaß vergleichbar, regelt sowohl die Rechte der gewerkschaftlichen Personalvertreter in den Kommissionen als auch die Rechte der Gewerkschaft selbst in der Behörde. In dem Abschnitt II, B, 1 dieses Circulaire ist das Recht der Personalvertreter auf Freistellung von ihrer dienstlichen Tätigkeit bestimmt. Der Umfang dieser Freistellungen ist nicht zahlenmäßig benannt, sondern es werden lediglich einige Kriterien zur Bestimmung der Zahl der Freistellungen angeführt.

Der wesentliche Unterschied zur deutschen Regelung besteht aber darin, daß nicht die einzelne Personalvertretung die Freistellungen beanspruchen kann, sondern die jeweilige Gewerkschaft. Nach Kriterien, wie Erfolge bei der letzten c.a.p.-Wahl, Zahl der Beschäftigten in dem jeweiligen Verwaltungsbereich und Repräsentativität einer Gewerkschaft, werden jeder Gewerkschaft eine bestimmte Anzahl von Freistellungen für einen Verwaltungsbereich zugeteilt. Die Aufteilung dieser Freistellungen auf die einzelnen Personalvertretungen liegt im Ermessen der jeweiligen Gewerkschaft. Ihr ist es auch überlassen, ob sie jede Freistellung voll beansprucht, oder ob sie daraus mehrere Teilfreistellungen bildet.

Darüber hinaus sind noch kurzfristige Beurlaubungen vom Dienst für Gewerkschaftsfunktionäre zur Teilnahme an Gewerkschaftskongressen oder -versammlungen vorgesehen. Die Präzisierung dieser generellen Regelungen bleibt den einzelnen Ministern überlassen.

b) Die räumlichen Arbeitsbedingungen

Die räumlichen Arbeitsbedingungen sind in der Bundesrepublik Deutschland nur sehr allgemein geregelt. Nach § 44 Abs. 2 BPersVG hat die Dienststelle für die Sitzungen, die Sprechstunden und die laufende Geschäftsführung in erforderlichem Umfang Räume, den Geschäftsbedarf und das Büropersonal zur Verfügung zu stellen.

Die französische Regelung bezieht sich auch für die räumlichen Arbeitsbedingungen nur auf die Gewerkschaften. Nach Abschnitt I, a des Circulaire du 14 sept 1970 ist in allen Dienststellen, die mehr als 200 Beschäftigte haben, allen dort vertretenen Gewerkschaften gemeinsam ein Raum zur Verfügung zu stellen, soweit dies nicht durch die örtlichen Gegebenheiten unmöglich ist. Sobald die Größe des Personalkörpers einer Behörde es rechtfertigt, ist jeder der repräsentativen

Gewerkschaften — soweit möglich — ein Büro in der Dienststelle zur Verfügung zu stellen.

2. Aus- und Fortbildung der Personalvertreter

Neben den zeitlichen und räumlichen Voraussetzungen, die die Bewältigung der Personalvertretungsarbeit gewährleisten sollen, ist in den Regelungen auch die Aus- und Fortbildung der Personalvertreter angesprochen. Wenn auch in beiden Ländern die Verwaltung selbst nicht verpflichtet wird, die Aus- und Fortbildung der Personalvertreter zu betreiben, so werden doch Regelungen getroffen, die es ihnen ermöglichen, während ihrer Dienstzeit an Schulungskursen der Gewerkschaften oder anderer Bildungsträger teilzunehmen.

In der Bundesrepublik Deutschland ist in § 46 Abs. 6 BPersVG geregelt, daß Mitglieder des PR unter Fortzahlung der Bezüge für die Teilnahme an Schulungs- und Bildungsveranstaltungen vom Dienst freizustellen sind, soweit diese Kenntnisse vermittelt, die für die Tätigkeit im PR erforderlich sind. Wenn das Merkmal der Erforderlichkeit erfüllt ist, besteht keine zeitliche Begrenzung für diesen Freistellungsanspruch. Darüber hinaus hat jedes PR-Mitglied das Recht, an Schulungs- und Bildungsveranstaltungen, die von der Bundeszentrale für politische Bildung als geeignet anerkannt sind, für insgesamt drei Wochen teilzunehmen[43].

Für die französischen Personalvertreter besteht neben dem eben erwähnten Freistellungsanspruch für Gewerkschaftskongresse nach Abschnitt II, A, b des Circulaire du 14 sept 1970 der Anspruch auf Freistellung für Schulungs- und Bildungsveranstaltungen für insgesamt 10 Tage im Jahr. Auf diese 10 Tage werden An- und Abreisetage nicht mitangerechnet.

Betrachtet man zusammenfassend die Strukturen der Personalvertretung in beiden Ländern in den formellen Regelungen, so fällt generell auf, daß bis auf die Professionalisierung der Personalvertreter in allen Strukturmerkmalen die deutschen Regelungen differenzierter und ausführlicher sind. Hingegen wurde im französischen Regelungssystem durch viele Generalklauseln ein weiter Raum für mögliche Interpretationen und für Verhandlungen zwischen den betroffenen Partnern eröffnet. In welcher Weise sich dieser breite Spielraum in der Praxis konkretisiert hat und inwieweit die sehr detaillierten deutschen Regelungen in die Praxis umgesetzt werden konnten, soll im nächsten Kapitel behandelt werden.

---

[43] Vgl. hierzu: *Volker Rheinstädter*, Zur Durchführung und Kostentragung von Schulungs- und Bildungsveranstaltungen nach § 46 Abs. 6 BPersVG, in: Die Personalvertretung 1975, S. 161 ff.

Drittes Kapitel

Die Praxis der Personalvertretung in der Bundesrepublik Deutschland und in Frankreich

A. Vorbemerkungen zum Gang und zur Anlage der Untersuchung

Bevor in diesem dritten Hauptteil die Erkenntnisse über die Praxis der Personalvertretung dargestellt werden, sollen zunächst die methodischen Grundlagen erörtert werden, auf denen die empirische Untersuchung aufbaut. Es ist durchaus beabsichtigt, durch die Offenlegung der Probleme im methodischen Vorgehen, die notwendigerweise in Kauf genommen werden mußten, die nachfolgenden Aussagen in der vergleichenden Analyse zu relativieren und der kritischen Überprüfung zugänglich zu machen.

1. Auswahl der Methodik für die empirische Untersuchung

Die Wahl einer Methode zur empirischen Untersuchung der Personalvertretung war von der Schwierigkeit bestimmt, mit den geringen gegebenen Forschungsressourcen, die im Rahmen eines Einzelvorhabens zur Verfügung stehen, zwei so komplexe Systeme, wie sie die öffentlichen Dienste von Frankreich und der Bundesrepublik Deutschland darstellen, zu erfassen. Abstriche, die sich daraus für die methodische Validität des Vorhabens ergaben, waren nicht erwünscht, gleichwohl aber notwendig.

a) Auswahl der Erhebungsmethode

Aus dem bereits oben dargestellten[1] Defizit an Daten aus der Praxis der Personalvertretung ergab sich die Notwendigkeit, eine eigene Erhebung durchzuführen.

Da die Anlage und Problemstellung der Untersuchung auch die Erforschung von Fragen erforderlich machte, die sich nicht aus Protokollen oder aus anderen Dokumenten entnehmen lassen (wie z. B. die Einschätzung persönlicher Beziehungen, die Einschätzung der persönlichen Vorteile oder Nachteile aus der Personalvertretungsarbeit, die

---

[1] Vgl. Einleitung, B. 2.

Einschätzung der Durchsetzungsfähigkeit von Personalinteressen gegenüber der Verwaltung, der Wert informeller Kontakte usw.) schieden eine Dokumentenanalyse oder eine andere Art einer Sekundäranalyse als Erhebungsmethoden aus.

Somit blieb nur die Befragung als angemessene Methode. Hier wurden zunächst die Möglichkeiten einer schriftlichen Befragung anhand eines standardisierten und formalisierten Fragebogens geprüft. Es stellte sich jedoch heraus, daß dieser Untersuchungsbereich sich insbesondere im Hinblick auf den vergleichenden Ansatz nicht für ein so hohes Maß an Standardisierung eignete. Die Organisationsstrukturen der Personalvertretungskörperschaften der verschiedenen Verwaltungsbereiche waren insbesondere in Frankreich so unterschiedlich, daß eine Erschließung des gewünschten Informationsfeldes in schriftlicher Form nur durch einen für jeden Einzelfall individuell erstellten Fragebogen möglich gewesen wäre. Inwieweit dann nachträglich die gewonnenen Ergebnisse miteinander vergleichbar wären, wäre noch ein zusätzlicher Unsicherheitsfaktor gewesen. Aus den angeführten Gründen wurde als Erhebungsmethode die mündliche Befragung gewählt.

b) *Der Fragebogen*

Die Durchführung dieser mündlichen Befragung warf einige Probleme auf. Zunächst stand einem einheitlichen Fragebogen für alle Probanden die differenzierte Konzeption der Untersuchung entgegen, wonach sowohl die Sichtweise der Dienststellenleitung als auch die der Personalvertreter und schließlich noch die Position der Gewerkschaften berücksichtigt werden sollte. Die unterschiedlichen Positionen dieser beteiligten Gruppen im System der Personalvertretung bedingte auch die Formulierung differenzierter Fragebögen.

Eine weitere zu berücksichtigende Bedingung war die unterschiedliche Organisations- und Programmstruktur der ausgewählten Verwaltungsbereiche. Sie stand der Formulierung eines hochstandardisierten und formalisierten Fragebogens mit geschlossenen Fragen und vorgegebenen Antwortkategorien entgegen und erforderte eine Formulierung offener Fragen auf einem gewissen Abstraktionsniveau, die auch geringe Abweichungen im Verwaltungsablauf der verschiedenen Behörden erfassen konnten. Aus diesen Gründen wurden die Fragen in einem Interviewer-Leitfaden zusammengefaßt.

Eine letzte Differenzierung mußte noch zwischen den Probanden in der Bundesrepublik Deutschland und in Frankreich vorgenommen werden. Das in seinen Organisationsformen teilweise voneinander abweichende Personalvertretungssystem beider Länder erlaubte nicht den Entwurf eines gemeinsamen Leitfadens.

Somit wurde schließlich jeweils für die Personalvertreter und die Behördenvertreter in Frankreich und der Bundesrepublik Deutschland ein entsprechend strukturierter Interviewer-Leitfaden entworfen[2]. Die Informationen von der Gewerkschaftsseite wurden in nur halbstrukturierten Gesprächen gewonnen.

c) *Auswahl der Befragungspersonen*

Die begrenzten Möglichkeiten einer Untersuchung dieser Art und die besonderen Bedingungen der unterschiedlichen Formulierungen der Fragen waren die vorgegebenen Restriktionen für die Auswahl der Probanden dieser Befragung.

Eine Bestimmung der Befragungspersonen nach den Grundsätzen der Wahrscheinlichkeitsauswahl war nicht möglich. Denn selbst die Mindestgröße eines Samples, das im Verhältnis zur Grundgesamtheit der Personalräte bzw. Kommissionen im öffentlichen Dienst ein ausreichendes Signifikanzniveau und ein tragbares Vertrauensintervall hätte gewährleisten können, konnte unter den gegebenen Voraussetzungen nicht erreicht werden[3].

Es sprach aber auch noch ein anderer Grund dagegen, die Stichproben durch eine Zufallsauswahl zu ermitteln. Die gewünschten Informationen, die die Befragungspersonen liefern sollten, sind keine punktuellen Erkenntnisse oder momentanen Eindrücke, sondern sie sollten eine langjährige und möglichst intensive Erfahrung mit dem Beteiligungsverfahren der Personalvertretungen im öffentlichen Dienst wiedergeben. Die besondere Notwendigkeit dieser Anforderung an die Probanden für diese Untersuchung ergibt sich aus der speziellen Entwicklung der Personalvertretung in beiden Ländern. Sowohl in Frankreich als auch in der Bundesrepublik Deutschland wurden die zugrunde liegenden Normen in jüngster Zeit novelliert. In Frankreich sind es die Neuregelungen in der Folge der Ereignisse im Mai 1968 und in Deutschland die Novellierung des BPersVG von 1971 - 1974. Es war für beide Länder wünschenswert, Probanden in die Untersuchung mit einzubeziehen, die diese Entwicklung der normativen Grundlagen und deren Einfluß in der Praxis miterlebt haben.

Die hohen Anforderungen an den Kenntnis- und Erfahrungsstand der Befragungspersonen ergeben sich aber auch aus der Anlage der

---

[2] Vgl. Anlagen A. - D.

[3] Vgl. zur notwendigen Stichprobengröße: *Erwin K. Scheuch*, Das Auswahlverfahren in der Sozialforschung, in: R. König (Hrsg.), Handbuch der empirischen Sozialforschung, Bd. 3 a, 3. Auflage, Stuttgart 1974, S. 25; *Renate Mayntz / Kurt Holm / Peter Hübner*, Einführung in die Methoden der empirischen Soziologie, Köln 1969, S. 72 - 76; *Paul Neurath*, Statistik für Sozialwissenschaftler, Stuttgart 1966, S. 192 f.; *Erwin K. Scheuch*, Die Anwendung von Auswahlverfahren bei Repräsentativbefragungen, Diss. Köln 1956.

Fragebögen. Denn die Antworten auf solche offenen, wenig standardisierten Fragen, konnten nur aus einer großen Sachkenntnis heraus gegeben werden. Würde diese fehlen, so konnte sich bei den Befragten der Effekt einstellen, daß sie es ihrer Position schuldig zu sein glauben, eine Antwort auch dann zu geben, wenn sie dazu eigentlich nicht in der Lage sind. Dies trägt die Gefahr erheblicher Informationsverzerrungen in sich[4]. Den Anforderungen dieser Untersuchung konnte eine Zufallsauswahl nicht gerecht werden, da kein Informationssystem erreichbar war, das über diese Daten verfügt.

Aus den genannten Gründen wurde die Methode der Schlüsselpersonenbefragung gewählt, die zum einen sicherte, daß auch bei einer kleinen Stichprobe ein hohes Informationsniveau durch Bündelung vielfältiger Information erreicht wurde und zum anderen gewährleistete, daß die oben genannten Eigenschaften der Probanden bei der Auswahl berücksichtigt werden konnten[5]. Die Auswahl solcher Personen wurde mit Hilfe der Reputations- und Positionstechnik vorgenommen[6]. Zunächst wurde von der formalen Position ausgegangen. Dies bedeutete, daß auf seiten der Verwaltung als fachkundige Personen die Leiter der Personalabteilungen oder deren für die Kontakte mit der Personalvertretung zuständige Referenten angesehen wurden, und auf seiten der Personalvertretung in Deutschland die Vorsitzenden der Personalräte[7].

Die Positionstechnik hat in Frankreich für die Auswahl der Personalvertreter eine andere Variante. Da die c.a.p. und c.t.p. immer paritätisch besetzt sind und stets unter dem Vorsitz eines Verwaltungsvertreters — in der Regel des Leiters der Personalabteilung — tagen, gibt es auf der Personalseite keine besonders hervorgehobene Position. Als formale Kriterien eines hohen Informationsstandes können hier allerdings die Freistellung und die Stellung innerhalb der Gewerkschaft herangezogen werden.

---

[4] Siehe hierzu die methodischen Ausführungen in *Franz Ronneberger / Udo Rödel*, Beamte im gesellschaftlichen Wandlungsprozeß, Bonn-Bad Godesberg 1971, S. 57 f.

[5] Vgl. zur Schlüsselpersonenbefragung: ebenda, S. 58 - 60; *Jürgen Friedrichs*, Methoden der empirischen Sozialforschung, Reinbek 1973, S. 304.

[6] Vgl. zu dieser Terminologie: ebenda, S. 59: Positionstechnik = die formale Stellung ist maßgebend; Reputationstechnik = die Meinung fachkundiger Dritter ist ausschlaggebend.

[7] Die Vermutung, daß der Vorsitzende eines Personalrates in der Regel über einen hohen Kenntnis- und Erfahrungsstand verfügt, wird durch bereits durchgeführte Untersuchungen belegt. Vgl. *Werner Potthoff*, Die Mitbestimmung der Beamten im öffentlichen Dienst, Diss. Münster 1965, S. 299 - 303; für die Position des Betriebsratsvorsitzenden, vgl. *Otto Blume*, Normen und Wirklichkeit einer Betriebsverfassung, Tübingen 1964, S. 184 f.; *Gundolf Kliemt*, Die Praxis des BetrVG im Dienstleistungsbereich, Tübingen 1971, S. 12 ff.

Die entsprechende Reputation der Probanden wurde in Vorgesprächen bei den Gewerkschaften und den Ministerien festgestellt. Für die Verwaltungsseite stellte sich sowohl für den französischen als auch für den deutschen Bereich heraus, daß die durch die Positionstechnik gewonnenen Erkenntnisse insoweit korrigiert werden mußten, als die Kenntnis der oberen Personalführungsebene, d. h. Abteilungsleiter bzw. directeur du personnel, in Personalvertretungsangelegenheiten allgemein weniger hoch eingeschätzt wurde als die der mittleren Ebene, d. h. Referenten bzw. sous-directeur oder administrateur civil. In mittleren und kleineren Dienststellen der lokalen Ebene verwischte sich diese Differenzierung allerdings. Somit wurden von Behördenseite jeweils die Referenten, die für die Kontakte mit der Personalvertretung zuständig waren bzw. auf Ortsebene die Dienststellenleiter ausgewählt. Für die Personalseite wurde die Reputation der Probanden in Vorgesprächen bei den einzelnen Gewerkschaften festgestellt[8].

Aufgrund der hier erhaltenen Angaben wurden in der Bundesrepublik die Behörden auf örtlicher Ebene und Bezirksebene ausgewählt, die in die Untersuchung einbezogen werden sollten. In Einzelfällen traten Kollisionen in der Soll-Vorstellung auf, da eine Dienststelle einen sehr erfahrenen PR-Vorsitzenden haben konnte und auf der Gegenseite einen Verwaltungsvertreter, der erst seit wenigen Monaten mit Personalvertretungsangelegenheiten befaßt war oder umgekehrt. Es gab allerdings in der Bundesrepublik Deutschland und in Frankreich nur fünf Fälle dieser Art. In jedem Fall wurde aber das Prinzip der einheitlichen Zugehörigkeit zu derselben Dienststelle vom jeweiligen Personal- und Verwaltungsvertreter eingehalten.

In Frankreich diente die Reputationstechnik dazu, aus der Personalseite der paritätischen Gremien, die erfahrensten und kenntnisreichsten Probanden zu bestimmen.

2. Auswahl des Untersuchungsbereichs

Durch die Formulierung des Themas und durch die deutsche juristische Terminologie, die Personalvertretung nur als Vertretung von Personalinteressen im öffentlichen Dienst auffaßt, ist der Rahmen der empirischen Untersuchung bereits auf den öffentlichen Dienst festgelegt. Die Gesamtheit des öffentlichen Dienstes ist allerdings durch eine Untersuchung dieser Art nicht erschließbar, so daß eine Selektion sowohl in vertikaler — d. h. zwischen Kommunalverwaltung, Landes- und Bundes- bzw. Zentralverwaltung — wie auch in horizontaler Hinsicht — d. h. zwischen den verschiedenen Ressorts — getroffen werden mußte.

[8] In der Bundesrepublik wurden Vorgespräche mit der ÖTV, DPG, DBB und DAG geführt; in Frankreich mit der C.G.T., C.F.D.T., F.O. und F.E.N.

a) *Vertikale Selektion*

Für die Auswahl der Verwaltungsbereiche in vertikaler Hinsicht zwischen den Ebenen der Bundes- bzw. Zentralverwaltung, der Landes- und der Kommunalverwaltung waren in der Hauptsache Kriterien maßgebend, die sich aus der französischen Situation ergaben.

Zum einen kommt der Zentralverwaltung in Frankreich sowohl vom Umfang ihres Personalkörpers als auch von der Bedeutung ihrer Position innerhalb der Gesamtheit des öffentlichen Dienstes ein besonderes Gewicht zu[9]. Zum anderen ist aber auch die Vergleichbarkeit der Organisations- und Aufgabenstruktur zwischen der französischen und der deutschen Verwaltung auf der Zentral- bzw. Bundesebene am größten.

Ein weiteres, bei einer vergleichenden empirischen Untersuchung aber nicht zu vernachlässigendes Auswahlkriterium, waren die günstigeren Zugangsmöglichkeiten in der Zentralverwaltung in Frankreich.

b) *Horizontale Selektion*

Die Auswahl unter den einzelnen Ministerialbereichen wurde zum einen wiederum von dem Kriterium der Vergleichbarkeit ihrer Organisations- und Aufgabenstrukturen, zum anderen aber auch von der Größe und der Struktur des nachgeordneten Bereichs und der zu vermutenden Brisanz der Personalvertretungsprobleme bestimmt. So war es beispielsweise naheliegend, eine Betriebsverwaltung mit in die Untersuchung einzubeziehen, weil diese Verwaltungen die mit Abstand größte Personalstärke im öffentlichen Dienst aufweisen. Für die Auswahl zwischen Bahn und Post war ausschlaggebend, daß nur die Postverwaltung in beiden Ländern als unmittelbare öffentliche Verwaltung konzipiert ist, die Bahn aber in Frankreich als Regiebetrieb geführt wird und damit auch anderen personalvertretungsrechtlichen Regelungen unterliegt. Die in die Untersuchungen einbezogenen Verwaltungen gehörten jeweils zum allgemeinen Postdienst.

Die Wahl des Kultus- und Erziehungsbereiches wurde durch die Situation in Frankreich bestimmt. Der Bereich des Ministère de l'Education und der beiden Secrétariats de l'Etat de l'université et de jeunesse et sports umfassen mit ihren ca. 900 000 Beschäftigten fast die Hälfte des französischen öffentlichen Dienstes. Eine Untersuchung über Personalvertretung im öffentlichen Dienst konnte diesen Bereich nicht aussparen, wenn auch die Wahl des entsprechenden deutschen Verwaltungsbereiches Schwierigkeiten bereitete. Wegen der fehlenden Bundeskompetenz im Kultusbereich mußte hier die einzige Ausnahme

---

[9] Vgl. die Darstellungen oben: Einleitung, B. 1. b) bb).

von der oben beschriebenen Entscheidung für die Bundesebene gemacht werden, indem stellvertretend für den Kultusbereich in Deutschland die Kultusverwaltung des Landes Rheinland-Pfalz ausgewählt wurde. Partikulare Abweichungen sowohl in der Organisations- und Programmstruktur als auch in den gesetzlichen Bestimmungen gegenüber anderen Bundesländern mußten in Kauf genommen werden. Innerhalb des Kultusbereichs wurde die Untersuchung auf die beiden stärksten Personalgruppen beschränkt: die Grund- und Hauptschullehrer bzw. instituteur und die Gymnasiallehrer bzw. professeurs agrégés et professeurs certifiés.

Für die Wahl des Finanzressorts waren zwei Gründe maßgebend. Zum einen, daß in Frankreich wie in Deutschland diese Ressorts neben den Betriebsverwaltungen und dem Erziehungsbereich zu den personalintensivsten gehören; zum anderen, daß sie in beiden Ländern eine hierarchische Gliederung in ihrem Verwaltungsaufbau bis zur Ortsebene aufweisen und daher auch alle Formen der Personalvertretungskörperschaften bei ihnen vertreten sind. Innerhalb des Finanzressorts wurden wiederum die personalstärksten Verwaltungen ausgewählt: die Zollverwaltung in Deutschland und die Direction générale des impôts (Steuerverwaltung) sowie die Direction de la comptabilité publique (allgemeine Finanzverwaltung) in Frankreich.

Für die Auswahl des Geschäftsbereichs des Innenministeriums als vierten und letzten Verwaltungsbereich waren folgende Überlegungen ausschlaggebend. Für Frankreich ist die Begründung zunächst auch wieder in der Größe dieses Ressorts zu finden. Das Ministère de l'Intérieur verwaltet nach dem Erziehungs-, Post- und Finanzressort den viertgrößten Personalkörper, wobei über 90 % des Personals sich auf die Direction générale de la police nationale und die Services des Préfectures verteilen. Das BMI zeichnet sich demgegenüber allerdings weder durch einen gleichstarken Personalkörper noch durch eine so eindeutig gerichtete Programmstruktur aus. Es wurde in den Interviews nicht selten als „Gemischtwarenladen" bezeichnet. Da es jedoch für das Personalvertretungsrecht wie auch allgemein für die Regelungen im öffentlichen Dienst das federführende Ressort ist, schien es auch aus anderen Gründen als der Wahrung der formalen Parallelität zu Frankreich gerechtfertigt, den Geschäftsbereich des BMI in die Untersuchung mit einzubeziehen.

Darüber hinaus besteht auch die Vermutung, daß man wegen der Urheberschaft des Hauses für das BPersVG und seiner Koordinationsfunktion für auftretende Schwierigkeiten mit dem neuen Gesetz in seiner Anwendung besonders exakt und fachkundig vorgeht. Innerhalb des Innenressorts wurden in Frankreich die Direction générale de la police nationale und die Services des Préfectures und in Deutschland das Statistische Bundesamt und das Bundesarchiv mit in die Untersuchung aufgenommen.

In jedem dieser einzelnen Verwaltungsbereiche wurde — soweit vorhanden — auf jeder Verwaltungsebene eine Personalvertretung in die Untersuchung einbezogen. Hinzu kamen jeweils die örtlichen Personalvertretungen der Ministerien selbst.

3. Zur Struktur des befragten Personenkreises

In den ausgewählten Verwaltungsbereichen wurden in beiden Ländern Personalvertreter, Behördenvertreter und Gewerkschafter als Befragungspersonen herangezogen. Insgesamt wurden in der Bundesrepublik und in Frankreich 141 Personen befragt. Sie verteilen sich auf die einzelnen betroffenen Gruppen folgendermaßen:

	Dienststellenvertreter	Personalvertreter	Gewerkschafter	Insgesamt
Bundesrepublik Deutschland	22	30	10	62
Frankreich	27	40	12	79
Insgesamt	49	70	22	141

Diese Auswahl verteilte sich auf die einzelnen Verwaltungsressorts wie folgt (s. Tabelle auf S. 103 oben).

Die Probanden aus den interministeriellen Personalvertretungen in Frankreich gehören dem conseil supérieur de la fonction publique, der commission interministerielle des services sociaux und der commission centrale du logement an. Die unter der Rubrik „Allgemeines" aufgeführten Gewerkschaftsvertreter sind im Gegensatz zu denen, die bei den einzelnen Ressorts ausgewiesen sind, Funktionäre der gewerkschaftlichen Dachorganisationen für den öffentlichen Dienst.

Eine Differenzierung des befragten Personenkreises nach den Verwaltungsebenen ergibt folgendes Bild (s. Tabelle auf S. 103 unten).

In dieser Tabelle fällt die sehr starke Repräsentanz der Befragten in Frankreich auf der Zentralebene ins Auge, im Gegensatz zur Bundesrepublik, wo sich ein gewisses Übergewicht bei den Befragten auf örtlicher Ebene erkennen läßt. Die in beiden Ländern vergleichsweise geringe Zahl an Probanden auf der Bezirks- bzw. Regionalebene erklärt sich in Deutschland aus dem Fehlen einer Mittelstufe im Ge-

	Bundesrepublik Deutschland			Frankreich		
	Dienst. Vertr.	Pers. Vertr.	Gewerk-schaft.	Dienst. Vertr.	Pers. Vertr.	Gewerk-schaft.
Post	5	8	2 DPG DPV	5	10	2 PTT-FO PTT-CGT
Finanzen	5	6	1 BDZ.	7	10	2 CGT-DGI FO Trés.
Inneres	4	7	1 ÖTV	4	8	1 CFDT Pol.
Kultus bzw. Erziehung	7	9	2 GEW PhilV.	9	7	2 SNI SGEN
Intermin. PersVertr.				1	5	
Allgemeines	1		4 DGB DAG DBB ÖTV	1		5 CGT CFDT CGC FO FEN
Insgesamt	22	30	10	27	40	12

	Bundesrepublik Deutschland			Frankreich		
	Dienst. Vertr.	Pers. Vertr.	Gewerk-schaft.	Dienst. Vertr.	Pers. Vertr.	Gewerk-schaft.
Bundes- bzw. Zentral-ebene	8	10	7	18	28	12
Bezirks- bzw. Regional-ebene	4	6	3	4	4	–
Örtliche bzw. departe-mentale Ebene	10	14	–	5	8	–

schäftsbereich des BMI (außer BGS) und wird in Frankreich dadurch bedingt, daß nur im Post- und Erziehungsbereich in einzelnen Abteilungen auf der Regionalebene Personalvertretungen gebildet sind.

Die oben dargestellte Verteilung ergibt sich auch aus der Struktur der Personalvertretungen in beiden Ländern und der damit zusammenhängenden personellen Besetzung der einzelnen Stufen.

Das Gewicht der örtlichen Personalräte in Deutschland bedingt, daß auf dieser Ebene auch viele sehr erfahrene Personalratsmitglieder vorhanden sind. Umgekehrterweise ergibt sich aus der stark zentralisierten Verwaltung und insbesondere aus der Struktur der nationalen Beamtencorps, daß in Frankreich die erfahrensten und kenntnisreichsten Personal- und Dienststellenvertreter auf der Zentralebene anzutreffen sind. Hinzu kommt hier auch noch, daß ein Teil der Beamtencorps nur eine nationale Personalvertretung besitzt.

Schließlich soll noch eine Aufschlüsselung der befragten Personalvertreter nach ihrer gewerkschaftlichen Zugehörigkeit vorgenommen werden. Hierbei ergibt sich folgende Zuordnung:

Bundesrepublik Deutschland	DBB					DGB			DAG	Unorganisiert
	DPV	BDZ	VBOB	VBE	PhilV	DPG	ÖTV	GEW		
Insgesamt: 30	3	4	1	2	3	4	4	3	1	5

Frankreich	C.G.T.	C.F.D.T.	F.O.	C.G.C.	F.E.N.	Syndicats autonomes
Insgesamt: 40	9	13	9	3	4	2

Hierbei kann für Frankreich nicht die Zugehörigkeit zu den Einzelgewerkschaften differenziert dargestellt werden, da fast jeder der Probanden einer gesonderten Einzelgewerkschaft innerhalb seiner Dachorganisation (conféderation) angehörte[10].

4. Der organisatorische Ablauf der Untersuchung

Die Befragungen der Probanden wurden durch den Verfasser alleine durchgeführt. Ihnen gingen vorbereitende Gespräche in den einzelnen Ministerien und bei den verschiedenen Gewerkschaften sowie Tests

[10] Vgl. die Darstellung zum französischen Gewerkschaftssystem oben: Einleitung, B. 1. b) cc).

der Interviewer-Leitfäden in beiden Ländern voraus. Diese Vorbereitungsphase fand für Frankreich im Oktober 1975 und für die Bundesrepublik im März 1976 statt.

Die Befragungen der französischen Probanden wurden im April und Mai 1976 durchgeführt; die empirischen Erhebungen in Deutschland wurden im Anschluß daran von Juni bis August 1976 vorgenommen. Bei den wiedergegebenen Daten für die Bundesrepublik Deutschland konnten daher die Ergebnisse der letzten Personalratswahlen auf Bundesebene im Frühjahr 1976 mit berücksichtigt werden. Auch für Frankreich wurden jeweils die jüngsten verfügbaren Daten bis zum April 1976 erfaßt.

5. Problematik der Vorgehensweise

a) Probleme der Schlüsselpersonenbefragung

Die Erhebungsmethode der Schlüsselpersonenbefragung wirft mehrere Probleme auf.

Zunächst ergeben sie sich aus der allgemeinen Problematik der Befragung; die Interaktionen zwischen Interviewer und Probanden stellen eine soziale Situation dar, die auf vielfältige Weise auf den Informationsgehalt des Interviews einwirken kann[11]. Die speziellen Erfahrungen bei Interviews in der Verwaltung, eine in der Regel zu optimistische Einschätzung der Fähigkeiten und Einstellungen der Mitarbeiter[12], müssen dabei ebenfalls mitberücksichtigt werden.

Als ein Störfaktor stellte sich teilweise die Experteneigenschaft der Schlüsselpersonen dar. Denn es konnte, das auch in der Literatur beschriebene Phänomen, beobachtet werden, daß sich in einzelnen Fällen Probanden wegen ihrer Expertenstellung verpflichtet fühlten, Antworten zu geben, obwohl sich bei weiterem Nachfragen herausstellte, daß sie aufgrund ihres Kenntnisstandes eigentlich keine Antwort geben konnten, so daß ein umgekehrter Effekt eintrat, als in der Anlage der Untersuchung vermutet[13].

Ein anderer die Informationsgenauigkeit störender Faktor war das innere Engagement einzelner Probanden, das sie den Fragen aus dem

---

[11] Vgl. hierzu *R. Mayntz / K. Holm / P. Hübner,* S. 114 ff.; *Erwin Scheuch,* Das Interview in der Sozialforschung, in: R. König (Hrsg.), Bd. 2, S. 95 ff.; *L. Berekoven / K. G. Specht / V. Waltheim / F. Wimmer,* Zur Genauigkeit mündlicher Befragung in der Sozialforschung, Frankfurt 1975, S. 93 ff.; *Elisabeth Noelle,* Umfragen in der Massengesellschaft, Reinbek 1963, S. 197 bis 200.

[12] Vgl. *Horst Bosetzky,* Die kameradschaftliche Bürokratie und die Grenzen der wissenschaftlichen Untersuchung von Behörden, in: Die Verwaltung 1971, S. 325 ff.

[13] Vgl. oben, 3. Kap. A. 1. c).

Bereich der Personalvertretung entgegenbrachten. Dies bewirkte teilweise eine gewisse Verzerrung bei Faktfragen und eine Überzeichnung bei Meinungsfragen. Darüber hinaus ergab sich aus dem hohen Kenntnisstand und dem inneren Engagement manchmal die Schwierigkeit, die vorstrukturierte Form des Interviews einzuhalten.

Ein grundsätzliches Problem resultiert schließlich aus der Auswahl der Schlüsselpersonen. Denn Reputation und Position können in Einzelfällen sicher auch unzureichende oder irreleitende Kriterien sein. Aus den hier zugrundeliegenden Erfahrungen muß allerdings gesagt werden, daß durch den Verlauf des Interviews die Experteneigenschaft der Probanden — bis auf wenige Ausnahmen — durchweg bestätigt wurde. Es soll allerdings nicht übersehen werden, daß gerade die Auswahl über die Reputation, dem Dritten, der die Empfehlung gibt, die Möglichkeit zur Beeinflussung der Auswahl eröffnet.

b) Die Reichweite der Aussage

All diese Unsicherheitsfaktoren, die sich aus der angewandten Erhebungsmethode ergeben, müssen bei der Wertung der Ergebnisse berücksichtigt werden und sich auf die Reichweite der Aussage auswirken. Hinzu kommt, daß wegen des Verzichts auf eine Repräsentativbefragung in der Regel weder Rückschlüsse auf das gesamte System des öffentlichen Dienstes noch auf die Gesamtheit der ausgewählten Teilsysteme gezogen werden können.

Die Aussage der Untersuchung kann daher keine quantifizierbaren Ergebnisse bringen, sondern lediglich explorativen Charakter haben. Es können nur Tendenzen aufgezeigt werden, die unter gewissen Umständen auch vorsichtige Generalisierungen erlauben.

B. Die Beteiligung der Beschäftigten des öffentlichen Dienstes an internen Verwaltungsentscheidungen

1. Die Rahmenbedingungen der Beteiligung

Bevor auf die Praxis des Beteiligungsverfahrens in der Bundesrepublik Deutschland und in Frankreich eingegangen wird, sollen zunächst einige Rahmenbedingungen für die Beteiligung der Personalvertretungskörperschaften dargestellt werden. Als wesentliche Voraussetzungen für die Beurteilung des Beteiligungsverfahrens werden die jeweilige Zusammensetzung der Personalvertretungen, die Größe und Struktur des Kreises der repräsentierten Beschäftigten, die Häufigkeit der Sitzungen und der Ablauf des internen Entscheidungsprozesses angesehen.

a) Die Zusammensetzung der Personalvertretungen

In diesem Abschnitt interessiert die Frage nach der gewerkschaftlichen Zusammensetzung bzw. nach der Anzahl der gewerkschaftlich unabhängigen Personalvertreter. Die altersmäßige oder geschlechtliche Zusammensetzung der Personalvertretungen wurde nicht untersucht. In den vier herangezogenen Verwaltungsbereichen zeigte sich eine überraschende Übereinstimmung in beiden Ländern. Der Post- und Erziehungsbereich ist fast ausschließlich von gewerkschaftlich organisierten Personalvertretern repräsentiert, wogegen im Innen- und Finanzressort auch Unabhängige in die Vertretungsgremien gewählt wurden.

In diesem Zusammenhang ist es allerdings notwendig, eine sprachliche Unterscheidung zwischen unabhängigen und unorganisierten Kandidaten zu treffen. Denn das System der Interessenvertretung der Beschäftigten im öffentlichen Dienst in Frankreich bedingt, daß es unabhängige Kandidaten nach deutschen Sprachgebrauch, d. h. ohne jeden organisatorischen Hintergrund, nicht gibt. Alle Listen, die neben den großen Gewerkschaften zu den c.a.p. kandidieren, werden von einer Organisation getragen, auch wenn nur sehr wenige Mitglieder dahinterstehen.

Organisationsmerkmale sind die eigene Bezeichnung als syndicat oder association, eine Hierarchie zwischen geschäftsführenden und einfachen Mitgliedern, Kommunikationsorgane wie Zeitungen, Rundbriefe oder Flugblätter und eine Legitimationsstruktur, die nicht immer auf Wahlen, sondern auch teilweise auf Selbsternennung basiert. Für die unabhängigen Kandidaten der deutschen PRäte müßte daher aus französischer Sicht präziser die Bezeichnung „unorganisiert" verwendet werden, da sich dort als „unabhängig" (autonome) beispielsweise alle großen Gewerkschaften der Polizei bezeichnen, die aber eine eindeutige gewerkschaftliche Organisationsstruktur aufweisen und über 50 000 Mitglieder haben. Sie sind lediglich unabhängig von den großen nationalen Confédérations wie C.G.T., F.O., C.F.D.T., C.G.C. und F.E.N. Inzwischen gibt es zwar auch für diese autonomen Gewerkschaften eine nationale Dachorganisation, die F.G.A.F. (Fédération générale autonome des fonctionnaires et agents de l'Etat), sie ist aber nur ein lockerer Zusammenschluß, ohne eine verbindliche Politik zu entwickeln und vorzuschreiben. Sie verfügen allerdings auch über einen Sitz als Stellvertreter (suppléant) im Conseil supérieur de la Fonction publique.

Diese terminologische Klarstellung ist von Bedeutung, wenn im folgenden die Zusammensetzung der Personalvertretungen in Deutschland und in Frankreich beschrieben wird. Grundlagen dieser Darstellung sind im wesentlichen die Wahlergebnisse der jüngsten Wahlen.

Im Bereich der Deutschen Bundespost konnten sich die Beschäftigten bei den Wahlen zum HPR nur zwischen zwei gewerkschaftlichen Listen entscheiden; die Liste der DPG erhielt die deutliche Mehrheit von 75,5 % der Stimmen (24 Sitze) und die Liste der DPV/CGP/VDPH 24,5 % (7 Sitze). Bei den BezPRäten bestimmt die DPG noch deutlicher mit 80 % (428) die Zusammensetzung der Personalvertretungen. Von insgesamt 535 Sitzen in 18 BezPRäten konnten 3 Sitze von Unabhängigen besetzt werden[14]. Im gesamten Bundesgebiet wurden in der vorhergehenden Amtsperiode von 7720 Sitzen in örtlichen PRäten nur 54 von unabhängigen Kandidaten besetzt[15].

Bei den Wahlen zu den 22 c.a.p. centrales des Ministère des P.T.T. am 13. März 1974 erreichten die C.G.T. 41,1 % (98 Sitze), F.O. 26,9 % (92), C.F.D.T. 18,1 % (32), C.F.T.C. 4,7 % (—), F.N.T. 4 % (8), C.G.C. 1,7 % (20) und die „Amicales" mit verschwindenden Prozentzahlen aber dennoch 36 Sitze[16].

Auf Departement-Ebene zeigt sich eine Konzentrationstendenz auf die drei großen Gewerkschaften, die F.O. 32,1 % (2070 Sitze), C.G.T. 42,5 % (2074) und C.F.D.T. 21,5 % (810). Auf C.F.T.C., C.G.C. und F.N.T. entfallen nur 3,8 % (98), während die „Amicales" hier keinen Personalvertreter stellen.

Auf Région-Ebene stellt sich die Situation für die Direction des Postes ganz ähnlich dar. Im Bereich der Direction des Télécommunications allerdings verteilen sich die Stimmen und Sitze wieder auf mehrere Listen, F.O. 21 % (422), C.G.T. 42 % (868), C.F.D.T. 18,5 % (244), C.F.T.C. 3,5 % (14), F.N.T. 12,5 % (254) und C.G.C. 1,3 % (100). Die „Amicales" erhalten trotz geringer Prozentzahlen immer noch 26 Sitze. Insgesamt aber sind die Unabhängigen mit 66 von 9356 c.a.p.-Sitzen kaum von Bedeutung[17].

Ähnlich wie die DPG in der Deutschen Bundespost bestimmen in Frankreich die Gewerkschaften der F.E.N. die Personalvertretungen im französischen Erziehungsressort. Bei den Wahlen zur c.a.p. nationale der Grundschullehrer erhielt die S.N.I. 84,63 %, S.G.E.N. 9,70 %, U.S.N.E.F. 1 % und 2,46 % andere kleine Gewerkschaften. Die Ergebnisse für die c.a.p. départementales sind noch deutlicher: S.N.I. 94 % (655 Sitze), S.G.E.N. 6 % (41) und U.S.N.E.F. 1 % (8)[18].

---

[14] Stand: nach den PR-Wahlen vom 4. - 6. März 1976 vgl. Beilage zur Amtsbl.Vfg. Nr. 375/1976 des BPM.

[15] Vgl. Geschäftsbericht des Hauptvorstandes und des Gewerkschaftsausschusses der DPG, Frankfurt 1974, S. 471.

[16] Vgl. Bulletin du militant syndicaliste, Fédération syndicaliste des P.T.T. (F.O.), N° 10 (1974), S. 3 - 5.

[17] Vgl. ebenda, S. 9/10.

[18] Stand: nach den Wahlen vom 11. Dez. 1975 vgl. L'école libératrice. N° 17, 16. Jan. 1976, S. 742/743.

Nicht ganz so dominierend, aber immer noch bestimmend ist die Stellung der F.E.N.-Gewerkschaften bei den Kommissionen des „enseignement du second degré", vergleichbar mit den deutschen Real- und Gymnasiallehrern. Bei den professeurs agrégés erhielt die S.N.E.S.-F.E.N. 51,90 %, S.G.E.N. 19,88 % und S.N.A.L.C. 19,09 %. Die professeurs certifiés wählten zu 56,76 % die S.N.E.S., zu 18,22 % die S.G.E.N., zu 16,34 % die S.N.A.L.C. und zu 8,64 % die übrigen Gewerkschaften. Unabhängige Listen spielten im gesamten Erziehungsbereich keine Rolle[19].

Für die Bundesrepublik Deutschland können nur Daten aus Rheinland-Pfalz berücksichtigt werden. Hier entfielen für den HPR für Grund- und Hauptschullehrer auf den VBE 49,56 % (4 Sitze) und auf die GEW 50,44 % (5). Bei den Gymnasiallehrern erhielten der PhilV 8 HPR-Sitze und die Gew einen Sitz[20]. Auch hier konnten unabhängige Kandidaten keine Erfolge erzielen.

Die Zusammensetzung der Personalvertretungen im Bereich des Innenministeriums weicht sowohl in Frankreich als auch in der Bundesrepublik Deutschland von dem bisher dargestellten ab, allerdings bei sehr unterschiedlicher Aufgabenstruktur der beiden Innenverwaltungen.

Im BMI mit seinen nachgeordneten Behörden mit unterschiedlichen Aufgabenstellungen setzt sich der HPR aus fünf fast gleichstarken Gruppen zusammen: ÖTV 26,8 % (7 Sitze), DBB 20,8 % (6), DAG 17,5 % (5), GdP 14,9 (4) und einer sehr starken unabhängigen Gruppe mit 20,1 % (5). Bemerkenswert ist auch, daß von den drei in die Untersuchung einbezogenen Behörden zwei örtliche PRäte einen gewerkschaftlich unabhängigen Vorsitzenden hatten[21].

In der Direction générale de la police nationale im Ministère de l'Intérieur setzen sich die fünf c.a.p. nationales in einer für die französische Situation sehr ungewöhnlichen Weise zusammen. Von insgesamt 40 Sitzen fällt nur ein einziger an eine der großen Gewerkschaften, die F.O.; alle anderen 39 sind von autonomen Gewerkschaften besetzt. Hierbei handelt es sich überwiegend um Gewerkschaften, die nur ein bestimmtes Corps vertreten. So werden z. B. alle Sitze der c.a.p. nationale des commissaires vom Syndicat des commissaires besetzt, ebenso die c.a.p. nationale des enquêteurs vom Syndicat national

---

19 Vgl. Syndicalisme universitaire, N° 669, 19. Jan. 1976, S. 14/15.

20 Stand: nach den Wahlen vom 18. - 20. März 1974 vgl. Der Beamte in Rheinland-Pfalz, Nr. 6/Juni 1974, S. 90 und Nr. 7/Juli/August 1974, S. 103.

21 Stand: nach den Wahlen vom April 1976, vgl. Wahlniederschrift des Hauptwahlvorstandes beim BMI, unveröffentlichtes Manuskript. — Die hier wiedergegebenen Ergebnisse beziehen sich nur auf den HPR der allgemeinen Verwaltung des BMI. Der seit der PR-Wahl 1976 neu gebildete HPR des Bundesgrenzschutzes bleibt in dieser Untersuchung unberücksichtigt.

autonome de la police en civil. Von derselben Gewerkschaft werden auch die neben dem einen F.O.-Sitz verbleibenden 7 Sitze der c.a.p. des inspecteurs besetzt. Die c.a.p. nationale des weitaus größten Corps des gradés et gardiens ist mit 6 Vertretern der F.A.S.P. und 2 des Syndicat des gradés et gardiens besetzt. In den Kommissionen des Services des Préfectures sind dann allerdings die Sitze wieder unter den großen Gewerkschaften verteilt: F.O. 59,91 % (28 Sitze), C.F.D.T. 19,8 % (6), C.G.T. 9,53 % (2) und C.F.T.C. (7,49 %) und Autonomes (3,20 %) ohne einen Sitz.

In dem Bereich der deutschen Finanzverwaltung ist eine Gewerkschaft des DBB dominierend, der BDZ. Er erhielt bei den letzten Wahlen zum HPR am 22. März 1976 68 % der Stimmen und 21 von 31 Sitzen, die ÖTV 28 % (9) und die DAG 3 % (1). Unabhängige Listen kandidierten zum HPR nicht[22]. Das Gesamtergebnis für alle örtlichen PRäte der Bundesfinanzverwaltung — hochgerechnet nach den Ergebnissen von 38 von 299 PRäten — spiegelt etwa das Ergebnis der HPR-wahlen wieder, beachtlich ist aber der hohe Prozentsatz der Unorganisierten: BDZ/BDSt 55,6 %, ÖTV 27,3 %, DAG 3 %, Unabhängige: 12,9 %[23].

Eine ähnlich dominierende Rolle wie der BDZ spielt die Gewerkschaft F.O. in der französischen Finanzverwaltung. Bei den letzten c.a.p.-Wahlen im April 1976 errangen die F.O. 49,5 % (337 Sitze), C.G.T. 31 % (204), C.F.D.T. 11,5 % (72), C.F.T.C. 2,2 % (15), C.G.C. 1,6 % (14), Autonomes 4,2 % (26)[24]. Auch hier konnten die autonomen Gewerkschaften eine gewisse Rolle spielen.

Insgesamt aber wird deutlich, daß sowohl das deutsche als auch das französische Personalvertretungssystem eindeutig von gewerkschaftlich organisierten Personalvertretern bestimmt wird trotz der unterschiedlichen Vorstellungen der Gesetzgeber über die Stellung der Gewerkschaften im System. Inwieweit aus dieser formalen Repräsentanz auch inhaltlich Einfluß von den Gewerkschaften ausgeübt wird, soll weiter unter erörtert werden[25].

b) Der Kreis der repräsentierten Beschäftigten

Die Größe und Struktur des Kreises der durch die Personalvertretungen repräsentierten Beschäftigten kann eine der wesentlichen Bedingungen für eine effektive Arbeit einer Personalvertretung sein.

---

[22] Vgl. Wahlniederschrift über die Wahl des HPR beim BMF. Bonn im April 1976, unveröffentlichtes Manuskript.

[23] Vgl. Interne Wahlauswertung der Gewerkschaft ÖTV zu den PR-Wahlen 1976, unveröffentlichtes Manuskript.

[24] Vgl. La nouvelle tribune, N° 243, avril 1976, S. 4.

[25] Vgl. 3. Kap. B. 2. f) bb).

Denn insbesondere die Vertretung der Interessen des einzelnen Beschäftigten wird bei zunehmender Größe und Komplexität des betreffenden Subsystems für eine Personalvertretung tendenziell schwieriger[26]. Der Kreis der repräsentierten Beschäftigten wird für den deutschen PR und für das französische c.t.p. durch dieweile Verwaltungseinheit bestimmt, bei der die Personalvertretung gebildet ist[27].

In den untersuchten Verwaltungsbereichen konnten sehr unterschiedliche Größenordnungen festgestellt werden. Bei den örtlichen PRäten reichten die Zahlen der repräsentierten Beschäftigten von 2152 bei der größten in die Untersuchung einbezogenen Behörde bis zu einer Grundschule mit 18 Beschäftigten. Bei der erstgenannten setzten sich der Personalkörper aus Angestellten, Beamten und Arbeitern zusammen, bei der zweiten waren ausschließlich Beamte vertreten. Von den 11 untersuchten örtlichen PRäten repräsentierten 5 einen Personalkörper von mehr als 1000 Beschäftigten[28].

Da in Frankreich das c.t.p. als örtliche Personalvertretung immer mindestens ein ganzes Département, manchmal sogar eine Région repräsentiert, ist der Kreis der vertretenen Beschäftigten auch größer. Bei den c.t.p. départementals reichten die Personalzahlen von 250 im Services des Préfectures bis zu 11 613 für das c.t.p. de la Ville de Paris in der Direction générale des Postes.

Für die c.a.p. bietet sich ein noch heterogeneres Bild, da die unterste Stufe der c.a.p. bei den einzelnen Corps auf unterschiedlichen Ebenen angesiedelt ist. So gibt es beispielsweise im Bereich der Direction générale des impôts nur nationale c.a.p. ohne regionale oder departementale Untergliederungen. Dies hat zur Folge, daß z. B. von der c.a.p. N° 2 (inspecteurs et receveurs) ca. 14 000 Beamte vertreten werden müssen. Dagegen hat im Ministère des P.T.T. das Corps des receveurs et chefs de centre bei insgesamt nur 3 014 Mitgliedern Untergliederungen bis auf Departementebene, so daß es c.a.p. départementals gibt, die nicht mehr als 20 Beamte repräsentieren.

Die Frage nach der Größenordnung der repräsentierten Beschäftigten spielt aber nicht nur bei den Personalvertretungen auf der untersten Stufe eine Rolle, sondern auch bei Stufenvertretungen, da Personalentscheidungen und viele Organisationsentscheidungen je nach der

---

[26] Vgl. hierzu die Literatur zur Diskussion um die Verselbständigung der Räte. Stellvertretend seien genannt: *Frieder Naschold*, Organisation und Demokratie, 3. Auflage, Stuttgart 1972, S. 24 - 28; *Klaus König*, Verwaltungsreform und Demokratisierung, in: Demokratie und Verwaltung, S. 286 f.

[27] Vgl. 2. Kap. A.

[28] Diese Zahlen können keinesfalls repräsentative Aussagekraft besitzen, da die Behörden für die Untersuchung u. a. auch nach ihrer großen Personalstärke ausgewählt wurden.

Stellung in der Laufbahnhierarchie sehr häufig auf der Bezirksebene und in der Regel ab der Besoldungsgruppe A 13 und den vergleichbaren BAT-Gruppen auf der Ministerialebene gefällt werden. In Frankreich ist das Maß der Konzentration von Personalentscheidungen auf der Zentralebene noch erheblich größer. Da hier jedoch an Personalentscheidungen niemals das für den gesamten Ministerialbereich zuständige c.t.p. ministériel beteiligt wird, sondern immer die für jedes einzelne Corps gebildete c.a.p., differenziert sich der Kreis der Vertretenen. Dies hat zur Folge, daß auf nationaler Ebene nicht selten eine c.a.p. für nicht mehr als 1 000 Beamte zuständig ist[29].

In der Bundesrepublik dagegen sind auf nationaler Ebene die HauptPRäte für das gesamte Personal des jeweiligen Ressorts zuständig, z. B. beim BPM für 481 974 Beschäftigte, beim BMF für 74 008 und beim BMI für 12 630. Eine funktionale Differenzierung der Personalvertretung, ähnlich wie in den französischen Corps, gibt es nur im Erziehungssektor. Beim Kultusministerium Rheinland-Pfalz sind für die Lehrer jeder einzelnen Schulart eigene HauptPRäte mit entsprechenden Untergliederungen auf Bezirks- und Ortsebene gebildet. Die hier untersuchten HauptPRäte für Gymnasial- und für Haupt- und Grundschullehrer vertraten allerdings dennoch mit 5 535 bzw. 16 405 eine relativ große Zahl von Beschäftigten.

Der Kreis der durch die c.t.p. ministériels vertretenen Beschäftigten bemißt sich wie bei den HauptPRäten nach der Größe des Ressorts. Für das c.t.p. ministériel im Ministère des P.T.T. sind dies 292 072 und für das c.t.p. ministériel im Ministère de l'Economie et des Finances 157 347. Für die 133 422 Beschäftigten im Ministère de l'Intérieur und für die 889 886 Beschäftigten des Ministère de l'Education existieren keine c.t.p. ministériels.

c) Die Sitzungen der Personalvertretungen

Als äußere Bedingungen des Beteiligungsverfahrens müssen auch die Häufigkeit der Sitzungen und die Teilnahme von Behördenvertretern an den Sitzungen der Personalvertretungen angesehen werden. Der zweite Punkt stellt sich durch die obligatorische Teilnahme der Vertreter der Dienststelle in Frankreich differenziert dar. Während in der Bundesrepublik danach gefragt wird, wie oft Behördenvertreter an den PR-Sitzungen teilnehmen, so stellt sich für Frankreich primär die Frage, wer als Behördenvertreter in den Kommissionen sitzt und insbesondere wer den Vorsitz führt.

---

[29] Dies sind bei der Post 9 von insgesamt 22 c.a.p. nationales, bei der Direction générale des impôts 4 von 11, in der Direction de la Comptabilité publique 6 von 13 und im Services des Préfectures 4 von 8 c.a.p. nationales.

aa) Die Häufigkeit und Dauer der Sitzungen

Unter einer „Sitzung“ soll in diesem Zusammenhang nur eine förmliche, entsprechend den jeweiligen Normen einberufene Zusammenkunft verstanden werden. Informelle Treffen der Gesamtheit oder einzelner Gruppen der Personalvertretungen sollen erst im folgenden berücksichtigt werden[30].

Für die Häufigkeit dieser Sitzungen konnte ein signifikanter Unterschied zwischen den deutschen und den französischen Personalvertretungen festgestellt werden. Während in Deutschland keiner der 20 untersuchten PRäte weniger als einmal monatlich zusammentrat, waren es in Frankreich von 17 c.a.p. nur 4, die monatlich oder häufiger zusammenkamen. Die übrigen hatten nur zwischen 2 und 6 Sitzungen pro Jahr. Von den 13 untersuchten c.t.p. traten nur drei mehr als zweimal pro Jahr zusammen.

Von den hier behandelten vier französischen Ministerialbereichen existierten nur im Ministère des P.T.T. und im Ministère de l'Economie et des Finances die im Art. 38 des Décret N° 59-307 vorgesehenen c.t.p. ministériels, wobei das letztgenannte sich auch erst im Jahr 1974 konstituierte und seitdem erst zweimal zusammengerufen wurde. In diesem Ministerium waren dagegen die c.t.p. centraux der beiden untersuchten Direktionen (Direction générale des impôts und Direction générale comptabilité publique) seit 1973 nicht mehr zusammengerufen worden.

Im Ministère de l'Education gibt es kein c.t.p. ministériel und auch nur ein c.t.p. central für das nichtwissenschaftliche Personal (personnel non-enseignant). Die Lehrer der Real- und Gymnasialstufe haben auf keiner Ebene c.t.p.; für die Volksschullehrer gibt es in jedem Departement ein c.t.p. départemental, die allerdings höchst unterschiedlich tagen. Das hier untersuchte c.t.p. départemental de la Ville de Paris tagte viermal im Jahr und lag damit aber auch an der Spitze aller c.t.p. départementals.

Im Ministère de l'Intérieur gibt es ebenfalls bisher noch kein c.t.p. ministériel. Man hat jedoch vor, in Kürze ein solches Komitee einzusetzen. Im Herbst 1975 konstituierte man erstmals ein c.t.p. central für die Direction général de la police nationale. Es tagte seitdem etwa alle zwei Monate. Für die Services des Préfectures besteht dieses c.t.p. bereits seit längerer Zeit und tritt halbjährlich zusammen.

Bei den deutschen PRäten folgen die Sitzungen in wesentlich kürzerem Abstand aufeinander. Bis auf den Kultusbereich tagen alle untersuchten Haupt- und BezirksPRäte jeden Monat einmal; in Aus-

---

[30] Vgl. unten 3. Kap. C. 1. d) aa) und C. 2. b).

nahmefällen kommen gelegentliche Sondersitzungen hinzu. Der HauptPR für Gymnasiallehrer wie auch der untersuchte BezirksPR tagen bis auf die Ferien wöchentlich; der HauptPR für Grund- und Hauptschulen und der entsprechende BezPR tagen 14tägig. Für die örtlichen PRäte ergibt sich ein umgekehrtes Bild, im Kultusbereich treten die SchulPRäte in der Regel nur alle zwei Monate zusammen, wogegen die PRäte der übrigen Ressorts wöchentlich oder 14tägig tagten.

Die bloße Frequenz der Sitzungen und dier hier gefundene Differenz zwischen den beiden Ländern sind allerdings noch nicht sehr aussagekräftig. Die zur Erklärung dieser Unterschiede notwendige Darstellung der Abhängigkeit von wahrgenommenen Aufgaben und der Frequenz der Sitzungen wird weiter unten erfolgen[31].

Die abweichenden Ergebnisse werden aber auch relativiert, wenn man die Dauer der einzelnen Sitzungen betrachtet. Hier konnte tendenziell festgestellt werden, daß die Personalvertretungen mit monatlichen oder halbjährlichen Sitzungen in der Regel zwei- bis dreitägige Sitzungen abhalten. Dies konnte sowohl für die Haupt- und BezPRäte, als auch für die nationalen c.a.p. und c.t.p. und für den Conseil Supérieur de la Fonction Publique beobachtet werden. Die Gremien dagegen, die wöchentlich oder 14tägig tagen, beanspruchen in der Regel nur einen oder einen halben Tag.

bb) Die Teilnahme von Vertretern der Dienststelle an den Sitzungen der Personalvertretungen

Unter diesem Abschnitt sollen die äußeren Bedingungen der Einflußmöglichkeit von Behördenvertretern in den Sitzungen der Personalvertretungen dargestellt werden. Dabei soll zunächst untersucht werden, wie häufig sie teilnehmen, dann wie zahlreich sie teilnehmen und schließlich aus welcher Hierarchieebene die Vertreter der Dienststelle stammen.

Die Frage nach der Häufigkeit ihrer Teilnahme läßt sich für Frankreich schnell beantworten, da alle Kommissionen paritätisch besetzt sind, und die Vertreter der Dienststelle auch immer ihrer Verpflichtung zur Teilnahme nachkommen. In der Bundesrepublik können Behördenvertreter nur auf ausdrückliche Einladung des PR oder bei Einberufung der Sitzung durch den Leiter der Behörde selbst teilnehmen[32]. Dennoch nahmen in der Regel die Vertreter der Dienststelle an jeder oder jeder zweiten Sitzung teil. Nur bei drei PRäten war dies seltener. Diese

---

[31] Vgl. 3. Kap. B. 2. a).

[32] Dieser Fall kam nur bei zwei der 20 untersuchten PRäte in den letzten Jahren einmal vor.

Teilnahme erstreckt sich dann allerdings nicht auf die gesamte Dauer der Sitzung, sondern nur auf einige Stunden, meistens gegen Ende der Sitzung.

Auch die Anzahl und der Rang der teilnehmenden Behördenvertreter ist in Frankreich durch die paritätische Zusammensetzung schon vorgeschrieben. Hier konnte auch eine exakte Ausführung der gesetzlichen Bestimmungen in der Praxis angetroffen werden. Lediglich im Ministère de l'Economie et des Finances ergab sich dadurch eine Abweichung, daß die Vertreter der Dienststelle nur ihrem Amt nach fest für das c.t.p. oder die c.a.p. bestimmt wurden, die jeweiligen Amtsträger aber in ihrer Person wechseln konnten. Dies machte sich aus der Sicht der Personalvertreter für die Kontinuität des vertretenen Verwaltungsstandpunktes negativ bemerkbar.

In der Bundesrepublik Deutschland stellt sich die Teilnahme der Behördenvertreter an den Sitzungen der Personalvertretungen sehr unterschiedlich dar. Tendenziell läßt sich aber feststellen, daß zumindest an den Sitzungen der Haupt- und BezirksPRäte neben dem Leiter der Personal- oder Zentralabteilung auch eine größere Zahl von Referenten oder Sachbearbeitern teilnehmen. Der Minister, der dem Gesetz nach der in der Regel zuständige Gesprächspartner des PR ist, nimmt in keinem der untersuchten Bereiche mehr als einmal pro Jahr an den Sitzungen des HauptPR teil.

Die wichtige Funktion des Präsidenten eines c.t.p. oder einer c.a.p. nimmt in Frankreich in der überwiegenden Zahl der Fälle der Personaldirektor oder auf unterer Ebene der Behördenchef selbst wahr.

Diese beiden Gesichtspunkte, die Häufigkeit der Sitzungen und die Einflußmöglichkeiten der Behördenvertreter in den Sitzungen, bilden ein wichtiges Kriterium für eine wirksame Arbeit der Personalvertretungen. Aus der vergleichsweise geringen Sitzungsfrequenz der französischen Kommissionen läßt sich bereits eine Tendenz erkennen, die die offiziellen Sitzungen der Personalvertretungen in Frankreich als weniger bedeutsam für die Vertretung der Interessen des Personals erscheinen läßt als in Deutschland.

d) Der Entscheidungsprozeß der Personalvertretungen

Als letzte der Randbedingungen soll der Entscheidungsprozeß der Personalvertretungen betrachtet werden. Im Vordergrund des Interesses stehen hierbei die internen und externen Einflüsse auf das Entscheidungsverhalten der Personalvertreter, die Möglichkeit der Berücksichtigung von Individualinteressen und die Homogenität der Interessengruppen. Hierfür wurden die Vorbereitung der Entscheidungen, das Verfahren der Entscheidungsfindung selbst und die Einschätzung der Personalvertreter über die Grundlagen ihrer Meinungsbildung untersucht.

aa) Die Entscheidungsvorbereitung

In diesem Zusammenhang interessiert es insbesondere, ob und wieweit sich einzelne Gruppen innerhalb der Personalvertretung — entsprechend ihrer gewerkschaftlichen Zugehörigkeit — bereits vor der Diskussion der Probleme im Plenum absprechen, und wieweit in den deutschen PRäten der PR-Vorstand oder der Vorsitzende die Entscheidungen vorbereiten. In der Bundesrepublik Deutschland konnten deutliche Unterschiede in der Art der Sitzungsvorbereitung durch die einzelnen Gruppierungen festgestellt werden. Hierbei spielten allerdings die „Gruppen" i. S. des BPersVG (Beamten-, Angestellten- und Arbeitergruppen) überhaupt keine Rolle, sondern vorbereitende Sitzungen wurden nur von den gewerkschaftlichen Gruppierungen abgehalten. Es stellte sich auch heraus, daß sich die Praxis zwischen den einzelnen PRäten weniger nach Verwaltungsebenen als nach Verwaltungsbereichen unterscheidet.

So war es bei allen vier untersuchten PRäten im Bereich des BPM üblich, vor jeder offiziellen PR-Sitzung eine „Fraktionssitzung" aller PRäte einer gewerkschaftlichen Liste durchzuführen, in der die Tagesordnung durchgesprochen wurde. Dies wird von der DPG sehr intensiv durchgeführt, im Haupt- und BezPR reisen die PR-Mitglieder schon einen Tag vorher an. Der DPV faßt seine PR-Mitglieder ebenfalls vorher zusammen, allerdings manchmal nur kurzfristig vor Beginn der Sitzung. Sowohl bei DPG als auch beim DPV nehmen an diesen vorbereitenden Sitzungen auch die örtliche oder Bezirks-Gewerkschaftsspitze teil, und auf örtlicher Ebene gegebenenfalls auch die Vertrauensleute der Gewerkschaft in der Dienststelle. Vorbereitende Sitzungen dieser Art gibt es gleichermaßen für den HauptPR im BMF. Auf der Ebene des BezPR fanden solche Fraktionssitzungen nur vor und nach der Wahl statt. Sonst werden die Sitzungen in den verschiedenen Ausschüssen einen Tag vorher vorbereitet.

Im Bereich des BMI und des Kultusministeriums Rheinland-Pfalz fanden auf keiner Ebene regelmäßige Absprachen der gewerkschaftlichen Gruppierungen statt. Die Gründe hierfür sind allerdings sehr different.

Im Kultusbereich lag dies zum einen daran, daß zumindest auf der Landes- und Bezirksebene die PR-Vorsitzenden oder deren Stellvertreter auch die jeweiligen Landes- oder Bezirksvorsitzenden der Gewerkschaften GEW, VBE und PhilV waren. Durch diese Personalunion entstand nicht das Bedürfnis nach einer Vorklärung der PR-Marschroute mit der Gewerkschaftsführung. Zum anderen besteht nach der einhelligen Aussage aller Befragten im Kultusbereich des Landes Rheinland-Pfalz keine konflikthafte Grundeinstellung zwischen den DGB- und DBB-Gewerkschaften, sondern man arbeitet kooperativ zusammen[33].

Die fehlenden Absprachen vor den Sitzungen im Bereich des BMI scheinen dagegen an der beachtlichen gewerkschaftlichen Vielfalt und dem gewichtigen Einfluß der Unabhängigen zu liegen. Die Situation im BPM und BMF läßt sich durch die Existenz jeweils einer großen dominierenden Gewerkschaft (DPG bzw. BDZ) gegenüber kleineren gewerkschaftlichen Gruppierungen (DPV bzw. ÖTV), die sich kontrovers gegenüberstehen, erklären. Hier kommt es zu ausgeprägter Fraktionsbildung und Gruppendenken.

Dieser Konstellation sehr ähnlich stellt sich der gesamte untersuchte französische Bereich dar. Im wesentlichen sind es hier die drei großen konkurrierenden Gewerkschaften (C.G.T., C.F.D.T., F.O.), die den externen Einfluß auf die Personalvertretungen ausüben und — zumindest zwischen C.G.T. und C.F.D.T. einerseits und F.O. andererseits — sich kontrovers gegenüberstehen. Im Erziehungsbereich wird dieses Verhältnis allerdings bestimmt durch die übermächtigen F.E.N.-Gewerkschaften und die kleine S.G.E.N.-C.F.D.T. Wegen dieser meist konflikthaften Situation finden auch bei allen c.t.p. und c.a.p. auf nationaler Ebene intensive vorbereitende Zusammenkünfte der jeweiligen Fraktionen bei ihren Gewerkschaften statt. Die starke Anbindung in der Entscheidungsvorbereitung an die Gewerkschaften läßt sich bei den c.t.p. sicherlich damit erklären, daß die Personalvertreter ihr Mandat nur durch ihre Gewerkschaft erhalten haben. Aber auch bei den gewählten c.a.p. stellte sich die Situation gleichermaßen mit nur wenigen Ausnahmen auf örtlicher Ebene dar. Bei diesen Ausnahmen konnte teilweise die Vorbereitung einfach deshalb nicht stattfinden, weil die Unterlagen von der Behördenseite erst am Vorabend der Sitzung zur Verfügung gestellt wurden oder weil man wegen der besonderen örtlichen Konstellation ein so gutes Verhältnis mit den übrigen Personalvertretern hatte, daß man alles in den formellen Sitzungen selbst besprechen konnte.

Korrespondierend zu der Frage nach einer institutionalisierten Entscheidungsvorbereitung bei den Personalvertretern wurde auch an die Behördenvertreter die Frage gerichtet, ob sie sich intern vor den Sitzungen der Personalvertretung über ihre Position abstimmen. Hierbei ergab sich aus den Antworten, daß weder Frankreich noch in Deutschland die Verwaltungsrepräsentanten sich systematisch und regelmäßig absprechen. Sehr häufig allerdings wurde besonders in der Bundes-

[33] In diesem Punkt ist die Situation im Lande Rheinland-Pfalz sicher nicht repräsentativ für die Gesamtheit der Bundesländer.

republik einschränkend hinzugefügt, daß die Dinge natürlich schon im allgemeinen Geschäftsgang der Verwaltung entsprechend vorbereitet und koordiniert seien. In Frankreich wurde von einem Teil der Befragten angegeben, daß man allerdings in einzelnen Problemfällen sich auch über den normalen Geschäftsgang hinaus auf die Kommissionssitzungen vorbereitet.

Neben den externen Einflüssen auf die Entscheidungsvorbereitung lassen sich auch im internen Geschäftsgang der Vertretungskörperschaften einflußnehmende Faktoren erkennen. Aus der organisatorischen Anlage ergeben sich hierfür für Deutschland und Frankreich unterschiedliche Nuancierungen. Nur für Frankreich von Bedeutung ist das Problem, ob sich die Personalvertreter aller unterschiedlichen Gewerkschaften vor der gemeinsamen Sitzung mit den Behördenvertretern nochmals untereinander treffen, um eine gemeinsame Position abzustecken. Für die Bundesrepublik stellt sich dieses Problem nicht, da hier die PR-Sitzung selbst eine solche Absprache erlaubt; denn die Behördenvertreter nehmen an den Sitzungen — wie schon oben gezeigt — in der Regel nur zeitweilig teil. Es stellte sich in Frankreich heraus, daß eine solche Absprache auf nationaler Ebene teilweise zwischen C.G.T. und C.F.D.T. getroffen wurde, mit der F.O., der C.G.C. oder der C.F.T.C. aber überhaupt kein Kontakt bestand. Das große Übergewicht der F.E.N.-Gewerkschaften im Erziehungssektor scheint es ihnen zu verbieten, mit den kleineren Gewerkschaften zu kooperieren. Entsprechende Auswirkungen auf eine gemeinsame Position aller Personalvertreter bei den Abstimmungen werden im nächsten Abschnitt untersucht.

Vorher soll jedoch noch kurz auf die internen Einflüsse in der Entscheidungsvorbereitungsphase durch die besondere Stellung des Vorsitzenden, des Vorstandes und der Freigestellten in den deutschen PRäten eingegangen werden. Durch diese hierarchische Organisationsstruktur ergeben sich ganz spezifische Probleme, die sich im unterschiedlichen Informationsgrad, der unterschiedlichen Vorbereitungszeit und dem unterschiedlichen Professionalisierungsgrad manifestieren.

Diese Differenz besteht insbesondere zwischen der Gruppe der freigestellten und der „normalen" PR-Mitglieder. Das Gewicht des Einflusses, der daraus resultierend für die Entscheidungen der PRäte vermutet werden kann, kann durch die wörtliche Wiedergabe eines Ausspruches eines Probanden verdeutlicht werden, der — selbst freigestellter PR-Vorsitzender — über seine 14 übrigen PR-Kollegen äußerte: „Was ich vorbereitet habe, das müssen sie fressen. Schließlich habe ich ja den ganzen Tag Zeit, die Dinge vorzubereiten." Es konnte festgestellt werden, daß bei allen PRäten, die über mehr als zwei ganz oder weitgehend freigestellte Mitglieder verfügen, wöchentlich oder teilweise auch täglich Vorstandssitzungen durchgeführt werden. Bis auf den Kultusbereich geschah dies bei allen Haupt- und Bezirksräten, im Bereich des BPM auch bei den örtlichen PRäten. Jedoch auch bei ganzer oder Teilfreistellung des PR-Vorsitzenden — und dies war bei allen PRäten der Fall — kann bereits eine stark präjudizierende Wirkung auf die Plenumsentscheidungen vermutet werden. So wurden beispielsweise bei mehr als 50 % der untersuchten PRäte Zuständigkeiten generell vom Plenum an den Vorstand oder Vorsitzenden abgegeben, in zwei Fällen sogar, ohne daß die Handlungen des Vorstands wenigstens einer globalen Überprüfung des Plenums unterlagen.

bb) Das Abstimmungsverhalten

Eine Untersuchung des Abstimmungsverhaltens im Entscheidungsprozeß der Personalvertretungen dient der Klärung von zwei Fragen: Welche formellen Regeln werden angewandt, um zu einer Entscheidung des Gremiums zu gelangen? Inwieweit wird das Abstimmungsverhalten durch Gruppeninteressen und Fraktionen geprägt?

Weder in Deutschland noch in Frankreich ist die Form der Abstimmung in den Normen vorgegeben, sondern es sind alle zweckmäßigen Abstimmungsformen als zulässig anzusehen[34].

Die erste Frage, wie eine Entscheidung herbeigeführt wird, läßt sich weder für die Bundesrepublik noch für Frankreich einheitlich beantworten. Von den 20 untersuchten PRäten führten nur 10 immer oder überwiegend Abstimmungen über die zur Diskussion stehenden Punkte durch. Bei den anderen, insbesondere den örtlichen PRäten, wurde nur in Einzelfällen oder gar nicht formell abgestimmt, sondern es ergab sich der Konsens aus der vorgangegangenen Diskussion oder — wie bereits oben schon angedeutet — aus der deutlichen Stellungnahme des PR-Vorsitzenden oder eines Vorstandsmitgliedes. Diese überraschend hohe Zahl von PRäten, die nicht regelmäßig formelle Abstimmungsverfahren durchführen, kann auch dadurch erklärt werden, daß für alle diese Personalvertretungen der Prozentsatz der einstimmigen Entscheidungen mit über 90 % angegeben wurde. Es ist nicht auszuschließen, daß von einigen Befragten beispielsweise ein Verfahren, in dem nur nach Gegenstimmen gefragt wurde, nicht als Abstimmungsverfahren registriert wird, nur weil sich in der überwiegenden Zahl der Fälle keine Gegenstimme erhob. Einstimmigkeit bei über 90 % ihrer Entscheidungen wurde für insgesamt 16 von den 20 untersuchten PRäten angegeben. Diese Ergebnisse werden allerdings kaum

[34] Vgl. zur deutschen Rechtslage: *Adam Schimmelpfennig,* Die Abstimmungsformen in den Personalvertretungen, in: Die Personalvertretung 1976, S. 1 ff. und *Clemens Windscheid,* Die Plenarentscheidung des PR, in: Die Personalvertretung 1976, S. 241 ff.

im Sinne einer validen Quantifizierung gewertet werden können, sondern sind wohl nur in der Lage, eine Tendenz zu kennzeichnen.

Mehr Gewicht hingegen kann den Antworten auf die Frage beigemessen werden, ob bei kontroverser Auffassung das Abstimmungsverhalten der PR-Mitglieder mit ihrer Zugehörigkeit zu einer gewissen Fraktion korrespondiert.

Im Bereich der Bundespost gaben alle Befragten der beiden gewerkschaftlichen Gruppierungen einhellig an, daß es in der Regel bei konträren Auffassungen zu Fraktionsbildungen bei der Abstimmung komme. Sie unterstrichen jedoch, daß dies im Verhältnis aller behandelten Angelegenheiten nur ein geringer Anteil sei. Im Finanzbereich konnten ebenfalls bei zwei PRäten solche Fraktionsbildungen festgestellt werden. Dagegen äußerten alle Befragten aus den Bereichen des BMI und des Kultusministeriums, daß es zwar auch gelegentlich zu konträren Auffassungen komme, die befürwortenden und die ablehnenden Stimmen sich aber quer über die Fraktionen verteilten. Hierin bestätigt sich also bereits die im Vorfeld der Entscheidung gefundene Tendenz, daß dort, wo stark dominierende Gewerkschaften die Szene beherrschen, sich auch im Abstimmungsverhalten eine gewisse Konfrontation und eine Neigung zu wenig kooperativem und generalisierendem Entscheidungsverhalten zeigen.

Eine solche Tendenz ließ sich grundsätzlich in allen vier französischen Verwaltungsbereichen feststellen. Hier wird allerdings nicht das Abstimmungsverhalten der gesamten Personalvertretung untersucht, sondern nur das der Personalseite in den paritätischen Gremien. Es ließ sich dabei eine deutliche Differenzierung nach Verwaltungsebenen erkennen. In den c.t.p. ministériels und centraux wurden von allen Seiten häufige Konflikte und ein unterschiedliches Abstimmungsverhalten innerhalb der Personalvertreter bestätigt.

Tendenziell kann dies auch für alle c.a.p. nationales gesagt werden, wenngleich offensichtlich nicht mit der gleichen Intensität. Man führte diesen permanenten Konflikt im wesentlichen auf grundsätzliche ideologische Differenzen zurück, die sich insbesondere zwischen C.G.T./C.F.D.T.-Gewerkschaften und F.O./C.G.C.-Gewerkschaften ergaben. Hier gab es auch in allen Fällen eine klare Fraktionsbildung. Auf örtlicher Ebene allerdings wurden solche grundsätzlichen Konflikte innerhalb der Personalseite nur in einem Falle festgestellt. In den anderen Fällen stellt das Abstimmungsverhalten der Personalvertreter mehr die Bildung einer gemeinsamen Front gegen die Verwaltung dar.

Zum Verfahren der Abstimmung ergab sich hier ein ähnliches Bild wie in der Bundesrepublik Deutschland. Etwas mehr als die Hälfte der untersuchten Gremien kannte nur in Einzelfällen die formelle Abstimmung, in den übrigen Fällen — und hier ebenfalls überwiegend auf Ministerial- und Zentralebene — wurde fast regelmäßig eine offene Abstimmung durchgeführt.

Eine generaralisierende Zusammenfassung dieser Ergebnisse fällt schwer, da die Quantifizierung immer nur auf groben Schätzungen beruhte und auch sehr different ausfiel.

cc) Grundlagen der Meinungsbildung

Um ein möglichst komplexes Bild des Entscheidungsprozesses der Personalvertretungen zu erhalten, wurde schließlich noch die Meinungsbildung der Personalvertreter untersucht. Hierfür wurde jeder Personalvertreter nach seiner Einschätzung der wesentlichen Grundlagen seiner Meinungsbildung gefragt. Als Alternativen wurden angeboten:

a) die eigene Überzeugung

b) die gezielte Erforschung des Meinungsbildes innerhalb der Dienststelle

c) die Empfehlung der Gewerkschaft.

Dabei waren Mehrfachnennungen möglich. Darüber hinaus konnten die Probanden bei den Alternativen in eine starke und eine mittlere Zustimmung differenzieren. Bei den 30 befragten Personalvertretern in der Bundesrepublik Deutschland ergaben sich folgende Ergebnisse:

	Alternative (a)	Alternative (b)	Alternative (c)
Starke Zustimmung	18	14	5
Mittlere Zustimmung	3	6	6

Für Frankreich ergab sich dagegen bei 40 befragten Personalvertretern folgendes Bild:

	Alternative (a)	Alternative (b)	Alternative (c)
Starke Zustimmung	7	3	29
Mittlere Zustimmung	1	2	–

Bei dieser Verteilung ist noch hinzuzufügen, daß die wenigen, die sich nicht sofort eindeutig auf die Alternative (c) festlegten, bis auf eine Ausnahme alles Mitglieder von c.a.p. der untersten Stufe waren.

Es läßt sich aus diesen Ergebnissen in signifikanter Weise erkennen, daß der deutsche Personalrat sich im wesentlichen als von seinem gewerkschaftlichen Hintergrund unabhängig einschätzt, und in erheblich stärkerem Maße auf seine eigene Überzeugung und die Kenntnisse aus seiner behördlichen Umgebung vertraut — es wurde nicht selten bei der Beantwortung dieser Frage entrüstet die Alternative (c) ausdrücklich abgelehnt —, wogegen der französische Personalvertreter ganz überwiegend seinen gewerkschaftlichen Hintergrund auch als Grundlage seiner Meinungsbildung empfindet und akzeptiert.

Diese einzelnen Rahmenbedingungen einer institutionalisierten Interessenwahrnehmung in ihren unterschiedlichen Ausgestaltungen werden im folgenden zu berücksichtigen sein, wenn das Verfahren der Beteiligung selbst dargestellt wird.

2. Das Verfahren der Beteiligung

Im Mittelpunkt der empirischen Untersuchung steht das Verfahren der Beteiligung. Entsprechend der besonderen Bedeutung, die dem Beteiligungsverfahren in der Zieldiskussion und in der Beschreibung der Strukturen für eine wirksame Interessenvertretung zugemessen wurde, soll über eine möglichst detaillierte Darstellung dieses Kernbereichs der Personalvertretung versucht werden, auch ein Bild von dem tatsächlichen Gewicht der Einflußnahme der Personalvertreter zu erhalten. Daß dieses Ziel nur annäherungsweise zu erreichen ist, da die Komplexität der einflußnehmenden Faktoren im Verhältnis Personalvertretung/Behördenleitung für den Außenstehenden nicht in ihrer Gesamtheit zu erfassen ist, soll ausdrücklich vorangestellt werden. Dennoch lassen sich aber durch eine differenzierte Darstellung des normativ vorgegebenen Verfahrens, des intern ausgestalteten informellen Einigungsverfahrens und des Einflusses der Gewerkschaften auf beides hinreichende Anhaltspunkte für vorsichtig generalisierbare Aussagen zur Wirksamkeit der Interessenvertretung finden.

a) Der Ausschöpfungsgrad der Zuständigkeitskataloge

Zunächst soll die Frage untersucht werden, in welchem Maße die Personalvertretungen ihre Zuständigkeiten ausschöpfen, welche Beteiligungsangelegenheiten das größte Gewicht haben und auf welche Zuständigkeiten möglicherweise ausdrücklich oder ungewollt verzichtet wird.

In beiden Ländern wurde sowohl den Personal- als auch den Behördenvertretern die Frage vorgelegt, welche Angelegenheiten den Personalvertretungen im Beteiligungsverfahren am häufigsten vorgelegt werden. Hierbei wird entsprechend der inhaltlichen Zusammengehörigkeit in personelle, organisatorische und soziale Angelegenheiten unterschieden. Eine Differenzierung nach der Intensität der Beteiligungsrechte in Mitbestimmungs-, Mitwirkungs- und bloße Anhörungsangelegenheiten kommt aus zwei Gründen nicht in Frage. Zum einen erwies sich während der Interviews, daß der ganz überwiegende Teil der Befragten in der Bundesrepublik nicht in der Lage war, zwischen den wichtigsten Mitbestimmungs- und Mitwirkungsangelegenheiten zu unterscheiden. Ein weiterer Grund für die oben genannte Einteilung der Beteiligungsangelegenheiten ist auch die fehlende Differenzierung nach Intensitätsstufen in Frankreich.

aa) Die Beteiligung an personellen Angelegenheiten

Die Beteiligung in personellen Angelegenheiten ist in der Bundesrepublik Deutschland nur ein Teil des Zuständigkeitskataloges der PRäte, in Frankreich hingegen ausschließliche und einzige Zuständigkeit der c.a.p.

Die Frage nach den wichtigsten Personalangelegenheiten, die die Personalvertretung beschäftigten, ergab das folgende Bild (s. Tabelle auf S. 124).

Die Nennungen der untersuchten c.a.p. für Personalangelegenheiten (s. Tabelle auf S. 125).

Für die personellen Angelegenheiten wurde bereits oben darauf hingewiesen, daß die Zuständigkeiten der PRäte und der c.a.p. sich sehr stark gleichen. Dementsprechend gibt es auch im Bild der Ausschöpfung der Zuständigkeitskataloge keine allzugroßen Abweichungen. Dabei stehen die Beförderungen bzw. Höhergruppierungen deutlich im Vordergrund der Arbeit der PRäte. Auch Versetzungen, Umsetzungen und mit Einschränkungen Einstellungen spielen hier eine große Rolle.

Eine sehr starke Abweichung, die wohl auch als repräsentativ für das gesamte System angesehen werden kann, zeigt sich allerdings bei den Disziplinarangelegenheiten. Sie stehen bei fast allen c.a.p. neben den Beförderungen an der Spitze der Nennungen. Die vergleichsweise geringe Zahl der Nennungen in der Bundesrepublik Deutschland ist darauf zurückzuführen, daß der PR nicht obligatorisch an Disziplinarangelegenheiten zu beteiligen ist, sondern nur auf Wunsch der Betroffenen. Eine vergleichbare Regelung fehlt für den französischen Bereich. In Frankreich kam in den Interviews allerdings immer wieder zum Ausdruck, daß bei den höher eingestuften Corps, z. B. der Categorie A,

	Post				Finanz				Innen				Kultus							
													Gymnas.				Gr. + H.-Sch.			
	H	B	Ö	Ö	H	B	Ö	Ö	H	Ö	Ö	Ö	H	B	Ö	Ö	H	B	Ö	Ö
Einstellung		x			x	x	x	o	x	x	x			x				x	o	o
Beförderung	x	x	x	o	x	x	x	o	x	x	x		x		o	o	x[1]	x	o	
Höhergruppierung				x	x	x	x	o	x	x	x	x		x				x		
Dienstposten-besetzung	x	x	x	x																
Versetzung		x		x	x	x		o	x	x	x		x	x	o	o		x	o	
Umsetzung						x	x		x	x	x									
Abordnung									x											
Beurlaubung													x							
Auswahl zu Fortbildgsveranstalt.			x		x	x		x	x	x										
Disziplinarmaßnahmen		x		x																
Vorzeitige Versetzg. i. d. Ruhest.																	x			
Kündigungen	x							o									x[2]	x		

H = HauptPR o_1 = nur Anhörung
B = BezPR x = nur Beförderung zum Schulleiter
Ö = örtlicher PR x_2 = nur Berufungsfälle

Disziplinarfälle eine weitaus geringere Rolle spielten als bei den sehr großen Corps der Categorien C und D. Der C.S. wurde in seiner Funktion als Cour d'appel in Disziplinarangelegenheiten erst dreimal seit seinem Bestehen in Anspruch genommen.

Eine weitere bemerkenswerte Tatsache im französischen System ist die Vereinbarung für den Bereich der Post zwischen Personalvertretern und Verwaltung, von dem gesamten Zuständigkeitskatalog nur die Aufgaben der Beförderung wahrzunehmen. Man hat auf jede Beteiligung beispielsweise für Versetzungen verzichtet und dies ganz dem Ermessen der Verwaltung überlassen, weil die Zahl derer, die um Versetzungen nachsuchten, so groß sei, daß die c.a.p. dies nicht bewältigen könnten.

	P.T.T.				Finances			Intérieur			Education			
	n	n	n	r	n	n	d	n	n	d	d	d	n	a
Einstellung (recrutement)								x			x	x		
Beförderung (avancement)	x	x	x	o	x	x	o	x	x		x	x	x	
Versetzung (mutation)					x	x	x				x	x	x	x
Abordnung (disponibilité)											x			
Beurlaubung (disponibilité)								x			x			
Beschwerde gegen Beurteilung (appel de notation)					x	x	x			x				x
Disziplinarmaßnahmen (discipline)	x	x	x	x	x	x		x	x		x		x	
Auswahl zur Fortbildg. (choix aux stages)											x	x		
Kündigung (licencement)											x			

n = c.a.p. nationale a = c.a.p. académique
r = c.a.p. régionale d = c.a.p. départementale

bb) Die Beteiligung an organisatorischen Angelegenheiten

Für die organisatorischen Angelegenheiten, die in der Bundesrepublik wiederum vom PR, in Frankreich hingegen von den c.t.p. wahrgenommen werden, wurden folgende Nennungen für die wichtigsten Angelegenheiten abgegeben (s. Tabelle auf S. 126).

Die Nennungen der untersuchten c.t.p. für organisatorische Angelegenheiten (s. Tabelle auf S. 127).

Bei einer Betrachtung der Ergebnisse aus Frankreich muß beachtet werden, daß weder das Erziehungsministerium noch das Innenministerium ein c.t.p. ministériel gebildet haben, und daß auch im Finanzministerium diese Institution erst seit wenigen Jahren existiert und

	Post				Finanz				Innen				Kultus							
													Gymnas.				Gr. + H.-Sch.			
	H	B	Ö	Ö	H	B	Ö	Ö	H	Ö	Ö	Ö	H	B	Ö	Ö	H	B	Ö	Ö
Regelung der Arbeitszeit		x		x				x	x						x^1	x^2			x^1	
Uralubsre-gelungen		x													x^3	x^3		x^3		
Fragen der Lohngestaltung												x								
Beurteilungs-richtlinien		x					x		x											
Aufstellung v. Sozialplänen	x																			
Ordnung in der Dienststelle				x																
Gestaltung der Arbeitsplätze				x					x	x	x	x								
Arbeitsplatz-überprüfung	x	x	x				x					x								
Rationalisie-rungsmaßnahmen	x	x			x															
Rationalisie-rungsschutz	x	x																		
Orgändergen i. d. Dienstst.		x				x	x	x			x	x								
Geltendmachg v. Ersatzansp.	x	x	x	x																
Verwaltungs-anordnungen	x	x			x	x	x		x	x								x		
Zusamlegg. o. Auflösg v. DSt	x	x		x	x			x	x								x			
Um- und Ausbau d. Dienstgeb.						x		x	x						x					

x^1 = Stundenplangestaltung
x^2 = Verteilung der funktionalen Entlastungsstunden
x^3 = Festsetzung der flexiblen Ferientage

	P.T.T.			Finances			Intérieur			Education
						Trésor	Préféct.		Police	institut.
	m	c	r	d	m	d	c	d	c	d
Dienstrechtl. Verordnungen	x	x				x	x		x	
Regelungen der Arbeitszeit						x	x	x	–	x[1]
Rationalisierungsmaßnahmen		x					x	x	–	
Modernisierungsmaßnahmen		x	x	x		x			–	
Berufliche Bildung	x				x		x		x	x
Umsetzg. u. Erweiterg. d. Pers.			x	x			x			
Organisationsänderungen in der Dienstst.						x	x	x	–	x
Auflösung und Neuerrichtung v. Dienstst.		x	x	x			x		–	x
Auslegung von Verw.vorschr.	x									

x[1] = carte scolaire
– = Außerhalb der Zuständigkeiten der c.t.p. centrale de la police nationale

m = ministériel
c = central

nur mit den Fragen der beruflichen Bildung beschäftigt ist. Über die c.t.p. centraux der beiden untersuchten Direktionen dieses Ressorts konnten keine Angaben gemacht werden, da sie seit mehreren Jahren schon nicht mehr einberufen worden sind. Gerade die c.t.p. ministériels und centraux sind aber — wie sich im Post- und Innenressort zeigt — mit den äußerst wichtigen Fragen der partikularen Statute für die einzelnen Beamtencorps und Grades befaßt. Eine ähnlich wichtige Rolle spielen diese statutären Angelegenheiten auch bei den Beratungen des Conseil Supérieur de la Fonction Publique. ca. 40 % aller behandelten Angelegenheiten sind statutäre Fragen.

Dieser Bereich fehlt bei der Beteiligung der deutschen PRäte gänzlich wegen mangelnder Zuständigkeit. Für allgemeine Regelungen beamtenrechtlicher Verhältnisse sind allein die Spitzenorganisationen der Gewerkschaften nach § 94 BBG beteiligungsberechtigt. Dagegen beschäftigt die deutschen PRäte ebenso wie die c.t.p. Rationalisierungsmaßnahmen, behördeninterne Organisationsänderungen und Fragen der Arbeitszeitregelungen, wobei die Probleme sich sehr identisch bei der Einführung der gleitenden Arbeitszeit konzentrieren (horaires variables). Eine Häufung der Nennungen bei Rationalisierungsmaßnahmen im Post- und Finanzbereich resultiert aus den in jüngster Vergangenheit durchgeführten Rationalisierungen in der Post- und Zollverwaltung.

Ein deutlicher Schwerpunkt der c.t.p. ist die berufliche Fortbildung. Sie spielt für die untersuchten PRäte trotz ihrer Zuständigkeit nach § 76 Abs. 2 Nr. 6 BPersVG in diesem Bereich keine wesentliche Rolle.

cc) Die Beteiligung an sozialen Angelegenheiten

Für den Bereich der sozialen Angelegenheiten wurde oben[35] bereits auf die unterschiedlichen Organisationsformen im öffentlichen Dienst von Frankreich und der Bundesrepublik Deutschland hingewiesen. Dennoch sind beide Systeme von der Aufgabenstruktur her durchaus vergleichbar. Für beide Länder ergab sich folgendes Bild bei den Nennungen der wichtigsten Angelegenheiten im Sozialbereich (s. Tabelle auf S. 129).

Die tatsächlich wahrgenommenen Zuständigkeiten im Sozialbereich weichen zwischen den Personalvertretungen in Deutschland und Frankreich nicht grundsätzlich voneinander ab, es lassen sich jedoch deutlich einige Unterschiede erkennen, die sich möglicherweise auch auf die differenten Organisationsstrukturen zurückführen lassen.

So fällt z. B. auf, daß von den untersuchten französischen Personalvertretungen bis auf das Comité départemental de l'action sociale im Bereich des Innenministeriums alle die ihnen gegebenen Zuständigkeiten relativ vollständig ausschöpften, wogegen sich die Tätigkeit der deutschen PRäte im Sozialbereich in der Regel nur auf gewisse Aufgaben konzentrierte. Ein weiterer bedeutender Unterschied, der zur Erklärung des eben genannten dienen kann, ist die Kumulierung der Probleme in der Bundesrepublik Deutschland auf örtlicher Ebene, wogegen in Frankreich das Hauptgewicht der Aktionen auf der Ebene der zentralen Kommissionen liegt. Dadurch erweitert sich zwangsläufig auch das Spektrum der Probleme. Schließlich muß noch eine strukturelle Besonderheit für die französischen Sozialkommissionen hervorgehoben werden. Es unterliegt ihrer Zuständigkeit, die finanzielle Grundlage jeden sozialen Engagements zu erörtern: das Sozialbudget.

---

[35] Vgl. 2. Kap. B. 2. c).

	Post				Finanz				Innen				Kultus							
													Gymnas.				Gr. + H.-Sch.			
	H	B	Ö	Ö	H	B	Ö	Ö	H	Ö	Ö	Ö	H	B	Ö	Ö	H	B	Ö	Ö
Wohnungsangelegenheiten				x		x	x	x		x		x								
Kindertagesstätten			x																	
Betriebssport										x										
Kantinen			x				x			x	x	x								
Betriebsausflüge											x	x								
Parkplätze				x							x									
Altersentlassungen																	x			

	Comm. inter-minist. des services sociaux	P.T.T.	Finance	Intérieur	Education	
		Comm. nat. d. affaires sociales	Conseil nat. des services sociaux	Comit. dep. de l'action sociale	Comit. centr. d. oeuvres social	Comit. acad. d. oeuvres social
Erörterung des Sozialbudgets	x	x	x		x	
Versicherungen	x				x	
Kantinen	x	x	x	x	x	x
Ferienkolonnien	x	x			x	x
Kindertagesstätten	x	x	x		x	x
Wohnungsangelegenheiten		x			x	
Gesundheit und Hygiene			x		x	

Die Einflußmöglichkeiten auf den Umfang des Budgets wurden zwar sehr skeptisch beurteilt, zumindest hatte man aber durch die Erörterung dieser Fragen die Möglichkeit, wertvolle Detailinformationen zu erhalten.

Insgesamt kann aus diesen Ergebnissen vorsichtig geschlossen werden, daß die spezialisierte Organisationsstruktur der französischen Sozialkommissionen der Allgemeinzuständigkeit der deutschen PRäte gegenüber die größere Chance bietet, soziale Belange der Beschäftigten wirksam zu vertreten.

Diese Schlußfolgerungen lassen sich allerdings nicht auf den gesamten Zuständigkeitsbereich der Personalvertretung beider Länder ausdehnen. So läßt sich beispielsweise für die personellen Angelegenheiten ein deutliches Übergewicht der Wahrnehmung ihrer Zuständigkeit durch die deutschen PRäte feststellen. In organisatorischen Angelegenheiten wird man hier keine signifikanten Unterschiede feststellen können.

Insgesamt kann man allerdings feststellen, daß weder die deutschen PRäte noch die französischen Kommissionen — soweit aus diesen partiellen Ergebnissen überhaupt verallgemeinernde Schlüsse möglich sind — die vorgegebenen Zuständigkeitskataloge voll ausschöpfen können. Durch den größeren Umfang und den höheren Differenzierungsgrad des Zuständigkeitskataloges des BPersVG macht sich dieses Defizit für die deutschen PRäte noch deutlicher bemerkbar. Inwieweit diese Ergebnisse sich auch aus einer mangelnden Nutzung der Initiativrechte ergeben, soll weiter unten erörtert werden[36].

b) *Die informelle Beteiligung*

Die eben dargestellte Untersuchung des Ausschöpfungsgrades bezog sich nur auf die Beteiligung im förmlichen, durch die Normen der Personalvertretung vorgegebenen Verfahren, wie es für beide Länder bereits oben[37] dargestellt wurde. Bei den Voruntersuchungen für die empirischen Arbeiten zeigte sich aber bereits sehr deutlich, daß mit dem förmlichen Beteiligungsverfahren nur ein Teilausschnitt aus dem Gesamtspektrum der Beziehungen und Einflußnahmen zwischen Dienststellenleitung und Personalvertretung erfaßt ist. Die Größe und das Gewicht dieses durch das förmliche Verfahren repräsentierten Sektors ist von Land zu Land, aber auch innerhalb der beiden Länder von Dienststelle zu Dienststelle höchst unterschiedlich. In ebenso differenzierter Weise haben sich in den einzelnen Behörden Verfahren einer informellen Beteiligung herausgebildet, die sich nicht nach vorgegebenen Regeln richten, sondern durch die spezifischen Rahmenbedin-

---

[36] Vgl. unten, 3. Kap. B. 2. e).
[37] Vgl. 2. Kap. B. 1.

gungen der jeweiligen Verwaltungseinheit, ganz besonders aber auch von den Persönlichkeiten der jeweils gegenüberstehenden Personen geprägt werden. Einer Darstellung und Beschreibung der Art, des Gewichts und der Gegenstände dieser informellen Beteiligung für die Interessenvertretung des Personals soll dieser Abschnitt dienen.

aa) Die Struktur informeller Kontakte

In dem Verhältnis der Dienststellenleitung zu den deutschen PRäten spielte für die informellen Kontakte die weitaus wichtigste Rolle das Verhältnis zwischen dem PR-Vorsitzenden und der Dienststelle, besonders aber zum jeweiligen Ansprechpartner des PR, der je nach Größe der Behörde der Dienststellenleiter selbst oder ein Referent der Personalabteilung sein kann[38]. Es wurde oben bereits auf die Funktion und Bedeutung des PR-Vorsitzenden bei der Meinungsbildung innerhalb des PR hingewiesen[39].

Von den 20 untersuchten PRäten wurde für 9 übereinstimmend von Personal- und Verwaltungsvertretern angegeben, daß der PR-Vorsitzende täglich oder fast täglich in Angelegenheiten des PR Gespräche mit der Dienststelle führe. Von den verbleibenden 11 gaben 5 mehrmals in einer Woche und 2 etwa zweimal monatlich an. Von den restlichen 4, die „seltene Kontakte" angaben, waren 3 Schul-PRäte, wo PR-Vorsitzender und Schulleiter sich zwar auch täglich unterhielten, sie aber nicht genau angeben konnten, wie oft im Laufe dieser Gespräche PR-Angelegenheiten gestreift oder erörtert wurden. Für den letzten noch verbleibenden PR — ein HauptPR — trafen all diese Gründe nicht zu, sondern es wurde die bemerkenswerte Erklärung gegeben, der PR-Vorsitzende wolle sich nicht durch zu häufige Kontakte mit den Verwaltungsvertretern von diesen korrumpieren lassen.

Bei allen 14 PRäten mit mehrmaligem Kontakt pro Woche beschränkten sich die Gespräche des PR-Vorsitzenden nicht allein auf den Dienststellenleiter oder den entsprechenden Ansprechpartner, sondern erstreckten sich auf alle Ebenen der Verwaltung. Es wurde häufig darauf hingewiesen, daß es wichtig sei, gute Kontakte auf Sachbearbeiter- und Referentenebene zu pflegen, da hier eine sehr effiziente Einflußnahme möglich sei. Diese Auffassung wurde auch von seiten der Verwaltung für eine informelle Beteiligung vertreten. Solche Gespräche wurden gleichermaßen auf Initiative der Dienststellenvertreter als auch auf Wunsch der Personalvertreter geführt.

Neben diesem wohl wichtigsten Kontakt des Vorsitzenden, wurde insbesondere im Postbereich Wert auf die Feststellung gelegt, daß

[38] Vgl. hierzu oben, 3. Kap. B. 1. c) bb).

[39] Vgl. 3. Kap. B. 1. d) aa).

solche informellen Kontakte aber auch zwischen allen anderen freigestellten Vorstandsmitgliedern und der Dienststelle bestehen. Auffallend war, daß in keinem Fall den Kontakten der nicht freigestellten PR-Mitglieder zur Dienststelle ein Gewicht zugemessen wurde; in einigen Fällen wurde sogar ausdrücklich darauf hingewiesen, daß es unerwünscht sei, wenn einzelne PR-Mitglieder sich selbständig an die Dienststelle wendeten. Anders war dies nur bei PR-Mitgliedern, die gleichzeitig auch Funktionen in PR-Ausschüssen wahrnahmen. Sie nahmen in der Regel sogar die Kontakte der informellen Beteiligung für den Vorstand in ihrem Zuständigkeitsbereich wahr.

Die Art dieser Gespräche stellte sich sehr unterschiedlich dar. Es waren durchaus nicht allein offizielle Besprechungen, die im Büro des Behördenvertreters oder des PR anberaumt wurden, sondern auch spontane Besuche, Telefongespräche oder kurze Gespräche im Gang oder in der Kantine. Insbesondere in den Dienststellen, in denen beide Seiten ihr Verhältnis als sehr gut oder gut bezeichneten, wurde hervorgehoben, daß für die Personalvertreter jederzeit alle Türen offen stünden und umgekehrterweise auch die Dienststellenvertreter aller Ebenen sich immer an den PR wenden könnten.

Während dieses Phänomen der informellen Beteiligung in der Bundesrepublik Deutschland von den Beteiligten meist nur unbewußt zur Kenntnis genommen wird, bildet es in Frankreich den Ausgangspunkt eines politischen Konzepts, das von der Regierung und der nachgeordneten Verwaltung seit 1968 allgemein im öffentlichen Dienst verfolgt wird[40]. Hierbei handelt es sich zwar grundsätzlich um die Gewerkschaftspolitik der Regierung, es hat aber dennoch erhebliche Auswirkung auf die Kommissionsarbeit, da die Gewerkschaften als Institution und nicht — wie in der Bundesrepublik — bloß als Hintergrund für die Personalvertreter eine Bedeutung haben. Dabei ist sicher zu beachten, daß diese Formen der Beteiligung als concertation oder contractualisation primär für den Bereich der Lohnverhandlungen und Tarifvereinbarungen sowie für generelle Regelungen im öffentlichen Dienst entwickelt wurden[41].

Bereits die institutionelle Verankerung des gewerkschaftlichen Einflusses im System der Personalvertretung begründet aber auch für diesen Sektor die Relevanz gewerkschaftlicher Strategie einerseits und der Gewerkschaftspolitik der Verwaltung andererseits. Dementspre-

---

[40] Vgl. *Michèle Voisset*, Concertation et contractualisation dans la fonction publique, in: A.J.D.A. 1970, S. 388 ff.; *Jeanne Siwek-Pouydesseau*, La participation, S. 83 ff.

[41] Vgl. zum letzteren die umfangreiche Darstellung der deutschen Situation bei *Hans-Werner Laubinger*, Beamtenorganisation und Gesetzgebung, maschinenschriftlich vervielfältigt, Speyer 1974.

chend wurde auch das Konzept der „concertation“ über den C.S. und das c.t.p. in die Arbeit der c.a.p. getragen.

Die Untersuchung ergab, daß es bis auf eine c.a.p. nationale des Postbereiches und eine c.a.p. départementale des Innenressorts keine c.a.p. oder c.t.p. gab, wo nicht entweder die Verwaltung sich um einen Kontakt und eine Vorabsprache mit den Gewerkschaften bemühte oder die Gewerkschaften regelmäßig um Unterredungen in den Personalabteilungen der entsprechenden Dienststellen nachsuchten. Hierbei ließ sich nicht unterscheiden, ob die Verhandlungspartner in ihrer Funktion als Kommissionsmitglieder oder als Repräsentanten ihrer Gewerkschaft erschienen. Ausgeschlossen werden kann aber, daß die Verhandlungen der informellen Beteiligung von Gewerkschaftsfunktionären geführt werden, die weder in eine Personalvertretung gewählt oder designiert noch im öffentlichen Dienst beschäftigt sind, da die entsprechende Frage von allen Befragten einhellig verneint wurde.

Ferner konnte auch in keinem Fall eine ähnlich exponierte Stellung eines Personalvertreters im informellen Beteiligungsverfahren festgestellt werden, wie sie oben für die Person des deutschen PR-Vorsitzenden beschrieben wurde. Demgegenüber wurde aber von seiten der Verwaltung in der Intensität ihrer Bemühungen zwischen den einzelnen Gewerkschaften in einigen Fällen differenziert, auf die noch näher eingegangen wird. Das Gewicht dieser informellen Kontakte für die Teilhabe des Personals an Behördenentscheidungen in Frankreich läßt es geboten erscheinen, die Praxis der informellen Beteiligung für jeden Verwaltungsbereich gesondert darzustellen.

Im Postbereich wurden für alle c.t.p. centraux und für die c.t.p. ministériels etwa monatliche Besprechungen zwischen der Verwaltungsspitze der jeweiligen Direktion und den einzelnen Gewerkschaften genannt. Hierbei war die Repräsentanz durchaus nicht gleichartig. So gaben die Probanden der C.G.T. und F.O. an, monatlich oder noch häufiger um eine Unterredung nachzusuchen oder von Verwaltungsseite dazu aufgefordert zu werden, dagegen sprachen die Vertreter der C.G.C. nur vier- bis fünfmal im Jahr vor. Von den befragten Verwaltungsvertretern wurde auch zugestanden, daß man bei Problemen sich lieber zunächst an die F.O. wende, und erst in einem späteren Stadium die C.G.T. und C.F.D.T. beteilige.

Darüber hinaus gaben die befragten c.t.p.-Mitglieder aller Gewerkschaften an, fast täglich in telefonischem Kontakt mit den zuständigen Stellen des Postministeriums zu stehen. Hier muß hinzugefügt werden, daß alle diese Personalvertreter gleichzeitig auch die wesentlichen Repräsentanten ihrer Gewerkschaft in diesem Teilbereich waren.

Demgegenüber gaben alle Befragten übereinstimmend an, daß für die c.a.p. nur wesentlich weniger informelle Kontakte gepflegt werden. Insbesondere auf lokaler Ebene existieren in der Regel keine Gesprächsrunden außerhalb der offiziellen Sitzungen der c.a.p.

Im Bereich des Wirtschafts- und Finanzministeriums konnte diese Tendenz zur Konzentration der informellen Beteiligung auf die Ebene der Zentralverwaltung noch in verstärktem Maße festgestellt werden. Weder in Zuständigkeiten der c.a.p. noch des c.t.p. wurde bei den untersuchten Kommissionen des nachgeordneten Bereichs ein informelles Beteiligungsverfahren durchgeführt. Die wohl wesentlichste Rolle spielten hier auf zentraler Ebene die Arbeitsgruppen (groupes de travail), die ad hoc für unterschiedliche Probleme personeller, organisatorischer und sozialer Angelegenheiten gebildet wurden. Bemerkenswerterweise existieren sie auch bei den beiden Direktionen nach wie vor, in denen seit 1973 kein c.t.p. central mehr zusammengerufen wurde, und beschäftigten sich überwiegend mit genau den Angelegenheiten, die nach den Vorstellungen der Autoren des Dekrets N° 59-308 in den c.t.p. behandelt werden sollten. Solche Arbeitsgruppen setzen sich nicht paritätisch zusammen, sondern bestehen aus 2 - 5 Verwaltungsvertretern und 2 - 3 Vertretern jeder Gewerkschaft. Es gibt für ihre Arbeit keinerlei feste Regeln und ihre Beschlüsse oder Übereinkünfte haben keinerlei rechtliche Verbindlichkeit.

Solche Arbeitsgruppen wurden beispielsweise in der Direction générale des impôts 1974 zehnmal eingerichtet und im Jahr 1975 sechsmal. Sie tagten jeweils mehrere Male. Auf der Ministerialebene und in der Direction générale de la comptabilité publique existieren ebenfalls mehrere Arbeitsgruppen.

Daneben aber gab es, ebenso wie im Postministerium, die Einzelgespräche mit den Gewerkschafts- und Personalvertretern. In der Direction générale du personnel konnte sich der Verfasser selbst anhand eines Terminkalenders davon überzeugen, daß mindestens einmal, oft aber mehrmals in einer Woche Unterredungen mit den einzelnen Gewerkschaften stattfanden, wobei die drei Großen F.O., C.G.T. und C.F.D.T. gleichmäßig repräsentiert waren, die Kleinen C.G.C. und C.F.T.C. etwas weniger.

Im Innenressort stellte sich das Bild in den beiden untersuchten Direktionen unterschiedlich dar. In den Services des Préfectures spielten die informellen Kontakte nur im Bereich des c.t.p. central eine Rolle. Für die c.a.p. oder auch für die c.t.p. départementals hatte die informelle Beteiligung keine Bedeutung. Zwar wurde auch hier angegeben, daß man gelegentlich miteinander sprach, dies hatte aber keinen regelmäßigen Charakter wie bei dem c.t.p. central, für das sowohl mehrmalige Arbeitsgruppensitzungen als auch Einzelgespräche mit den Gewerkschaften angegeben wurden.

In der Direction générale de la police nationale stellte sich die Situation insofern anders dar, als durch das Statut générale de la police nationale den Kommissionen gewisse Zuständigkeiten genommen sind, die man von Gewerkschaftsseite gerne im informellen Beteiligungsverfahren wahrnehmen möchte. Daher gibt es hier fast wöchentliche Gespräche der autonomen Polizeigewerkschaften in der Direction générale de la police nationale. Hier werden auf allen Ebenen sowohl c.a.p.- als auch c.t.p.-Angelegenheiten erörtert. Von den drei großen Gewerkschaften ist hieran zu einem gewissen Teil die F.O. beteiligt, die C.G.T. und C.F.D.T. sind hier fast gänzlich von den informellen Kontakten ausgeschlossen, obwohl sie sich darum bemühen.

Im Erziehungsministerium wurde auch die informelle Beteiligung durch die starken F.E.N.-Gewerkschaften bestimmt. Stellvertretend hierfür können die Ausführungen eines Mitgliedes des Generalsekretariats der S.N.I. angesehen werden. Es gab an, daß die 12 freigestellten Sekretäre der S.N.I. fast täglich im Ministerium auf allen Ebenen Gespräche führten: „Nicht umsonst haben wir ja unser Büro nur wenige Meter vom Ministerium entfernt eingerichtet." Auch hier muß man im Auge behalten, daß es für das Lehrerpersonal des Erziehungsministeriums weder auf nationaler Ebene noch auf Akademieebene ein c.t.p. gibt und auch hier vermutet werden kann, daß die fehlende Institution durch die informelle Teilhabe ersetzt wird.

Auch von Verwaltungsseite wurde betont, daß auf nationaler Ebene die informellen Gespräche die überragende Bedeutung haben. In der Beurteilung dieser Situation gingen einige Probanden sogar soweit, von einer Mitverwaltung der S.N.I. im Bereich der Grundschullehrer zu sprechen[42].

Betrachtet man zusammenfassend die Struktur der informellen Beteiligung in beiden Ländern, so zeigt sich für die Bundesrepublik Deutschland, noch mehr aber für Frankreich, welche bedeutende Einflußmöglichkeit sich hier für die Personalvertreter bzw. für die Gewerkschaften parallel zum förmlichen Beteiligungsverfahren institutionalisiert hat. In der Beurteilung der französischen Situation wird man sogar soweit gehen können, daß überall dort, wo die in den Normen vorgesehenen Institutionen der Personalvertretung nicht existieren oder nicht funktionieren, das Verfahren der informellen Beteiligung an ihre Stelle tritt. Da dieses Verfahren sowohl von der Verwaltung als auch von den Gewerkschaften ausdrücklich gebilligt und

---

[42] Vgl. zu dieser Einschätzung auch *Yves Agnès,* La force tranquille du syndicat des instituteurs, in: Le Monde 1976, N° 14, 15, 16, janv.

unterstützt wird, ergibt sich daraus eine geringere Beachtung und Ausnutzung der Möglichkeiten des förmlichen Verfahrens.

bb) Die Verhandlungsgegenstände im informellen Beteiligungsverfahren

Um neben den rein institutionellen Merkmalen des informellen Beteiligungsverfahrens auch Angaben zu seiner inhaltlichen Ausgestaltung machen zu können, wurden die Gegenstände der Verhandlungen untersucht. Hierbei ergab sich für beide Länder, daß diese verfahrensmäßig unbeschränkte Art des Verhandelns in der Regel auch eine kaum eingeschränkte Bandbreite von Gesprächsthemen ergab. Es wurde vielfach darauf hingewiesen, daß man hier auch Dinge bespreche und einer Regelung zuführe, für die man im offiziellen Verfahren gar nicht zuständig wäre.

In dieser Breite der angesprochenen Materien lag allerdings auch der wesentliche Unterschied zwischen der informellen Beteiligung in Deutschland und Frankreich. Die deutschen PRäte gaben zwar auch an, daß man über die Grenzen des förmlichen Verfahrens hinausginge; damit waren aber im wesentlichen all die Fälle gemeint, zu denen sich der PR wegen fehlender Versagungsgründe nach dem Katalog des § 77 BPersVG bzw. § 79 Abs. 2 LPersVG Rh-Pf nicht äußern konnte. Die informellen Gespräche hielten sich aber doch in dem Rahmen, der durch die Zuständigkeitskataloge abgesteckt war.

In Frankreich erfährt dieser Katalog bereits durch die Normen der Dekrete eine wichtige Erweiterung: durch die Zuständigkeit bei dienstrechtlichen Regelungen. Darüber hinaus ist es aber von großer Bedeutung, daß auf nationaler Ebene — und hier konzentrieren sich, wie gezeigt, die Aktivitäten der informellen Beteiligung — die gleichen Personen in c.t.p.-Angelegenheiten konsultiert werden, die auch die Tarif- und Lohnverhandlungen mit der Verwaltung führen. Diese Verknüpfung von organisatorischen, dienstrechtlichen und tarifrechtlichen Angelegenheiten in Gesprächsrunden mit gleichen Partnern bringt eine Stärkung des Gewichts und der Funktion der Verhandlungspartner auf der Personalseite mit sich. Gleichermaßen läßt sie auch nicht immer trennscharf eine Unterscheidung der Verhandlungen nach Sach- und Zuständigkeitsbereichen zu, was natürlich auch durch den nichtförmlichen Charakter dieser Verhandlungen gefördert wird.

Es muß hervorgehoben werden, daß dies nur für das c.t.p. und nicht für die c.a.p. gilt, da hier in der Regel keine hochgestellten Gewerkschaftsfunktionäre sitzen. Ein c.t.p.-Mitglied im Bereich des Innenministeriums äußerte, er habe sofort alle seine Funktionen in der c.a.p. niedergelegt, als er zum Generalsekretär seiner Gewerkschaft für seinen Verwaltungsbereich gewählt wurde. Eine Verknüpfung beider Ämter gehöre sich nicht und sei allgemein unüblich. Dementsprechend behandelte man auch meist im informellen Gespräch für die c.a.p. Gegenstände, die eng an deren Zuständigkeitsbereich lagen. So hatte man beispielsweise in der Direction générale de la comptabilité publique die Regelung getroffen, alle Versetzungsfragen nicht in der Kommission, sondern in Unterredungen mit den jeweiligen c.a.p.-Mitgliedern der einzelnen Gewerkschaften zu behandeln. In fast allen untersuchten Dienststellen gingen der Aufstellung der Beförderungsliste ebenfalls Gespräche mit den Personalvertretern der einzelnen Gewerkschaften voraus. Im Bereich des Postministeriums wurden die aus dem offiziellen Verfahren ausgeklammerten Fragen der Versetzung ebenfalls in den informellen Gesprächen behandelt.

Auch von der inhaltlichen Bestimmung läßt sich also die oben vorgenommene Einschätzung unterstützen, daß das informelle Beteiligungsverfahren in der Bundesrepublik den Hintergrund zu den Verhandlungen des PR bildet, in Frankreich dagegen essentieller Bestandteil des gesamten Systems der Personalvertretung ist.

c) Die Austragung von Konflikten und kontroversen Auffassungen im förmlichen Verfahren

Als eines der wesentlichen und grundlegenden Kriterien zur Beurteilung der Wirksamkeit der Interessenvertretung durch die Personalvertretungen wurde bereits oben die Intensität der Einflußnahme bei kontroversen Auffassungen und Interessenlagen definiert. Daher sollen im folgenden eingehend die Konfliktlösungsmechanismen untersucht werden, die den Personalvertretern und den Vertretern der Dienststellen durch die Normen der Personalvertretung vorgegeben sind. Hierbei muß von der bisherigen Vorgehensweise einer gleichzeitigen Erörterung der deutschen und französischen Situation abgewichen werden, da sich die Verfahrensweisen, die sich aus der Organisationsstruktur der beiden Personalvertretungssysteme ergeben, zu stark voneinander unterscheiden. Es wird daher zunächst die Praxis des deutschen Verfahrens und anschließend die des französischen dargestellt werden.

In einem zweiten Schritt sollen dann aber auch die Verfahrensweisen untersucht werden, die sich intern zur Konfliktbewältigung herausgebildet haben.

aa) Nach dem formellen Verfahren des BPersVG

Das formelle Einigungsverfahren nach §§ 69 ff. BPersVG bzw. §§ 64 ff. LPersVG Rh-Pf wurde bereits oben dargestellt[43]. Als Grundstrukturen

[43] Vgl. 2. Kap. B. 1. a).

dieses Verfahrens im Falle der Nichteinigung wurden zunächst die Ablehnung eines Antrages, die Verschiebung der Entscheidung auf die nächst höhere Ebene und, sofern keine nächste Stufe mehr vorhanden ist, die Anrufung einer Einigungs- bzw. Vermittlungsstelle vorgefunden.

Um einen Eindruck von dem Ablauf und der Anwendung dieses Verfahrens in der Praxis zu erhalten, wurden die Probanden zunächst nach der Häufigkeit formeller Ablehnungen mit der Folge einer Entscheidungsverlagerung auf die nächsthöhere Ebene gefragt. Dabei wurden zunächst nur die Ablehnungen in Mitbestimmungsangelegenheiten angesprochen.

Es ergab sich, daß von den 20 untersuchten PRäten erst 8 jemals von dem Recht einer formellen Ablehnung eines Antrages der Behördenleitung Gebrauch gemacht hatten. In 2 Fällen wurde ausdrücklich darauf hingewiesen, daß man die Ablehnung in voller Übereinstimmung mit der Dienststelle ausgesprochen habe, sei es, um gemeinsam gegen Anordnungen der übergeordneten Behörde vorzugehen, sei es, um eine auch von der Dienststellenleitung nicht unterstützte Bewerbung auf eine „elegante Art“ abzulehnen. Nur bei 4 von den 8 PRäten waren solche Ablehnungen mehr als zweimal im Erfahrungszeitraum vorgekommen. Der Erfahrungszeitraum der Probanden betrug in jedem Falle mindestens zwei Amtsperioden, d. h. länger als 7 Jahre, teilweise konnten die Angaben auch für einen noch längeren Zeitraum gemacht werden.

Diese Zahlen zur Häufigkeit der Ablehnungen bedürfen noch einiger Erläuterungen. Hält man im Auge, daß nach den Angaben der befragten PRäte — ausgenommen die SchulPRäte — pro Jahr je nach Verwaltungsbereich und -stufe zwischen 50 und 1 000 Mitbestimmungsanträge gestellt werden, so ist die geringe Zahl der Ablehnungen doch bemerkenswert.

Es muß allerdings einschränkend hinzugefügt werden, daß für die geringe Inanspruchnahme des förmlichen Verfahrens teilweise auch die Struktur der Stichprobe verantwortlich sein kann. Denn von den 20 untersuchten PRäten waren 8 entweder HauptPRäte oder örtliche PRäte bei obersten Bundesbehörden. Dies hat für das Einigungsverfahren zur Folge, daß keine nächsthöhere Verwaltungsebene mehr existiert, die über einen ablehnenden Antrag neu entscheiden könnte, sondern daß sofort die Einigungsstelle angerufen werden müßte. Wie noch zu zeigen sein wird, zeigen aber alle Seiten gegenüber diesem Verfahren eine gewisse Zurückhaltung. Dennoch scheint das oben gefundene Ergebnis nicht untypisch zu sein, da von den Probanden allgemein die geringe Ablehnungsquote auch als repräsentativ für ihren gesamten Verwaltungsbereich beurteilt wurde.

Entsprechend dieser Grundtendenz fielen auch die Ergebnisse zu der Frage aus, wieviele Einigungs- bzw. Vermittlungsstellen schon gebildet worden sind. Von allen 4 untersuchten Verwaltungsbereichen war nur beim BPM und beim Kultusministerium überhaupt schon eine Einigungsstelle errichtet worden. Dabei ist hervorzuheben, daß auch im Postbereich vor der Novellierung des BPersVG nur eine Einigungsstelle gebildet wurde, dagegen aber seit ihrem Inkrafttreten bereits über zehnmal die Einigungsstelle angerufen wurde. Im Bereich des Kultusministeriums Rheinland-Pfalz wurden bisher nur im Bereich der Grund- und Hauptschulen zwei Vermittlungsstellen eingesetzt.

In den anderen Ressorts wurde von seiten der PR-Mitglieder häufig zu der verneinenden Antwort hinzugefügt, daß man im Konfliktfall lieber gleich die Verwaltungsgerichte bemühe oder daß die Ministerialverwaltung aus Prestigegründen eine solche Scheu vor der Bildung einer Einigungsstelle habe, daß sie lieber einlenke, als es tatsächlich darauf ankommen zu lassen.

Neben diesen Elementen des förmlichen Verfahrens in Mitbestimmungsangelegenheiten sollte auch die Situation für die Mitwirkungsangelegenheiten erfragt werden. Hier ergaben sich einige Probleme, die an anderer Stelle eingehender besprochen werden sollen. Denn es stellte sich heraus, daß die überwiegende Anzahl der Probanden mit der Frage nach dem förmlichen Verfahren in Mitwirkungsangelegenheiten nichts anfangen konnte, entweder weil ihnen überhaupt jede Kenntnis über das förmliche Einigungsverfahren oder über eine Unterscheidung im Verfahren zwischen Mitbestimmungs- oder Mitwirkungsangelegenheiten fehlte oder weil — und das war die Mehrzahl der Fälle — von seiten des PR Mitbestimmungs- und Mitwirkungsangelegenheiten ohne Unterschied behandelt wurden.

Tendenziell ließ sich aber feststellen, daß sich der Unterschied in der Intensität des Beteiligungsrechts in der Praxis kaum auswirkt, sondern auch hier das förmliche Verfahren ebensowenig in Anspruch genommen wird wie bei Mitbestimmungsangelegenheiten.

bb) Nach dem formellen Verfahren für die c.a.p. und das c.t.p. nach dem Dekret N° 59-307 vom 14. Febr. 1959

Durch die paritätische Besetzung der französischen Personalvertretungen und durch ihr vergleichsweise schwächeres Konsultationsrecht ergeben sich auch andere Beurteilungskriterien für das Verfahren zur Beilegung von Konflikten und kontroversen Auffassungen. Selbst eine einstimmige Ablehnung einer Angelegenheit durch die Personalvertreter kann noch nicht einen ablehnenden Beschluß der c.a.p. oder des c.t.p. herbeiführen. Sie benötigen in jedem Falle Unterstützung durch

Stimmen von der Verwaltungsseite oder durch eine Ausübung des Letztentscheidungsrechts des Präsidenten zu ihren Gunsten. Für die Austragung von Konflikten im formellen Verfahren ist daher zunächst von Interesse, wie oft es überhaupt zu einer ablehnenden Haltung der Personalvertreter kommt und wie sich dies im Abstimmungsverhalten niederschlägt. Darüber hinaus wurde nach der Häufigkeit einer Beschlußfassung durch das Letztentscheidungsrecht des Präsidenten gefragt, um dadurch die Fälle einer Konfrontation zwischen dem Block der Dienststellenvertreter und dem Block der Personalvertreter zu erfassen. Ähnlich wie bei den entsprechenden Fragen an die deutschen PR-Mitglieder lassen sich auch hier keine quantifizierbaren Ergebnisse wiedergeben, es traten aber doch deutliche Tendenzen zu Tage.

Für die Häufigkeit der Kontroversen ergab sich quer durch die untersuchten Verwaltungsbereiche ein Unterschied zwischen den c.a.p. und den c.t.p.

Für die c.t.p. aller Verwaltungsstufen wurde ein wesentlich höherer Anteil an Konfliktfällen genannt als für die c.a.p. Die weitestgehenden Fälle der Konfrontation wurden im Postbereich festgestellt, wo es insbesondere auf Ministerial- und Zentralebene häufig vorgekommen sei, daß die Personalvertreter nur zur Sitzung erschienen, um vor Beginn eine Resolution zu verlesen und dann wieder zu gehen. Von seiten der Verwaltung wurde dies mit einem leichten Bedauern erwähnt, die Personalvertreter hingegen vertraten die Ansicht, nur so könne man den wahren Charakter des c.t.p. als bloße Zustimmungsmaschinerien (chambre d'enregistrement) klarmachen. Ebenfalls wegen schwerer Kontroversen wurde in den beiden Direktionen des Finanzministeriums die Arbeit der c.t.p. centraux bereits vor mehreren Jahren eingestellt. Eine Ausnahme bildete lediglich das c.t.p. central im Services des Préfectures des Innenministeriums. Hier wurde übereinstimmend von den Verwaltungs- wie von den Personalvertretern betont, daß die Zusammenarbeit hervorragend sei und daß man fast immer zu übereinstimmenden Ergebnissen komme. Es würde überhaupt nur in seltenen Ausnahmefällen abgestimmt.

Auch für die Bereiche des Erziehungsministeriums wurde die Situation allgemein als weniger konflikthaft bezeichnet, wobei der Grund, der hierfür genannt wurde, sehr interessant war. Der einzige Bereich des Erziehungsministeriums, der überhaupt c.t.p. besitzt — die Grundschulen — wird von einer mächtigen Gewerkschaft — der S.N.I. — beherrscht, die allein 93 % der Stimmen bei den vergangenen c.a.p.-Wahlen auf sich vereinigen konnte. Hieraus wurde abgeleitet, daß die Verwaltung gar nicht in der Lage sei, Projekte durchzuführen oder zu planen, die nicht die Zustimmung der Gewerkschaft fänden und daher alle Angelegenheiten, die in dem c.t.p. behandelt werden, entweder schon vorab geklärt sind oder so formuliert werden, daß sie nicht den Widerstand der S.N.I. erwarten lassen.

Für die c.a.p. wurde übereinstimmend erklärt, daß die Kontroversen sich auf nur wenige grundsätzliche Fragen beschränkten, insgesamt aber hier eine erheblich einvernehmlichere Arbeit geleistet werde als in den c.t.p. Dies wurde teilweise damit erklärt, daß die wesentlichen Zuständigkeiten der c.a.p., die Beförderung und die Versetzungen, durch bereits langjährig erprobte Regeln soweit vorgeklärt und festgelegt seien, daß man kaum noch Spielraum für kontroverse Auffassungen habe. Teilweise wurde es für den zweiten großen Zuständigkeitsbereich der c.a.p., als conseil de discipline, damit erklärt, daß hier die Interessenlagen der Dienststelle und der Personalvertreter sehr ähnlich sei und insbesondere von seiten der Dienststelle nur wenig Einfluß auf die Entscheidungen des Disziplinarrates geltend gemacht wurde.

Diese Antworten konnten nur etwas über die Existenz von Konflikten aussagen, nicht aber über deren Intensität. Hierfür bietet die Häufigkeit der Ausübung des Letztentscheidungsrechts des Kommissionspräsidenten einen objektiven Anhaltspunkt, da es in einer solchen Situation immer zu einer Blockbildung zwischen Verwaltungs- und Personalmeinung kommt, und der Präsident — immer ein Verwaltungsmann — zugunsten der Verwaltungsmeinung entscheidet. Die theoretische Möglichkeit, daß der Präsident sein Entscheidungsrecht zugunsten der Meinung der Personalvertreter ausübt, wurde von allen Befragten als unmöglich abgetan.

Die Angaben stimmten im allgemeinen mit denen zur Häufigkeit der Kontroversen überein, obwohl nicht beides unbedingt miteinander korrespondiert. Denn auch bei kontroverser Auffassung ist der Letztentscheid dann nicht notwendig, wenn nur ein Personalvertreter mit der Verwaltungsseite stimmt. Für das Abstimmungsverhalten der Personalseite kann auf die Ausführungen oben verwiesen werden[44].

Im Post- und Finanzbereich wurde für das c.t.p. angegeben, daß weit über die Hälfte der Entscheidungen erst über den Letztentscheid des Präsidenten zustande kommen. In den c.a.p. entfiel das Problem entweder ganz, weil man nicht abstimmte, oder es war nur in ganz wenigen grundsätzlichen Fragen einmal notwendig geworden, durch den Präsidenten letztlich zu entscheiden. Im Innen- und Erziehungsressort kam dies nie oder nur in wenigen Fällen pro Jahr vor.

---

[44] Vgl. 3. Kap. B. 1. d) bb).

An dieser Stelle soll auch kurz auf das förmliche Verfahren vor dem Conseil supérieur de la Fonction publique (C.S.) und vor den verschiedenen Sozialkommissionen eingegangen werden. Für den C.S. können genauere Daten angegeben werden, da hier neben den Informationen der Befragungspersonen auch Sitzungsprotokolle zur Verfügung standen[45].

Das Verfahren weicht hier von dem der übrigen Kommissionen insoweit ab, als in der Plenarversammlung nur Angelegenheiten besprochen werden, die nicht bereits in der vorbereitenden Sitzung der Personalvertreter (section syndicale) akzeptiert worden sind. Insgesamt wurden in den letzten beiden Sitzungen der Jahre 1974 und 1975 ca. 55 % der beantragten Angelegenheiten an die Plenarversammlung verwiesen[46]. Von diesen Fällen bleiben dann wiederum ca. 40 % endgültig kontrovers, so daß man insgesamt bei ca. 20 % der Tagesordnungspunkte zu keiner Übereinstimmung gelangt.

Das Letztentscheidungsrecht des Präsidenten spielte im C.S. keine große Rolle, da es zum einen nur selten zur Stimmengleichheit kommt und zum anderen es nach Aussage der Verwaltungsvertreter unüblich ist, daß der Sitzungspräsident — der Premierminister — mitstimmt.

Für die Sozialkommisionen ergibt sich bereits wegen der Organisationsstruktur ein abweichendes Bild. Die Drittelparität in der Besetzung der Kommissionen bedingt, daß es nur in Ausnahmefällen zur Blockbildung und Stimmenteilung kommt. Darüber hinaus ist auch der Konfliktstoff von der Sache her erheblich reduziert, da es den Kommissionen grundsätzlich nur möglich ist, das ihnen vorgegebene Sozialbudget zu verteilen, auf dessen Umfang und die Beschlußfassung über das Budget aber keinerlei Einfluß besteht.

---

[45] Vgl. zum Ablauf früherer Sitzungen des C.S.: *Jeanne Siwek-Pouydesseau*, Le Conseil supérieur de la Fonction publique, in: Annuaire international de la fonction publique 1971 - 72, S. 161 - 180; *Marie-Chantal Mathias*, Le Conseil supérieur de la Fonction publique, Mémoire de D.E.S. de science politique, Paris I, année universitaire 1972 - 73, maschinenschriftlich vervielfältigt.

[46] Dieser Prozentsatz liegt bedeutend höher als der von Siwek-Pouydesseau ebenda, S. 168, 1970, für die Jahre 1969 - 1972 angegebene. Damals waren es ca. 35 % der Fälle, die kontrovers zur Plenarversammlung überwiesen wurden. Als Begründung für die Zunahme wurde von den Personalvertretern angegeben, man gehe mehr und mehr dazu über, so viel Angelegenheiten wie möglich in die Plenarversammlung zu bringen, weil man hier die Möglichkeit habe, die Probleme mit der gesamten Verwaltungsspitze und insbesondere mit dem Premierminister zu besprechen. Daher komme man in der Section syndicale manchmal zu Ablehnungen, obwohl man inhaltlich gar nichts gegen das Projekt einzuwenden hat.

cc) Das Durchsetzungsvermögen der Personalvertreter im förmlichen Verfahren

All diese Daten zum Verfahrensablauf können nur beschränkt etwas über die Wirksamkeit der von den Personalvertretern vorgetragenen Argumente und deren Einfluß auf die endgültige Verwaltungsentscheidung aussagen. Denn im französischen Verfahren kann beispielsweise der Entscheidungsprozeß in den Kommissionen überwiegend einstimmig verlaufen und niemals vom Letztentscheidungsrecht des Präsidenten Gebrauch gemacht werden, und dennoch sich immer die Meinung der Dienststelle durchsetzen, weil immer irgendwelche Personalvertreter mit der Verwaltung stimmen. Ebenso kann in der Bundesrepublik Deutschland ein PR häufig die Anträge der Verwaltung ablehnen und der nächsthöheren Stufe zur Entscheidung vorlegen, ohne daß letztlich die Meinung der Personalvertreter bei der Entscheidung berücksichtigt wird.

Um wenigstens annäherungsweise einen Eindruck von dem Durchsetzungsgrade der Personalvertreter im förmlichen Verfahren zu erhalten, wurde nach den Erfolgen der Auffassung der Personalvertreter auf der nächsthöheren Ebene oder in der Einigungsstelle gefragt. Bereits die äußerst geringe Zahl von Ablehnungen und Einigungsstellen in der Bundesrepublik weist auf kein besonders großes Vertrauen der Personalvertreter in ihr Durchsetzungsvermögen im förmlichen Verfahren hin. Die Ergebnisse der Entscheidungen auf der nächsthöheren Ebene oder im Einigungsverfahren beweisen dies. Denn von den 6 PRäten, bei denen bereits „echte" Ablehnungen vorkamen, gaben nur die 3 aus dem Bereich der Bundespost an, daß sie mit ihrer Auffassung schon einmal durchgedrungen sind. Ähnliches gilt für die Einigungsstellen. Im Bereich des Kultusministeriums Rheinland-Pfalz konnte sich der HauptPR noch nie durchsetzen; im Postbereich gab man ein Verhältnis von 50 : 50 für Erfolg und Mißerfolg an, wobei allerdings einige Erfolge dadurch geschmälert wurden, daß das Ministerium letztlich doch gegen die Empfehlung der Einigungsstelle entschied.

Aufgrund der wenigen Fälle, die zur Beurteilung zur Verfügung stehen, können Schlußfolgerungen nur mit größter Zurückhaltung gezogen werden, dennoch scheinen die Ergebnisse die Auffassung nahezulegen, daß es für die Personalvertreter sehr schwer ist, im förmlichen Verfahren ihre Auffassung durchzusetzen.

Zur Beurteilung der Möglichkeiten der französischen Personalvertreter wurde erfragt, wie häufig ihre Argumente die Vertreter der Dienststelle dazu bewegen können, mit ihnen zu stimmen und somit ein entsprechender Beschluß der Kommission herbeigeführt werden kann, und ob die Verwaltung diesem Beschluß, der nur den Charakter einer Empfehlung trägt, auch folgt.

Für die erste Frage wurden wiederum für c.t.p. und c.a.p. unterschiedliche Situationen festgestellt. In dem c.t.p. scheinen sich Verwaltungsvertreter nur höchst selten einmal von dem Argument der Personalseite überzeugen zu lassen, in den c.a.p. hingegen — und hier besonders in den Sitzungen als Disziplinarrat — werden die Argumente der Personalvertreter öfters als hilfreiche Informationen angesehen, die dann auch in der Entscheidung ihren Niederschlag findet. Im C.S. ist diese Bereitschaft zur Akzeptation von Personal- bzw. Gewerkschaftsargumenten offensichtlich nur auf die Vertreter des Rechnungshofes (Cour des comptes) und des Staatsrates (Conseil d'Etat) beschränkt.

Bei der Übernahme der Kommissionsempfehlung durch die Verwaltung wurden sehr unterschiedliche Antworten gegeben. Generalisierend läßt sich daraus erkennen, daß die Verwaltung durchaus nicht immer geneigt ist, selbst wenn dieses paritätische Gremium mit Unterstützung einiger Verwaltungsvertreter gegen die ursprüngliche Auffassung der Verwaltung entschieden hat, dieser Empfehlung zu folgen. Für den C.S. wurde ein Fall angegeben, in dem die Verwaltung sogar gegen den Beschluß des Staatsrates (Conseil d'Etat) entschied.

Diese Ausführungen zur Austragung von Konflikten und kontroversen Auffassungen im förmlichen Verfahren können bereits einen gewissen Einblick in die Bedingungen einer wirksamen Interessenvertretung geben. Zunächst konnte festgestellt werden, daß entsprechend dem in den Normen schwach ausgestalteten Beteiligungsverfahren in Frankreich auch die Einflußnahme der Personalvertreter in der Praxis der Kommissionsarbeit nicht sehr intensiv ist. Andererseits garantierten aber auch institutionell stark verankerte Beteiligungsrechte — wie sie den deutschen PRäten zur Verfügung stehen — nicht, daß dadurch ein hoher Grad von Einflußnahme und von Ausnutzung der Regelungen gewährleistet ist. Es darf aber dennoch nicht die Funktion dieser formellen Regelung für das Beteiligungsverfahren in der Bundesrepublik Deutschland verkannt werden. Denn selbst wenn das sehr formalisierte Einigungsverfahren nach dem BPersVG bzw. LPersVG Rh-Pf nur höchst selten durchgeführt wurde, so bildet doch der Zwang, in letzter Konsequenz eine Einigungsstelle anrufen zu müssen, die Voraussetzung für intensive und ehrliche Bemühungen beider Seiten zu einer einvernehmlichen Regelung zu gelangen.

d) Das interne Einigungsverfahren

Im vorangegangenen Abschnitt konnte festgestellt werden, daß zum einen die Möglichkeiten eines relativ stark ausgestalteten förmlichen Verfahrens nur wenig in Anspruch genommen wurden und das Durchsetzungsvermögen allgemein als gering eingeschätzt wurde und zum anderen vergleichsweise schwach ausgestaltete Verfahrensregeln ebenfalls bedingten, daß die Argumente der Personalvertreter im förmlichen Verfahren nur zu einem geringen Teil Einfluß auf die Behördenentscheidungen haben konnten. Weiter oben wurde schon dargestellt, daß sich neben dem formellen Verfahren in beiden Ländern informelle Wege der Beteiligung herausgebildet haben. Es soll nun im folgenden Abschnitt untersucht werden, welche Verfahren von den Beteiligten praktiziert werden, um Konflikte und Probleme außerhalb des formellen Verfahrens intern zu lösen. Hierzu wird zunächst der Ablauf des Verfahrens dargestellt und daran anschließend die Beurteilung der Einflußmöglichkeiten im förmlichen und im internen Einigungsverfahren durch die Befragten beschrieben.

aa) Ablauf des Verfahrens

Für die Struktur der Verhandlungen, die zwischen Behördenleitung und Personalvertretung intern zur Austragung von Konflikten geführt werden, kann im großem Umfang auf die Darstellung des informellen Beteiligungsverfahrens verwiesen werden[47], da alle internen Einigungsbemühungen im Rahmen dieser informellen Beteiligung unternommen werden. Dennoch bedarf es einer weitergehenden Darstellung, da gerade für die Lösung von Konflikten spezifische Verfahrensabläufe genannt wurden und dies für die zugrundeliegende Frage nach der Effektivität der Interessenvertretung von wesentlicher Bedeutung ist.

Den Befragungspersonen in der Bundesrepublik Deutschland wurde nach den Fragen nach der Zahl der förmlichen Ablehnungen, den Entscheidungen auf der nächsthöheren Ebene und der Häufigkeit von Einigungsstellen die Frage vorgelegt, auf welchem Wege andere auftretende Probleme und Kontroversen beigelegt wurden. Eine solch offene Frage brachte natürlich auch ein entsprechendes Spektrum an Antworten; dennoch können aber viele gemeinsame Grundstrukturen des Verfahrens erkannt werden. Hierbei können 3 Stufen unterschieden werden, die bei fast allen untersuchten PRäten zu erkennen waren.

Ein sehr großer Teil der aufkommenden Probleme scheint bereits im Vorfeld der Antragstellung durch die Behörde abgeklärt zu werden. Man kontaktiert die am Ort anwesenden PR-Mitglieder — meist den

---

[47] Vgl. oben 3. Kap. B. 2. b).

Vorsitzenden oder die freigestellten Vorstandsmitglieder —, um hier bereits die Einstellung des PR zu der Angelegenheit zu erforschen und kommt bereits hier häufig schon zu einem Konsens oder arbeitet die Vorstellungen des PR in den Antrag auf Beteiligung schon mit ein. Als typisch für diese Situation kann die Aussage eines PR-Vorsitzenden angesehen werden: „Wir würden es als eine Zumutung empfinden, wenn die Verwaltung mit einer problematischen Sache an den PR heranträte, ohne sie vorher mit dem geschäftsführenden Vorstand besprochen zu haben.“

Eine zweite Stufe des internen Einigungsverfahrens stellt die vorläufige Ablehnung dar, die lediglich zur Folge hat, daß der PR sich noch nicht endgültig entscheidet und die Angelegenheit erneut mit der Verwaltung behandelt wird. Auch diese Verhandlungen wurden ausschließlich den freigestellten Vorstandsmitgliedern übertragen oder in Ausnahmefällen auch Mitgliedern bestimmter PR-Ausschüsse.

Die dritte Stufe, die letzte bevor man ins förmliche Verfahren geht, stellt sich etwas vielfältiger dar. Bei örtlichen PRäten wurde häufig ein Problemfall der nächsthöheren Behörde zur Beurteilung vorgelegt, ohne daß man einen Antrag formell abgelehnt hatte. Behörde und PR hatten in diesen Fällen vereinbart, die Empfehlung der übergeordneten Behörde als Schiedsspruch anzusehen.

Bei HauptPRäten und örtlichen PRäten bei obersten Bundesbehörden wurde vielfach ein anderer Weg beschritten. Wenn die Verhandlungen mit dem zuständigen Referenten keine Ergebnisse brachten, wurde die jeweils nächsthöhere Hierarchieebene angesprochen. Wenn man beim Staatssekretär oder in Ausnahmefällen beim Minister angelangt war, hatte man auch in der Regel einen Kompromiß gefunden.

Das französische Verfahren dagegen wird teilweise von anderen Merkmalen bestimmt. Wie für die deutschen PRäte waren auch für die Konfliktlösung in den c.a.p. und c.t.p. die Vorgespräche von wesentlicher Bedeutung. Insbesondere für die c.a.p. wurde angegeben, daß Problemfälle meist auf diesem Wege ausgeräumt werden können.

Wenn diese Stufe keine Einigung herbeiführen konnte — dies traf häufiger für die c.t.p. zu — so weicht das Verfahren allerdings grundsätzlich von der deutschen Praxis ab. Hier ist wiederum von entscheidender Bedeutung, daß die Verhandlungspartner auf der Personalseite auch gleichzeitig die Spitzenfunktionäre ihrer Gewerkschaft sind. Denn bei wichtigen Problemen, die nicht in Vorabsprache geklärt werden können, setzt ein Verfahren ein, das als „action syndicale“ oder „rapport de force“ bezeichnet wird. Dies bedeutet, daß die Gewerkschaften in Verhandlungen mit der Behörde eintreten mit dem deutlichen Hintergrund, gegebenenfalls bis zu einem Streik zu gehen. Dies ist der entscheidende Unterschied zu den Möglichkeiten deutscher PRäte. Solche Verhandlungen beginnen zwar auch bei den zuständigen Stellen der Ministerien und werden bei Mißerfolg gegebenenfalls auf einer höheren Hierarchieebene erneut begonnen, die Konsequenz für den Fall des Scheiterns der gewerkschaftlichen Bemühungen wird aber immer deutlich betont[48]. Diese Art der Konfliktaustragung wird natürlich nicht in jedem Problemfall beschritten, sie gehört aber doch zu den wichtigen Maßnahmen der Einflußnahme von Personalinteressen auf Verwaltungsentscheidungen und wurde von allen Befragten als das wesentliche Merkmal des internen Einigungsverfahrens dargestellt. Es ist hierbei zu bedenken, daß der Streik im öffentlichen Dienst Frankreichs zum einen verfassungsrechtlich zulässig und zum anderen auch in der Praxis keineswegs unüblich ist[49].

bb) Die Einschätzung der Erfolge und des Gewichts des internen Einigungsverfahrens

Eine Beurteilung des Erfolges der Bemühungen im informellen Verfahren, sei es für die Personalseite, sei es für die Verwaltungsseite, ist sehr schwierig und nicht allein an objektiven Maßstäben meßbar. Es muß daher auf einige punktuelle Äußerungen zu den Entscheidungen im internen Einigungsverfahren und auch auf die Einschätzung des Gewichts der informellen Beteiligung gegenüber dem förmlichen Verfahren durch die Befragten zurückgegriffen werden.

Zur Durchsetzungskraft der eigenen Überzeugung äußerten sich die Befragten in der Bundesrepublik recht zurückhaltend; man betonte, daß in der Regel ein Kompromiß gefunden werde, indem jeder ein Stück von seiner Position abrücke und man auf der Mitte zusammenkomme. Einige PRäte gaben als Grund für ihren überdurchschnittlichen Erfolg an, daß sie grundsätzlich nur sehr selten gegenüber behördlichen Maßnahmen eine ablehnende Haltung einnähmen, dafür aber in den Ausnahmefällen, in denen sie sich engagieren, einen um so größeren Erfolg hätten. Demgegenüber wurde von Verwaltungsseite vielbach betont, man sei bei Kleinigkeiten sehr großzügig und achte auch darauf, daß der PR eine Angelegenheit „zum Vorzeigen für seine Wähler" hätte, könne dafür aber in wichtigen Dingen um so mehr auf die Unterstützung und die verantwortliche Haltung des PR rechnen.

---

[48] Im Jahre 1974 war beispielsweise im Postbereich das Problem der Unterbringung der Auszubildenden in Paris der Anlaß für einen mehrmonatigen Streik. Dem waren auch Verhandlungen der Gewerkschaftsvertreter in den c.t.p. ministériels und in der commission nationale des affaires sociales vorausgegangen.

[49] Vgl. hierzu die ausführlichen Darstellungen bei *Georg Leistner*, Der Streik im öffentlichen Dienst Frankreichs, Köln 1975.

In Frankreich dagegen waren die Äußerungen für die verschiedenen Verwaltungsbereiche unterschiedlich. Im Erziehungsbereich wurde — wie schon oben erwähnt — allgemein betont, daß die Verwaltung kaum eine Maßnahme durchführen könne, die gegen den erklärten Widerstand der F.E.N.-Gewerkschaften gehe. Es wurde auch von allen Befragten angegeben, daß die Verwaltung weitaus häufiger die F.E.N.-Gewerkschaften zu informellen Gesprächen auffordere. Im Innenressort schätzte man im Services Préféctures den Einfluß der Personalvertreter recht hoch ein, dagegen war man in der Direction générale de la police nationale sehr skeptisch gegenüber seinen Möglichkeiten. Im Post- und Finanzbereich war man auch eher pessimistisch. In beiden Ressorts wurde insbesondere von den Verwaltungsvertretern betont, letztlich lasse man sich von den Personalvertretern nicht hineinreden. Diese punktuellen Aussagen sind aber weder für Deutschland noch für Frankreich geeignet, ein Bild von der Gesamtheit der vier Verwaltungsbereiche zu zeichnen. Sie können nur mögliche Tendenzen aufzeigen.

Signifikant hingegen sind die Ergebnisse zu der Frage, ob die Entscheidungen der Verwaltung in stärkerem Maß durch die Verhandlungen des förmlichen oder des informellen Verfahres beeinflußt werden. Als Antwortmöglichkeiten wurden angeboten: das förmliche Verfahren, das informelle Verfahren oder beides.

	Das förmliche Verfahren	Das informelle Verfahren	Beides
Bundesrepublik Deutschland	17	28	6
Frankreich	14	39	14

In beiden Ländern wurde dem informellen Verfahren das weitaus größere Gewicht beigemessen, wobei es in Frankreich die überragende Rolle spielte. Als Begründung für diese Einschätzung wurden in beiden Ländern mehrere Gründe angeführt.

Das informelle Verfahren habe den bedeutenden Vorteil, daß viel freier verhandelt werden könne, kein Protokoll darüber geführt werde, und daß man die Gesprächsrunde nach Sachgesichtspunkten und nach Fachkenntnis zusammenstellen könne, ohne an formelle Repräsentationsregeln gebunden zu sein. Insbefondere in Frankreich wünschte man sich allgemein eine Ausweitung dieser informellen Verhandlungen. Die Teilnahme an den Kommissionssitzungen habe oft für die

Gewerkschaftsvertreter nur Informationsfunktion für ihre Interventionen im informellen Bereich. Für beide Länder wurde aber auch betont, daß solche Verfahren nur dann einen Erfolg bringen könnten, wenn für den Fall des Scheiterns der Verhandlungen gewisse Konsequenzen drohten, sei es nun der Streik in Frankreich oder die Anrufung der Einigungsstelle in Deutschland.

Trotz des nicht-repräsentativen Charakters der Untersuchung wird man zumindest hinsichtlich der Grundstrukturen dieses informellen Beteiligungsverfahrens generalisierende Aussagen machen können, da insoweit auch verallgemeinernde Feststellungen der befragten Schlüsselpersonen vorliegen.

Daraus läßt sich zusammenfassend erkennen, daß dieses informelle Beteiligungsverfahren für die Interessenvertretung der Beschäftigten des öffentlichen Dienstes eine so bedeutende Rolle spielt, daß es fast gleichrangig neben dem förmlichen Verfahren zu beachten ist. In Frankreich wird man es aufgrund der besonderen Rahmenbedingungen als die entscheidende Einflußmöglichkeit im System der Personalvertretung ansehen müssen.

e) Die Initiativen der Personalvertretungen

In den vorangegangenen Abschnitten wurde bereits im Rahmen der informellen Teilhabe von den Vorstößen und Initiativen von seiten der Personalvertreter gesprochen. Im Vordergrund stand hier jedoch die Beteiligung der Personalvertreter, d. h. eine Behandlung der jeweiligen Angelegenheit auf Initiative der Behörde. Die normierten Initiativrechte dagegen stellen gleichsam das Gegenstück zu den Beteiligungspflichten der Behörde dar. Sie sind allerdings für Deutschland und für Frankreich unterschiedlich ausgestaltet. Während in Frankreich in Art. 30 des Dekrets Nr. 59-307 den Personalvertretern in der c.a.p. ein Recht zur Einberufung einer Sitzung und auf Antrag der Hälfte der Personalvertreter nach Art. 31, alinéa 1, auch das Recht, jede Angelegenheit aus dem Zuständigkeitsbereich auf die Tagesordnung setzen zu lassen, eingeräumt wird, haben die deutschen PRäte durch § 70 BPersVG grundsätzlich die Möglichkeit, in allen Zuständigkeiten des PR initiativ zu werden, in den Fällen des § 75 Abs. 2 Nr. 1-6 und 11-17 BPersVG sogar im äußersten Konfliktfall die Einigungsstelle darüber entscheiden zu lassen, ob die Dienststelle verpflichtet ist, dieser Initiative Folge zu leisten. Der § 64 Abs. 3 LPersVG Rh-Pf allerdings begründet für den PR nur das Recht, in sozialen Angelegenheiten initiativ zu werden und knüpft daran lediglich die Verpflichtung für den Leiter der Dienststelle, darauf unverzüglich zu antworten.

Die Ausnutzung dieser Initiativrechte in der Praxis ist allerdings sehr gering, selbst im Bereich der deutschen Bundesbehörden, wo die normierten Rechte am weitestgehenden sind. Von allen 20 PRäten gaben nur 4 an, daß sie regelmäßig mit eigenen Anträgen an die Dienststellenleitung heranträten, 10 PRäte hatten noch nie formell ihr Initiativrecht genutzt. Ebenso war auch nur in einem Fall der französischen c.a.p. einmal ein Anrag auf Einberufung einer offiziellen Sitzung gestellt worden.

Demgegenüber hatte sich, wie im Beteiligungsverfahren, in beiden Ländern ein nicht-förmliches und auch nicht in den Normen vorgesehenes Verfahren herausgebildet, das weitaus stärker genutzt wird als das förmliche. Bis auf wenige Ausnahmen gaben alle PRäte an, daß in den gemeinsamen Sitzungen mit der Dienststellenleitung jedesmal formlos Wünsche und Anregungen des PR vorgetragen würden, die dann von der Verwaltung geprüft und gegebenenfalls realisiert würden. Für die französischen Personalvertretungen hat sich ein ähnliches Verfahren entwickelt. Sowohl für die c.a.p. als auch für die c.t.p. wurde angegeben, daß es den Personalvertretern möglich sei, in der Sitzung Wünsche (vœux) vorzutragen. Bis auf die Probanden des Erziehungsbereiches gaben allerdings alle befragten Personalvertreter an, sie würden von dieser Möglichkeit kaum Gebrauch machen, weil man die Erfahrung gemacht hat, daß von der Verwaltung sowieso kaum einer der Wünsche realisiert wird.

Eine große Rolle dagegen spielen die „vœux" in den Sitzungen des Conseil supérieur de la Fonction publique. Hier wurden zu jedem Antrag, der in der vorbereitenden Versammlung der Personalvertreter (section syndicale) abgelehnt wurde, für die Verhandlung im Plenum ein oder zwei Initiativanträge (vœux) formuliert. Dadurch, daß es — wie oben dargestellt — im Conseil supérieur de la Fonction publique durchaus einmal möglich ist, daß Verwaltungsvertreter für die Vorstellungen der Personalvertreter stimmen, gewinnen hier auch die Initiativanträge an Gewicht. 1974 wurde ein Initiativantrag gestellt, daß künftig die Verwaltung vor jeder Sitzung über die Realisierung der von der vorangegangenen Versammlung angenommenen Initiativanträge zu berichten habe. Da dies seitdem geschieht, kann dieses nicht-normierte, aber formlos zugestandene Initiativrecht durchaus als wirkungsvoll bezeichnet werden.

Auch in allen Sozialkommissionen konnte festgestellt werden, daß formlose Initiativen der Personalvertreter in der Sitzung ständig vorgetragen und auch von der Verwaltung hinreichend aufgegriffen werden. Hierin unterscheiden sie sich deutlich von den c.a.p. und c.t.p. Dort wird allerdings die geringe Ausnutzung der förmlichen und formlos zugestandenen Initiativmöglichkeiten kompensiert durch das oben bereits beschriebene Verfahren der informellen Beteiligung.

Dies konnte auch für alle deutschen PRäte festgestellt werden. Bei sehr geringer Ausschöpfung der normierten Initiativrechte und häufiger formloser Initiativen in den gemeinsamen Sitzungen wurde auch hier der Schwerpunkt der Bemühungen des PR in den informellen Kontakten des Vorstandes mit der Dienststelle gesehen. Von den befragten Gewerkschaftsvertretern wurde diese Einschätzung bestätigt und darauf hingewiesen, daß man in Schulungsveranstaltungen auf die Ausnutzung der förmlichen Initiativrechte immer wieder größten Wert lege, diese wesentliche Neuerung der Novellierung des BPersVG von 1974 aber immer noch nicht in die Praxis der PRäte eingedrungen sei.

Insgesamt wird man aus diesen Ergebnissen erkennen können, daß trotz offiziell oder inoffiziell zugestandener Initiativrechte die Personalvertretungen bisher überwiegend nur auf das reagieren, was von der Verwaltung an sie herangetragen wird, und nicht selbst aktiv werden. Dies muß bei der Beurteilung der Funktionen der Personalvertretung für eine umfassende Interessenwahrnehmung des Personals mit berücksichtigt werden.

f) Die Einflußnahme der Gewerkschaften im Zuständigkeitsbereich der Personalvertretungen

Das gesamte Spektrum der Einflußmöglichkeiten der Gewerkschaften auf den öffentlichen Dienst ist sehr komplex. Sie vertreten die Beschäftigten in den Lohn- und Tarifverhandlungen, sie werden im Vorfeld parlamentarischer Entscheidungen aktiv, sie organisieren Arbeitskampfmaßnahmen, sie werden beteiligt an der Vorbereitung allgemeiner Regeln für den öffentlichen Dienst und sie sind im innerbehördlichen Beteiligungsverfahren präsent. Es ist nicht unproblematisch, diese Komplexität auf die Einflußnahme der Gewerkschaft im Zuständigkeitsbereich der Personalvertretungen zu reduzieren, da die Begründung und die Anlässe für diesen Einfluß sich nicht immer aus dem Gesamtzusammenhang der gewerkschaftlichen Präsenz im öffentlichen Dienst lösen lassen. Dennoch soll der Versuch unternommen werden, den gewerkschaftlichen Einfluß auf das Beteiligungsverfahren der Personalvertretungen gesondert zu untersuchen. Als Beurteilungsmaßstäbe sollen die Repräsentanz der Gewerkschaften in den Personalvertretungskörperschaften durch ihre Mitglieder, die Identität von Personalvertretern und Gewerkschaftsfunktionären, die beratende Teilnahme von Fachleuten der Gewerkschaft bei Sitzungen der Personalvertretungen und die Interventionen der Gewerkschaften im Zuständigkeitsbereich der Personalvertretungen herangezogen werden.

aa) Die Mitgliedschaft der Personalvertreter in den Gewerkschaften

Für die Frage der personellen Repräsentanz der Gewerkschaften in den Personalvertretungen kann weitgehend auf die Darstellungen über die Zusammensetzung der Personalvertretungskörperschaften verwiesen werden[50]. Hierbei wurde festgestellt, daß die PRäte im Bereich der deutschen Bundespost und der Gymnasial- und Grund- und Hauptschullehrer des Landes Rheinland-Pfalz zum weitaus überwiegenden Teil gewerkschaftlich organisiert sind (Post: 0,65 % unabhängige und Kultus: 1,5 % unabhängige PR-Mitglieder). Demgegenüber stehen die Bundesfinanzverwaltung mit 12,9 % unabhängigen PR-Mitgliedern und die Dienststellen des BMI mit 20,1 % unabhängigen. Aus einer internen Studie des DGB geht hervor, daß in dem Zuständigkeitsbereich der Gewerkschaften ÖTV, DPG und GdED bei 5 361 einbezogenen PRäten mit 30 436 PR-Mitgliedern 5,0 % unorganisiert waren. Diese Zahl wird man als repräsentativ für den gesamten öffentlichen Dienst ansehen können, wobei natürlich der hohe Organisationsgrad bei den Betriebsverwaltungen entsprechend ins Gewicht fällt.

Für Frankreich ergibt sich bereits aus der Organisationsstruktur der Personalvertretungen, daß alle Personalvertreter in den c.t.p., dem Conseil supérieur de la Fonction publique und aller Sozialkommissionen gewerkschaftlich organisiert sein müssen, da sie nicht gewählt, sondern von den repräsentativen Gewerkschaften des öffentlichen Dienstes in die Gremien delegiert werden. Unorganisierte Kandidaten haben nur über die Wahlen zu den c.a.p. die Möglichkeit, in Personalvertretungsgremien zu gelangen. Die Möglichkeit wird allerdings kaum erfolgreich genutzt.

Autonome Gewerkschaften allerdings, die keiner der großen Confédérations angehören, gibt es insbesondere im Bereich des Ministère de l'Intérieur bei der Direction générale de la police nationale, wo sie von 40 Sitzen in den c.a.p. 39 besetzen, im Services des Préfectures dagegen erreichten die Unabhängigen mit 3,20 % keinen Sitz. Auch in den untersuchten Bereichen des Erziehungsministeriums konnten die autonomen Gewerkschaften keinen Sitz erreichen[51].

In den beiden Direktionen des Finanzministeriums gab es nur jeweils eine autonome Gewerkschaft, das Syndicat national unifié des Impôts, das eine gewisse Repräsentativität für den Bereich der Direction générale des impôts erreichen konnte und mit einem Vertreter im c.t.p. central vertreten ist, und im Bereich der Direction générale de

---

[50] Vgl. oben 3. Kap. B. 1. a).

[51] Vgl. zur Differenzierung zwischen unabhängigen und unorganisierten Personalvertretern oben, 3. Kap. B. 1. a).

la comptabilité publique das Syndicat des Huissiers, das aber nur ein Beamtencorps vertritt und in dieser c.a.p. N° 8 57 % der Stimmen auf sich vereinigen konnte. Im Gesamtbereich der Direction spielt es aber keine bedeutende Rolle.

Im Bereich des Postministeriums hatten die Unabhängigen einen gewissen Einfluß auf die c.a.p. der Catégorie A und B. Sie bezeichneten sich hier nicht als Syndicat autonome, sondern als amicale oder association. Die Amicale de l'école supérieur konnte in der c.a.p. N° 1 von 12 Sitzen 8 erreichen und in der c.a.p. N° 3 von 8 Sitzen 2. Die Association des ingénieurs besetzte in der c.a.p. N° 5 alle 20 Sitze. Der Amicales des assistantes sociales fielen in der c.a.p. N° 13 von 8 Sitzen 6 zu. Bei einer Gesamtzahl von 288 Sitzen in den c.a.p. national sind diese 36 Sitze der Autonomes aber immerhin ein Anteil von über 10 %.

Die einzige Veröffentlichung der Wahlergebnisse für den gesamten öffentlichen Dienst in Frankreich stammt aus dem Jahre 1968[52]. Damals war der Anteil der autonomen Gewerkschaften 9,6 %. Dies resultierte aus einer überdurchschnittlichen Repräsentanz dieser Gewerkschaften in der Direction générale de la police nationale (85,9 %), im Services pénitentiaires (23 %) und im Service des Eaux et Forêts (19,9 %)[53]. Die großen Confédérations erhielten damals: C.G.T. 39,9 %, C.F.D.T. 14,3 %, F.O. 28,8 %, C.F.T.C. 5,1 % und C.G.C. 1,1 %.

Für die Ausgangsfrage nach dem Einfluß der Gewerkschaften auf die Personalvertretungen über ihre Mitglieder läßt sich daher folgendes feststellen: Die gewerkschaftliche Repräsentanz in den PRäten der Bundesrepublik Deutschland ist zwar dominierend, im Bereich des BMF und insbesondere des BMI sind aber auch gewerkschaftlich unorganisierte Vertreter in beachtlichem Umfang vertreten.

In Frankreich hingegen wurden überhaupt keine unorganisierten Mitglieder in den Personalvertretungen festgestellt. Es werden zwar in einigen Verwaltungsbereichen c.a.p.-Sitze von Kandidaten besetzt, die keiner der großen Confédérations angehören, sie sind aber meistens Mitglieder von Organisationen einzelner Berufsgruppen, die ihrerseits wieder eigene Ziele verfolgen können.

Diese Zahlen zur Repräsentanz der Gewerkschaften über ihre Mitglieder können höchstens als eine Voraussetzung für eine Einflußnahme angesehen werden; der Einfluß selbst muß sich an anderen Kriterien bestimmen.

---

[52] *Gérard Adam*, La représentativité syndicale, in: Revue française des sciences politiques, 1968, S. 278 ff.

[53] Vgl. *ders.*, ebenda, S. 297.

bb) Die Identität von Gewerkschaftsamt und der Mitgliedschaft in einer Personalvertretung

Eines dieser Kriterien kann die Repräsentanz der Gewerkschaften in den Personalvertretungen durch ihre Funktionäre sein. Denn es kann vermutet werden, daß diejenigen, die die Politik und Aktionen ihrer Gewerkschaft bestimmen, dies auch in ihrem Standpunkt, den sie in den Gremien vertreten, einfließen lassen, wenn sie beide Ämter in Personalunion wahrnehmen.

Für diese Frage kann nur mit Einschränkungen auf die persönlichen Daten der Befragten zurückgegriffen werden, da sie als Schlüsselpersonen teilweise gerade aufgrund ihrer Stellung in der Gewerkschaftshierarchie ausgewählt wurden. Aufgrund verallgemeinernder Angaben dieser Personen können aber vorsichtig generalisierbare Äußerungen zur Gesamtsituation gemacht werden. So waren in Frankreich von 41 befragten Personalvertretern nur 2 ohne ein Gewerkschaftsamt. Die anderen waren entweder Mitglieder des Generalsekretariats ihrer Gewerkschaft oder Sekretäre der regionalen oder departementalen Sektionen, also jeweils die führenden Gewerkschaftsfunktionäre auf ihrer Ebene. Im C.S. dagegen sind jeweils die Generalsekretäre oder deren Vertreter der nationalen Dachorganisation der Gewerkschaften für den öffentlichen Dienst vertreten; in den c.t.p. ministériels und centraux sitzen die führenden Funktionäre der nationalen Gewerkschaftssektion für das jeweilige Ressort.

In Deutschland dagegen waren nur 19 von 30 befragten PR-Mitgliedern in Kreis-, Bezirks- oder Haupt- bzw. Bundesvorständen in der Gewerkschaft. Auch die verallgemeinernden Aussagen der Probanden wiesen darauf hin, daß es in den deutschen PRäten nicht die Regel ist, daß Gewerkschaftsfunktionäre auch Mitglieder des PR sind. Insbesondere im Bereich des BMI gab es einige PRäte, in denen überhaupt keine Gewerkschaftsfunktionäre saßen.

Dagegen konnte im Kultusbereich festgestellt werden, daß auf Landes- und Bezirksebene fast ohne Ausnahme die führenden Gewerkschafter des PhilV im Gymnasialbereich auch auf den entsprechenden Ebenen die Vorsitzenden der PRäte waren, und im Bereich der Grund- und Hauptschulen, wo VBE und GEW etwa gleich stark vertreten sind, jeweils der Vorsitzende der einen Gewerkschaft PR-Vorsitzender war und der Vorsitzende der anderen sein Stellvertreter.

Die personelle Anbindung der Personalvertretungen an die Gewerkschaftshierarchie ist demnach in Deutschland wesentlich geringer als in Frankreich.

cc) Die Teilnahme von Gewerkschafts-beauftragten an den Sitzungen der Personalvertretungen

Eine weitere Möglichkeit der Einflußnahme ist die Teilnahme von Beauftragten der Gewerkschaften an den Sitzungen der Personalvertretungen.

Durch die eben beschriebene enge Verknüpfung von Personalvertretung und Gewerkschaft in Frankreich, ist diese Teilnahme selbstverständlich und daher auch nicht in den Vorschriften geregelt.

In Deutschland hingegen, wo die Gewerkschaften vom Gesetz als ein systemfremdes Element angesehen werden, ist in § 36 BPersVG bzw. § 33 Abs. 5 LPersVG Rh-Pf bestimmt, daß der PR durch Beschluß die Teilnahme eines Beauftragten einer Gewerkschaft zulassen kann. Die Ausnutzung dieses Rechts in der Praxis ist allerdings sehr gering. Denn von den 20 untersuchten PRäten war es bisher nur bei 2 — und dies waren beides HauptPRäte — schon einmal vorgekommen, daß ein Gewerkschaftsbeauftragter zu einer Sitzung eingeladen wurde. Bezeichnenderweise waren dies beides Verwaltungsbereiche, in denen die Gewerkschaften auch durch ihre Funktionäre im PR nur schwach vertreten waren. Daraus kann man schließen — und insbesondere im Kultusbereich wurde dies von jedem Befragten betont —, daß überall dort, wo die Funktionäre der Gewerkschaften bereits mit in den PRäten sitzen, sich eine weitergehende Anhörung eines Beauftragten für den PR erübrigt. In wenigen Fällen wurde allerdings auch — besonders von örtlichen PRäten — angegeben, man verspreche sich nichts von einer solchen Teilnahme.

Demgegenüber wies man beim HauptPR des BMI darauf hin, daß man sehr häufig schriftliche Stellungnahmen der Gewerkschaften einhole, da die Materie des Tarifrechts so kompliziert sei, daß man ohne diese Hilfe sich nicht zurechtfinde.

dd) Die Interventionen der Gewerkschaften im Zuständigkeitsbereich der Personalvertretungen

Im Rahmen der informellen Beteiligung wurden oben auch bereits die Aktivitäten im Zuständigkeitsbereich der Personalvertretungen erwähnt[54]. Für den Einfluß der französischen Gewerkschaften ist dem kaum noch etwas hinzuzufügen, da aus der Organisationsstruktur der Personalvertretungen heraus die Gewerkschaften eigene Zuständigkeiten im Bereich der Personalvertretungen besitzen und — wie gezeigt — diese auch sehr intensiv wahrnehmen.

---

[54] Vgl. oben 3. Kap. B. 2. b) und d).

In der Bundesrepublik Deutschland hingegen stellt sich die Situation deshalb anders dar, weil die Gewerkschaften nur außerhalb der Personalvertretungen selbständig aktiv werden können. Daher wurden Dienststellenvertreter, Personalvertreter und Gewerkschaftsfunktionäre danach gefragt, wie häufig die in der Dienststelle vertretenen Gewerkschaften sich ohne Einschaltung des PR bei der Dienststellenleitung um eine Einflußnahme im Zuständigkeitsbereich der PRäte bemühen. Hierbei stellten sich auffallende Differenzen zwischen den einzelnen Verwaltungsbereichen heraus. Im Bereich des BMI äußerten Verwaltungs- und Personalvertreter übereinstimmend, es gebe keinerlei Interventionen der Gewerkschaften im Zuständigkeitsbereich der PRäte. Im Kultusbereich gab man für die Ebene der Haupt- und BezPRäte an, dies passiere nur sehr selten, vielleicht ein- bis zweimal im Jahr, konnte aber nicht immer angeben, ob bei den häufigen Kontakten der Dienststellenleiter zum PR-Vorsitzenden dieser als Personalvertreter oder als Gewerkschaftsvertreter vorsprach. Auf örtlicher Ebene waren Gewerkschaftsinterventionen unüblich.

In den untersuchten Bereichen des Finanz- und Postressorts wurden ständige Bemühungen der dort vertretenen Gewerkschaften genannt, direkt mit der Dienststelle zu verhandeln. Als Gegenstände der Verhandlungen wurden soziale, organisatorische und auch personelle Angelegenheiten angegeben. Bei den personellen Angelegenheiten legten allerdings besonders die Verwaltungsvertreter Wert darauf, daß dies nur ein Versuch der Gewerkschaften sei, sie selbst sich aber jedesmal weigern würden, über personelle Angelegenheiten mit jemand anderem als mit den Personalvertretern zu sprechen.

In allen Verwaltungsbereichen äußerten die Befragten übereinstimmend, daß die Kontakte mit den Gewerkschaften in keinem Fall für die Behandlung der PR-Zuständigkeiten von gleichem oder größerem Gewicht seien als die Verhandlungen mit dem PR selbst.

In dem Bereich des Einflusses der Gewerkschaften im Zuständigkeitsbereich der Personalvertretung zeigt sich die größte Differenz zwischen der deutschen und französischen Praxis. Während in Frankreich die Gewerkschaften als Institution allgemein als die Personalvertreter selbst aufgefaßt und behandelt werden, setzt sich in Deutschland der schon gesetzlich vorgeschriebene Dualismus zwischen PR und Gewerkschaft in der Praxis der Beteiligung weitgehend fort.

Zusammenfassend läßt sich für das Verfahren der Beteiligung als wohl signifikantestes Ergebnis die große Bedeutung der informellen Beteiligung gegenüber dem in den Normen vorgesehenen förmlichen Verfahren in beiden Ländern festhalten. Hierbei ergab sich für Frankreich sogar das interessante Phänomen, daß durch Dekrete eingerichtete Personalvertretungskörperschaften im Einvernehmen mit der Verwaltung nicht mehr einberufen wurden zugunsten einer informellen Gesprächsrunde. Diese starke Betonung des informellen Verfahrens mit großem gewerkschaftlichen Engagement ließ das Fehlen stärkerer normierter Beteiligungsrechte in Frankreich weniger gravierend erscheinen.

Insgesamt konnte in diesem Abschnitt festgestellt werden, daß sowohl in Frankreich als auch in Deutschland die Gewerkschaften auch im Verfahren der Beteiligung eine bedeutende Rolle spielen, sei es durch ihre hohe Repräsentanz in den Personalvertretungen selbst, sei es durch ihr Engagement außerhalb der Personalvertretung.

Als ein weiteres wichtiges Ergebnis ist auch noch die geringe Ausnutzung der Initiativrechte durch die Personalvertretungen zu nennen.

C. Die Informationsstrukturen

Neben dem Verfahren der Beteiligung der Personalvertretung an den internen Verwaltungsentscheidungen in seiner komplexen Ausgestaltung gehört gleichrangig auch die Informationsstruktur im System der Personalvertretung zu den wesentlichen Bedingungen einer wirksamen Interessenvertretung, so wie sie oben definiert wurde[55]. Hierbei geht es jetzt nicht mehr allein um die Informationskanäle zwischen Dienststelle und Personalvertretung — und auch in diesem Verhältnis wird über die informellen Kontakte als Voraussetzung der Beteiligung hinausgegangen —, sondern darüber hinaus auch um die Beziehungen zwischen Dienststelle und den Beschäftigten und ganz besonders zwischen der Personalvertretung und den Beschäftigten. Unter der Informationsstruktur wird die Vielfalt der Interaktionen zwischen den einzelnen Partnern verstanden.

1. Zwischen der Personalvertretung und der Dienststelle

Die Beziehungen zwischen der Personalvertretung und der Dienststelle sind — wie oben bereits dargestellt — sehr vielfältiger Art. Neben dem kaum meßbaren und beschreibbaren persönlichen Verhältnis der sich gegenüberstehenden Partner ist es von grundlegender Wichtigkeit, in welchem Umfang sie untereinander Informationen austauschen. Hierbei liegt sicherlich das Schwergewicht auf den Informationen, die der Personalvertretung von der Dienststelle für ihre Arbeit zur Verfügung gestellt werden. Ihre Beschaffenheit und ihr Umfang werden in ganz erheblicher Weise die Wirksamkeit der Interessenvertretung des Personals bestimmen. Entsprechend den oben gefundenen

---

[55] Vgl. oben 2. Kap. vor A.

Zielen und Funktionen der Personalvertretung, reduzieren sich die gewollten und nichtgewollten Wirkungen der Personalvertretung aber nicht nur auf die Vertretung von Personalinteressen, sondern es sind außerdem Interessen der Dienststelle mit berücksichtigt. Daher wird in diesem Abschnitt auch der Informationsfluß von der Personalvertretung zur Dienststelle untersucht.

a) Die Informationen an die Personalvertretung

Zunächst sollen die Informationen der Dienststelle an die Personalvertretung untersucht werden, wobei wiederum zwischen den offiziellen, in den Normen vorgeschriebenen Wegen der Informationsübermittlung und den inoffiziellen Kanälen unterschieden wird.

aa) Die offiziellen Kanäle der Informationsübermittlung

Hierbei steht im Mittelpunkt des Interesses, in welchem Umfang und innerhalb welcher Fristen die Dienststelle der Personalvertretung die vorbereitenden Informationen zur Verfügung stellt.

Die formellen Regelungen sind sowohl in der Bundesrepublik als auch in Frankreich wenig präzise. Nach § 68 Abs. 2 BPersVG bzw. § 59 Abs. 2 LPersVG Rh-Pf sind die PRäte „umfassend und rechtzeitig zu unterrichten“ und „ihnen die hierfür erforderlichen Unterlagen vorzulegen“. Nach Art. 34 und 51 des Dekrets Nr. 59-307 ist den Personalvertretern in den c.a.p. und c.t.p. „jede Unterstützung zu gewähren, die sie zur Erfüllung ihrer Aufgaben benötigen“ und für die c.a.p. nach Art. 34 des angeführten Dekrets darüber hinaus „alle notwendigen Schriftstücke und Dokumente zur Verfügung zu stellen“.

Dieser gering ausgeprägten Formalisierung der Informationsübermittlung stand eine entsprechend diffuse Handhabung in der Praxis gegenüber, sowohl was die Rechtzeitigkeit als auch was die Vollständigkeit der Informationen anbelangt. Von den 26 untersuchten Kommissionen in Frankreich wurde für 13 angegeben, daß man in ausreichender Zeit vor den Sitzungen die vorbereitenden Papiere erhalte. In den verbleibenden 13 wurden die Personalvertreter teilweise erst in der Sitzung über die Angelegenheiten informiert, teilweise wurden ihnen die Informationen wenige Tage vorher zugesandt, was aber beispielsweise für die Durchsicht einer Beförderungstabelle für 5 000 oder mehr Beschäftigte ebenfalls nicht ausreicht. In all diesen Fällen wurde die verspätete Information als eine empfindliche Behinderung der Arbeit bezeichnet.

Bei den deutschen PRäten dagegen waren es nur 2 PRäte, die über eine zu späte Information klagten. Alle übrigen gaben zwar an, daß es Ausnahmefälle gäbe, man aber entweder Verständnis für die Schwierigkeiten der Behörde für eine zeitlich angemessene Informationsübermittlung habe oder nach einer nachhaltigen Rüge der Verspätung wieder gut zurechtkomme.

In einigen Fällen wurde allerdings das Grundsatzproblem angesprochen, in welchem Stadium der Planung die Verwaltung den PR beteiligen und informieren müsse. Hierbei wurde von den Personalvertretern der Standpunkt vertreten, die Information müsse bereits in dem Stadium erfolgen, in dem sich eine Idee als Plan bei einer Verwaltungsabteilung konkretisiere, auch wenn er nachträglich fallengelassen oder modifiziert werde. Dagegen vertraten die Verwaltungsvertreter die Auffassung, der PR könne erst dann eine Information erwarten, wenn die Angelegenheit mit allen beteiligten Abteilungen der Dienststelle abgesprochen sei und man ein Gesamtkonzept vorbereitet habe. Der Einwand hiergegen richtete sich meist darauf, daß in diesem Stadium keine vom PR vorgetragenen Gesichtspunkte mehr Eingang in die Planung der Behörde finden könnten. Diese punktuellen Probleme ändern aber nichts an der generellen Zufriedenheit mit dem Zeitpunkt der Information.

Die Übermittlung der Information wurde sehr unterschiedlich gehandhabt; entweder sammelte die Verwaltung die Angelegenheiten bei sich und reichte dann innerhalb einer Frist, die zwischen PR und Dienststelle vereinbart war, alle Anträge zusammen beim PR ein oder man schickte die Angelegenheit, nachdem sie den verwaltungsinternen Geschäftsgang durchlaufen hatte, automatisch an den PR, unabhängig davon, ob die nächste Sitzung am folgenden Tag oder erst in 4 Wochen stattfand. Die Tatsache, daß die Information von den PR-Mitgliedern nur in Ausnahmefällen als nicht rechtzeitig empfunden wurde, mag sich auch darauf gründen, daß die in 69 Abs. 2 BPersVG bzw. § 64 Abs. 2 LPersVG Rh-Pf vorgesehenen Fristen in keinem Falle eine Rolle spielten. Für alle PRäte, die nicht wöchentlich tagten — insbesondere für HauptPRäte, die in vielen Angelegenheiten örtliche PRäte anhören müssen — ist es unmöglich, die im BPersVG vorgeschriebene Wochenfrist zur Beantwortung eines Antrages einzuhalten. Daher hatte man z. B. für den Bereich der gesamten Zollverwaltung die Abrede getroffen, daß man sich grundsätzlich nicht auf Fristen berufe, weder von seiten der Verwaltung, wenn sich der PR nicht innerhalb einer Woche geäußert hatte, noch von seiten des PR, wenn die Verwaltung eine Entscheidung schneller als innerhalb von 3 Tagen benötigte. Auch für den Bereich des BMI und des Kultusministeriums Rheinland-Pfalz, wo das Gesetz allerdings dem PR eine 3-Wochenfrist gewährt, wurde angegeben, daß man sich noch nie auf Fristablauf berufen habe. Für den Bereich der Post hatte man als Ersatz für die unpraktikable Fristenregelung des Gesetzes eine interne Lösung gefunden. Jedem Antrag der Verwaltung wird der Passus beigefügt: „Sofern eine weitere Erörterung nicht notwendig ist, beginnen die Fristen nach §§ 69, 72 BPersVG mit dem Tag ihrer nächsten Sitzung." Man ging hier davon aus, daß eine vollkommene Nichtbeachtung der Fristen rechtliche Schwierigkeiten im Konfliktfall mit sich bringen könnte.

Für die Vollständigkeit der Informationen ergab sich ein ähnliches Bild. In Frankreich wurde insbesondere für das c.t.p. angegeben, daß man nur unzulänglich informiert und teilweise wichtige Statistiken und anderes Zahlenmaterial zurückgehalten werde, selbst wenn man es anfordere. In 5 Fällen wurde selbst von den Verwaltungsvertretern zugestanden, daß man absichtlich den Personalvertretern nicht alle Informationen zukommen lasse, damit man für alle Fälle noch etwas in der Hinterhand habe.

In Deutschland hingegen wurde auch die Vollständigkeit der Information in der Regel als zufriedenstellend bezeichnet. Wenn man noch weitere Informationen anfordere, würden sie auch immer von der Verwaltung zur Verfügung gestellt. Als unzureichend wurde die Information lediglich in einigen Fällen von den Minderheitsfraktionen bezeichnet, die dies aber auf den mangelnden Informationsfluß innerhalb des PR zurückführten.

Dieser grundsätzliche Unterschied zwischen der Informationspraxis in Frankreich und der Bundesrepublik Deutschland ist durchaus signifikant. Es ist zu fragen, aus welchen Gründen sich diese Diskrepanz ergibt. Eine mögliche Erklärung wurde bereits oben gegeben, daß nämlich eine unvollständige oder verspätete Information für die deutschen PRäte wegen der weichen Fristenregelung weniger schwerwiegende Folgen hat als für die französischen Personalvertretungen.

Eine weitere Erklärung kann in den subjektiven Einschätzungen und Einstellungen der Probanden gefunden werden. Es konnte nämlich eine gewisse Tendenz festgestellt werden, daß gleiche Nachlässigkeiten der Verwaltung bei der Information von französischen Personalvertretern erheblich schärfer beurteilt wurden als von deutschen.

Schließlich könnte auch die Identität von Personalvertretern in Frankreich und örtlichen Gewerkschaftsfunktionären eine gewisse Zurückhaltung der Dienststelle bei ihrer Informationspolitik gegenüber den Personalvertretern begründen.

bb) Die inoffiziellen Informationen

Für die inoffizielle Informationsübermittlung zwischen Dienststelle und Personalvertretung kann sowohl hinsichtlich der Art als auch des

Umfangs im wesentlichen auf das oben dargestellte Verfahren der informellen Beteiligung verwiesen werden[56]. Ergänzend muß allerdings hierbei für den Bereich der deutschen PRäte auf die Funktion der Gewerkschaften bei der Vermittlung von Informationen der Dienststellenleitung an die PRäte hingewiesen werden. In den Verwaltungsbereichen, in denen starke gewerkschaftliche Organisationen hinter den Personalvertretern standen — wie z. B. bei der Post, im Kultusbereich Rheinland-Pfalz und mit Einschränkungen in der Zollverwaltung — wurde betont, daß einige wesentliche Hintergrundinformationen auch über die direkten Kontakte der Gewerkschaftsführung zur Behördenleitung erlangt wurden.

Zusammenfassend wird man feststellen können, daß in der Bundesrepublik Deutschland dennoch die Information aus dem direkten Kontakt zwischen PR und Dienststellenleitung die wesentliche Grundlage für die PR-Arbeit bildet, wogegen in Frankreich die Informationspolitik der Verwaltung grundsätzlich restriktiv gehandhabt wird und neben der direkten Information auch die Informationsvermittlung durch die Gewerkschaft von großer Bedeutung ist.

b) Die Informationen an die Dienststellenleitung

Ausgehend von der Grundannahme, daß durch eine Personalvertretung auch Ziele im Interesse der Dienststelle verfolgt werden, soll im Rahmen der Untersuchung der Informationsstruktur auch auf die Funktion der Personalvertretung für die Information der Dienststelle über die Probleme und Wünsche des Personals eingegangen werden. Hierbei wird — da objektive Anhaltspunkte nicht gegeben sind — insbesondere untersucht werden, wie diese Funktion von den Vertretern der Dienststelle eingeschätzt und wahrgenommen wird.

Es wurde in der Bundesrepublik Deutschland 20 und in Frankreich 22 Vertretern der Verwaltung die Frage vorgelegt, wie sie die Funktion der Personalvertretung bei der Vermittlung von Informationen für die Dienststelle einschätzten. Zur Beantwortung der Frage wurden ihnen drei Alternativen vorgegeben:

a) spielt eine wichtige Rolle

b) vermittelt manchmal Information

c) sehr selten oder nie

[56] Vgl. oben, 3. Kap. B. 2. b).

Es gab folgende Antworten:

	a)	b)	c)
Bundesrepublik Deutschland	5	12	3
Frankreich	5	10	7

Die Ergebnisse zeigen, daß es hier keine signifikanten Unterschiede zwischen der Situation in Frankreich und Deutschland gab. Es fiel auf, daß in beiden Ländern jeweils die Vertreter der Dienststellen zu einer positiveren Beurteilung der Informationsfunktion der Personalvertretung neigten, die auch vorher im Beteiligungsverfahren eine positive Zusammenarbeit der Partner hatten erkennen lassen. Sowohl bei den zentralen Kommissionen als auch bei den HauptPRäten wurde ebenfalls eine stärkere Betonung der Information durch die Personalvertretung festgestellt, da für eine Zentralbehörde in besonderem Maße die Schwierigkeit besteht, individuelle Bedürfnisse und Problemlagen zu erkennen. Auf dieser Ebene wurde allerdings auch auf die wichtige Funktion der Gewerkschaften und ihrer regionalen Untergliederungen hingewiesen.

Beurteilt man die Ergebnisse zu dieser Frage insgesamt, so mag die Wahrnehmung der Informationstätigkeit der Personalvertretung durch die Dienststellenvertreter als nicht sehr hoch eingeschätzt werden; es muß aber hier ergänzend hinzugefügt werden, daß die Probanden bei der Befragung bis auf wenige Ausnahmen erst mit einer gewissen Verzögerung und Überraschung auf diese Frage antworteten, teilweise sogar zugestanden, daß ihnen diese Funktion gar nicht bewuß gewesen sei.

Betrachtet man nun zusammenfassend die Informationsstruktur zwischen Behördenleitung und Personalvertretung, so wird man zum einen aus dem bereits oben festgestellten vertrauensvollen Verhältnis in der Zusammenarbeit in der Bundesrepublik Deutschland auch deutliche Auswirkungen auf die Informationspolitik der Verwaltung feststellen können. Angesichts der großen Bedeutung, die der umfassenden Information für eine wirksame Interessenvertretung zugemessen wird, wird man dies als ein beachtenswertes Ergebnis festhalten müssen. Zum anderen läßt sich aber in beiden Ländern feststellen, daß die Informationsfunktion der Personalvertretung weder ausreichend beachtet noch genutzt wird.

2. Zwischen der Personalvertretung und den Beschäftigten

Der Information zwischen der Personalvertretung und den einzelnen Beschäftigten wird zur Erfüllung der Ziele im Individualinteresse der Beschäftigten ein hoher Stellenwert zukommen. Da der Umfang und die Anlage der Untersuchung es nicht erlauben, die Beschäftigten selbst in den Kreis der Befragten mit einzubeziehen, sollen hier Aussagen zur Praxis der gegenseitigen Information durch die Sichtweise und die Einschätzung der Personalvertreter gemacht werden. Hierbei ist eine gewisse Verzerrung mit zu berücksichtigen, die aus einer möglichen Überschätzung der eigenen Funktionen für die Beschäftigten resultiert. Soweit möglich, soll die Beurteilung allerdings auch auf objektive Kriterien, die einer subjektiven Wertschätzung der Probanden entzogen sind, gestützt werden.

a) Die Informationen an die Beschäftigten

Für die Information der Personalvertretung an die Beschäftigten wurde zwischen einer generellen Informationsübermittlung durch Publikationen und Versammlungen und einer speziellen Informationsvermittlung durch Sprechstunden und persönliche Gespräche unterschieden.

Zunäst wurden die Personalvertreter danach gefragt, welche Informationsquellen sie für das Personal am wichtigsten hielten. Um mit dieser Frage aber gleichzeitig auch der Komplexität der Informationsvermittlung gerecht zu werden, wurden in den Alternativkatalog auch zwei Informationsquellen außerhalb der Personalvertretung aufgenommen: Die Mitteilungen der Behördenleitung an das Personal und die Gewerkschaftsmitteilungen.

Somit standen zur Beantwortung dieser Frage folgende Alternativen zur Verfügung:

a) Personalversammlung

b) Publikationen der Personalvertretung

c) Sprechstunden der Personalvertretungen

d) Sonstige persönliche Kontakte mit Personalvertretern

e) Mitteilungen der Behördenleitung

f) Gewerkschaftsmitteilungen

Es ergab sich bei der Möglichkeit von Mehrfachnennungen folgende Verteilung für 30 befragte Personalvertreter in der Bundesrepublik und 40 in Frankreich (s. Tabelle auf S. 164).

Bei dieser Verteilung zeigen sich einige deutliche Schwergewichte. In beiden Ländern wird dem persönlichen Gespräch eine wesentliche Informationsfunktion eingeräumt, wogegen institutionalisierte Infor-

	a)	b)	c)	d)	e)	f)
Bundesrepublik Deutschland	7	8	7	13	5	5
Frankreich	2	1	9	17	4	21

mationsquellen wie Sprechstunde, Publikation oder Personalversammlung weniger hoch eingeschätzt werden. Ebenfalls allgemein gering bewertet werden die Mitteilungen der Behördenleitung. Hierauf wird im nächsten Abschnitt bei der Darstellung der Beziehungen zwischen Behördenleitung und Personal noch gesondert eingegangen.

Eine deutliche Diskrepanz zwischen den Angaben besteht allerdings für die Einschätzung des Gewichts der Gewerkschaftsmitteilungen. Hierbei ist allerdings wieder zu berücksichtigen, welche überragende Bedeutung die Gewerkschaften als integrierte Bestandteile des Systems der französischen Personalvertretung haben. Hinzu kommt weiterhin eine vergleichsweise geringe Informationstätigkeit durch die Kommissionen selbst.

Dies soll im folgenden genauer untersucht werden, wobei Einzelergebnisse für die Publikationen der Personalvertretungen und die persönlichen Kontakte dargestellt werden. Für die Funktion der Personalversammlungen wird auf die eigenständige Behandlung dieses Punktes weiter unten verwiesen[57].

aa) Publikationen der Personalvertretungen

Als Publikationen der Personalvertretungen wurden sowohl regelmäßig erscheinende Zeitungen oder Mitteilungen als auch bloße Anschläge und Bekanntmachungen am schwarzen Brett der Dienststelle aufgefaßt. In der Befragung stellte sich hier ein ganz erheblicher Unterschied zwischen beiden Ländern, aber auch zwischen den einzelnen Verwaltungsbereichen heraus.

In der Bundesrepublik wurden nur von den PRäten des Postbereiches regelmäßige Informationen publiziert. Dies konnte bei allen untersuchten PRäten festgestellt werden und kann aufgrund von generalisierenden Aussagen der Befragten zumindest auch für alle BezPRäte und einen großen Teil der örtlichen PRäte im Postbereich gelten. Von den untersuchten PRäten gaben der Haupt- und BezPR monatlich Mitteilungen für die örtlichen bzw. BezPRäte heraus. Die

[57] Vgl. unten 3. Kap. D. 2.

beiden untersuchten örtlichen PRäte informierten die Beschäftigten der Behörde durch regelmäßige Anschläge und vereinzelte Rundbriefe.

Im Kultusbereich Rheinland-Pfalz wurden nur von den beiden Haupt- und BezPRäten 3 bis 4 Rundbriefe pro Jahr an die örtlichen PRäte gesandt, in denen auszugsweise die wesentlichsten Verhandlungsgegenstände der vergangenen Zeit dargestellt waren. Diese Rundbriefe waren jeweils auch zum Aushang in den Lehrerzimmern bestimmt. Über die Quote derer, die sie auch lesen, war man allerdings skeptisch. Im Bereich des BMI wurde vom HauptPR nichts publiziert; nur zwei örtliche PRäte gaben regelmäßige Mitteilungen heraus. Für den Bereich des Finanzministeriums gab es bei keinem der untersuchten PRäte eine eigene Publikation.

In Frankreich gaben die Personalvertretungen selbst keine Publikationen im oben genannten Sinne heraus. Es wurden lediglich Sitzungsprotokolle angefertigt, die aber nur den einzelnen Kommissionsmitgliedern zugesandt wurden. An Veröffentlichungen, die auch dem einzelnen Beschäftigten zugänglich sind, wurde nur bei der c.a.p. die Beförderungsliste (tableau d'avancement) angegeben, die aber keinen besonders hohen Informationswert besitzt. Hier wurde allerdings großer Wert darauf gelegt, daß die Gewerkschaften für die Personalvertretung diese Informationsfunktion wahrnehmen. Es war in vielen c.a.p. üblich, daß die dort vertretenen großen Gewerkschaften Ergebnisse von Personalentscheidungen, die in der Sitzung behandelt worden waren, von sich aus den Betroffenen mitteilten. Diese Informationen seien immer schneller als die der Verwaltung und deshalb für die Betroffenen besonders wertvoll. Dieses Verfahren wurde nur in einem Fall bei einem deutschen PR angetroffen.

Informationen über die Verhandlungen der c.t.p. sind den französischen Beamten nur in Form von auszugsweisen Veröffentlichungen in den Gewerkschaften zugänglich. Hieraus erklärt sich auch das überaus große Gewicht, das den Mitteilungen der Gewerkschaft — wie sich oben aus der Tabelle ergab — in Frankreich beigemessen wurde.

bb) Die Informationen auf persönlicher Basis

Als die im Gesetz vorgesehene Kommunikations- und Informationsinstitution zwischen den Personalvertretern und den Beschäftigten ist in der Bundesrepublik Deutschland die Sprechstunde des PR im § 43 BPersVG festgelegt.

Es wurden daher zunächst die Existenz und die Häufigkeit solcher Sprechstunden untersucht. Hierbei stellte sich heraus, daß nur einer der 20 untersuchten PRäte eine feste Sprechstunde eingerichtet hatte, die allerdings nur sehr schwach besucht wurde. Ein anderer hatte früher feste Sprechzeiten gehabt, sie aber wegen zu geringer Ausnutzung wieder abgeschafft. Die Tatsache, daß keine besonderen festen Sprechstunden eingerichtet sind, besagt jedoch nicht, daß den Beschäftigten dieser Dienststellen nicht die Möglichkeit gegeben wäre, sich mit ihrer Personalvertretung in Verbindung zu setzen. Es wurde insbesondere von freigestellten Vorstandsmitgliedern häufig betont, daß man gerade deshalb keine festen Sprechstunden festsetze, weil man es als eine Zumutung den Beschäftigten gegenüber empfände, wenn der PR ihnen feste Zeiten zur Vorsprache vorschreibe und nicht ständig für sie zu sprechen sei. Zwei PR-Vorsitzende gaben an, sie würden auch noch nach Feierabend und an den Wochenenden regelmäßig von Kollegen telefonisch oder persönlich konsultiert. Aber auch von nicht freigestellten Vorstandsmitgliedern örtlicher PRäte wurde angegeben, daß sie ständig während der Dienstzeit an ihrem Arbeitsplatz von Beschäftigten angesprochen würden.

Lediglich auf der Ebene der HauptPRäte wurden keine persönlichen Kontakte festgestellt, was sich auch allein schon aus der räumlichen Entfernung erklärt. Dennoch erreichten die hier untersuchten HauptPRäte auch ständig Telefonanrufe und Briefe von Beschäftigten, die sich direkt mit Problemen an sie wandten.

Aus dieser geringen Auslastung der gesetzlich eingeräumten Informationsinstitution, der Sprechstunde, die jedoch durch andere vergleichbare informelle Kontakte ersetzt wurde, ergibt sich auch die große Bedeutung, die den persönlichen Kontakten bei der oben dargestellten Einschätzung zugemessen wurde. Diese persönlichen Kontakte stellen sich höchst unterschiedlich dar.

Zum einen wurden die bereits oben erwähnten Gespräche der freigestellten PR-Mitglieder an ihrem Arbeitsplatz zu den wesentlichen Informationsquellen für das Personal gerechnet. Insbesondere in den kollegialen Personalkörpern der Schulen, wo sich fast das gesamte Personal täglich mehrmals in den Lehrerzimmern trifft, spielt die persönliche Information eine große Rolle. Eine anderen Verwaltungen gegenüber atypische Informationsquelle ist hier die Gesamtkonferenz, die als eine regelmäßig stattfindende Zusammenkunft des gesamten Personalkörpers einen wesentlichen Teil der Information über den organisatorischen Ablauf des Dienstes vermittelt.

Darüber hinaus spielte die Information durch die Gewerkschaften in der Bundesrepublik eine untergeordnete Rolle. Nur vereinzelt wurde erwähnt, daß die örtliche Gewerkschaftsgeschäftsstelle oder zentrale Gewerkschaftsmitteilungen Informationen über Geschäfte der PR vermittelten.

Auch bei der Untersuchung des Informationsflusses zwischen Personalvertretung und Personal in Frankreich wurde zunächst nach der Existenz von Sprechstunden gefragt. Sie sind hier allerdings keine durch Dekret vorgesehene Informationsinstitution. Der vergleichsweise gering ausgeprägten Organisationsstruktur der französischen Personalvertretungen entsprechend werden auch keine Sprechstunden von der Kommission (c.a.p. oder c.t.p.) als Institution durchgeführt, sondern lediglich von Einzelmitgliedern in ihrer Funktion als Gewerkschaftsvertreter in den Büros der Gewerkschaft. Hierbei tritt teilweise eine gewisse Überschneidung ein, wenn die Gewerkschaften das Recht erhalten haben, innerhalb der Dienststellen ihre Büros einzurichten[58]. Insbesondere, wenn nur ein Raum für alle in der Dienststelle vertretenen Gewerkschaften zur Verfügung steht, sind feste Sprechzeiten jeder Einzelgewerkschaft für das Personal vorgesehen. Solche Sprechstunden innerhalb der Dienststelle konnten verstärkt im Bereich des Postministeriums, den Services des Préfectures des Innenministeriums und in den örtlichen Dienststellen des Finanzministeriums festgestellt werden. In allen übrigen Fällen wurde auf die permanent besetzten örtlichen Gewerkschaftsbüros verwiesen, die für interessierte Beschäftigte eine wichtige Informationsquelle seien.

Außerhalb dieser offiziellen Sprechstunden wurde, insbesondere für die Informationen über die c.a.p.-Arbeit, auf den persönlichen Kontakt der Kommissionsmitglieder in der Dienststelle verwiesen. Wie bereits oben dargestellt, setzen sich die c.a.p. weniger aus freigestellten hohen Gewerkschaftsfunktionären — wie bei den c.t.p. üblich — zusammen, so daß der direkte Kontakt zum Personal in der Dienststelle in größerem Maße gegeben ist. So wurde auch großer Wert auf die Informationen durch das persönliche Gespräch gelegt, sei es am Arbeitsplatz selbst, in der Kantine, beim Verteilen von Flugblättern oder beim Kassieren der Beiträge für die Gewerkschaft. Demgegenüber wurden als Informationsquellen über die Verhandlungen in dem c.t.p. und den commissions sociales überwiegend die zusammenfassenden Berichte in den Gewerkschaftszeitungen genannt. Kontakte auf persönlicher Basis gab es nur vereinzelt.

Zusammenfassend läßt sich für die Informationstätigkeit der Personalvertretungen in der Bundesrepublik Deutschland und in Frankreich aus diesen Ergebnissen erkennen, daß ein formalisiertes eigenes Informationssystem von den PRäten oder Kommissionen nur in Ausnahmefällen betrieben wird und das Personal weitgehend auf zufällige Informationen aus einem persönlichen Kontakt oder aus den Gewerkschaftsinformationen, die stellvertretend für fehlende Primärinformation stehen, angewiesen ist.

---

[58] Vgl. über die Gewährung von Büros in der Praxis: unten 3. Kap. E. 2.

b) Informationen von dem Personal an die Personalvertretung

Innerhalb der Informationsstruktur zwischen den an der Personalvertretung beteiligten Partnern spielen die Informationskanäle von den Beschäftigten zu ihren Personalvertretungen eine besonders gewichtige Rolle, da nur hieran gemessen werden kann, welchen Stellenwert die Personalvertretung für die Beschäftigten bei der Vertretung ihrer Individualinteressen einnimmt. Denn eine Personalvertretung ist nur dann in der Lage, ihre Funktionen für den einzelnen Beschäftigten zu erfüllen, wenn sie Kenntnis von den Problemen und Wünschen erhält. Im § 68 Abs. 1 BPersVG bzw. § 59 Abs. 1 c LPersVG Rh-Pf wurde dies sogar als eine der allgemeinen Aufgaben einer Personalvertretung normiert. Es wurden daher die unterschiedlichen Arten und Wege der Vermittlung von Information an die Personalvertretung und die Häufigkeit solcher Kontaktaufnahmen durch die Beschäftigten untersucht.

aa) Die Wege der Informationsübermittlung

Als Wege der Information an die Personalvertretung stellen sich naturgemäß zunächst einmal all die zweiseitigen Informationskontakte dar, die bereits oben unter der Information an das Personal beschrieben wurden, wie z. B. die Sprechstunden bei der Personalvertretung bzw. der Gewerkschaft sowie persönliche Gespräche und Kontakte zwischen Personalvertretern und Beschäftigten.

Hinzu kommen in nicht unbedeutendem Umfang Telefonanrufe und Briefe, in denen die Personalvertreter um ihren Rat oder um ihre Intervention bei der Behördenleitung gebeten werden.

bb) Die Häufigkeit der Einschaltung der Personalvertretung durch die Beschäftigten

Für die Untersuchung der Frage, wie oft die Beschäftigten von der Möglichkeit Gebrauch machen, ihre Individualinteressen durch den PR vertreten zu lassen, müssen zwei Stufen unterschieden werden. Zunächst ist von Bedeutung, wie oft sich die Beschäftigten an die Personalvertretung gewandt haben und in einem weiteren Schritt, wie oft diese daraufhin auch tatsächlich bei der Dienststellenleitung vorstellig wurde. Denn es stellte sich bereits bei den Voruntersuchungen heraus, daß ein gewisser Teil solcher Vorstöße durch die Beschäftigten schon durch die Personalvertretung selbst mit einem Rat oder durch eine Aufklärung erledigt werden konnte.

Daher wurden in der Bundesrepublik Deutschland und in Frankreich die Personalvertreter gefragt, wie häufig bei ihnen Anregungen, Wünsche oder Beschwerden von Beschäftigten ihrer Dienststelle eingehen würden, und die Vertreter der Dienststellen wurden gefragt, wieviele solcher Angelegenheiten sie über die Personalvertretung erreichten. Diese letzte Frage wurde nur den Probanden in Deutschland vorgelegt, da auf französischer Seite eine klare Beantwortung aufgrund der Vermischung von Personalvertretung und Gewerkschaft sich als schwierig erwies. Für die Häufigkeit der Adressierung von Anfragen oder Wünschen an die Personalvertretung ergab sich für die Bundesrepublik, daß sich die Beschäftigten an die HauptPRäte nie oder nur selten wandten, verschiedentlich bei den BezPRäten und sehr regelmäßig bei den örtlichen PRäten mit ihren Problemen vorsprachen. Eine Ausnahme bildeten hier nur die SchulPRäte, die kaum oder gar nicht von den einzelnen Beschäftigten konsultiert wurden. Die Begründung scheint einmal in dem vergleichsweise kleinen und überschaubaren Personalkörper der Schulen zu liegen und zum anderen in der geringen Hierarchiespanne zwischen Schulleitung und dem übrigen Kollegium, was eine Vertretung der Interessen durch den Betroffenen selbst wesentlich erleichtert.

Bei den übrigen örtlichen PRäten schwankten die Angaben zwischen 10 Benachrichtigungen von Beschäftigten täglich bis zu einer pro Woche. Diese Unterschiede erklären sich auch durch die Persönlichkeiten, die in den verschiedenen Dienststellen die Personalvertretung repräsentieren.

Demgegenüber waren in allen diesen Fällen die Angaben der Dienststellenvertreter über die Angelegenheiten, die als Individualprobleme über den PR an sie herangetragen wurden, erheblich niedriger. Dies kann damit begründet werden, daß die PR-Mitglieder bereits vieles selbst erledigen können, sei es durch Ratschläge aufgrund ihrer größeren Erfahrung, oder — was auch häufig erwähnt wurde — durch kurze Telefongespräche mit den zuständigen Sachbearbeitern im Hause. Bei zwei PR-Vorsitzenden wurden sogar sehr negative Einstellungen zu diesen Anfragen durch einzelne Beschäftigte festgestellt. Der eine sah den PR häufig als Abfalleimer der Beschwerden „verkannt". Der andere äußerte sogar, als er von sehr zahlreichen Besuchen berichtete, die ihm in seinem Büro nach seinem Amtsantritt gemacht wurden: „Das hört sicher spätestens dann auf, wenn ich den Leuten gesagt habe, daß sie, wenn sie mehr haben wollen, auch mehr leisten müssen." Umgekehrterweise wurde von einem Dienststellenleiter geäußert, er lehne es grundsätzlich ab, sich mit Angelegenheiten zu befassen, die nur über den PR vorgetragen würden und für die bei ihm kein Antrag des Betroffenen selbst vorliege.

Diese Einzelfälle können aber nicht das Gesamtbild verwischen, das für die Bundesrepublik Deutschland einen in der Regel zufriedenstellenden Informationsfluß von den Beschäftigten zur Personalvertretung zeichnet.

Von den französischen Personalvertretern wurde angegeben, daß man permanent von den Beschäftigten konsultiert würde. Es war hierbei aber kaum zu unterscheiden, ob sich dies auf ihre Funktion als Gewerkschaftsfunktionär oder als Personalvertreter gründete. Tendenziell ließ sich jedoch aus den Antworten erkennen, daß auf örtlicher Ebene, wo in der Regel auch keine ständig geöffneten Gewerkschaftsbüros bestehen, häufiger die Personalvertreter am Arbeitsplatz in der Dienststelle angesprochen werden, auf zentraler Ebene dagegen vorrangig über die Gewerkschaftsbüros.

Wenn nach der Häufigkeit solcher Anfragen durch das Personal gefragt wird, müssen diese beiden Ebenen unterschieden werden. Denn für die permanent besetzten Gewerkschaftsbüros wurden täglich oder wöchentlich mehrere Besuche, Anrufe oder Briefe von Beschäftigten genannt. Hingegen kamen auf die Personalvertreter in der Regel die Konsultationen stoßweise zu, und zwar immer dann, wenn eine Sitzung bevorstand. Die Unterscheidung dieser beiden Ebenen ist auch wichtig für die Beantwortung einer weiteren Frage, die sich in diesem Zusammenhang stellt: Wie werden die Interessen der nicht gewerkschaftlich organisierten Beschäftigten im System der französischen Personalvertretung repräsentiert?

Als ein Beurteilungsmerkmal hierfür kann der Informationsfluß von Problemen und Wünschen der Nichtorganisierten zur Personalvertretung angesehen werden. Die Antworten der Befragten, ausschließlich gewerkschaftlich organisierte Personalvertreter, waren sehr unterschiedlich, lassen aber dennoch einheitliche Tendenzen erkennen. Für die c.t.p. und die commissions sociales gaben die Probanden an, daß hier so gut wie nie irgendwelche Wünsche von Nichtorganisierten vorgetragen würden, sondern die Kommunikation nur über die gewerkschaftliche Hierarchie gehe. Dagegen wurde von c.a.p.-Mitgliedern, insbesondere auf örtlicher Ebene, betont, es sei durchaus üblich, daß sich auch Nichtorganisierte an Gewerkschaftsvertreter mit ihren Wünschen wendeten.

In diesem Zusammenhang ist noch eine gesonderte Anmerkung über den gewerkschaftlich Nichtorganisierten in Frankreich erforderlich. Es wurde oben bereits darauf hingewiesen, daß es aufgrund der lockeren Organisationsstruktur der Gewerkschaften nicht möglich ist, genaue Zahlen über den Organisationsgrad der Beschäftigten des öffentlichen Dienstes in Frankreich zu erhalten. Die Begründung hierfür liegt darin, daß es kein festes Abgrenzungskriterium dafür gibt, wer Gewerkschaftsmitglied und wer Nichtorganisierter ist. Von den Befragten wurden hier die unterschiedlichsten Merkmale angegeben. Die einen wollten die Zahlung des Gewerkschaftsbeitrages als Bestimmungsmerkmal heranziehen, die anderen die Stimmabgabe bei den Wahlen zu den c.a.p.; wiederum andere meinten, es reiche aus, sich innerlich einer bestimmten Gewerkschaft verbunden zu fühlen. Eine solche Ausweitung des Mitgliedschaftsbegriffs reduziert natürlich auch die Schärfe des Problems der Nichtorganisierten und macht andererseits allerdings auch die Antworten der Probanden nur schwer vergleichbar. Mit Vorsicht läßt sich dennoch daraus erkennen, daß die Nichtorganisierten im weiteren Sinne — also alle die, die keinen Gewerkschaftsbeitrag zahlen — sich mit ihren Wünschen in personellen Angelegenheiten, insbesondere auf örtlicher Ebene an die Personalvertreter wenden, die sie gewählt haben oder deren gewerkschaftlicher Grundeinstellung sie sich persönlich verbunden fühlen. Es wurde auch von den gewerkschaftlich gebundenen Personalvertretern versichert, daß sie deren Wünsche in gleicher Weise verträten, wie die ihrer eingeschriebenen Mitglieder. Es komme auch oft vor, daß man im Rahmen der Gegenseitigkeit Mitglieder anderer Gewerkschaften vertritt, die in der betreffenden Kommission gerade nicht repräsentiert sind.

Es wurde allerdings auch deutlich zugegeben, daß die nichtorganisierten Beschäftigten sich eher mit ihren Problemen an die Verwaltung direkt wendeten als an die Personalvertretung. Hierauf wird im folgenden Abschnitt bei der Untersuchung der Informationsstruktur zwischen der Dienststelle und dem Personal direkt näher eingegangen werden.

Auch eine abschließende Beurteilung der eingangs aufgeworfenen Frage, ob die tatsächlichen Bedingungen für eine Erfüllung der Funktionen im Individualinteresse der Beschäftigten gegeben sind, wird davon abhängen, in welchem Maße die Beschäftigten ihre Interessen unter Umgehung der Personalvertretung direkt bei der Dienststellenleitung wahrzunehmen versuchen.

3. Zwischen den Beschäftigten und der Behördenleitung

a) Die direkte Adressierung von Wünschen, Anregungen und Beschwerden an die Verwaltung

Um der Beantwortung der eben formulierten Frage nach dem überwiegenden Adressaten von Anregungen, Wünschen und Beschwerden näherzukommen, wurde den Vertretern der Dienststelle in beiden Ländern die Frage vorgelegt: „An wen wendet sich Ihrer Erfahrung nach ein Beschäftigter Ihrer Dienststelle mit Problemen aus dem personellen und sozialen Bereich zunächst: An die Personalvertretung oder an die zuständige Stelle der Verwaltung direkt?" Es wurde darauf verzichtet, die gleiche Frage den Personalvertretern vorzulegen, da sich in den Voruntersuchungen herausgestellt hatte, daß ihr Kenntnisstand über die direkten Kontakte zwischen Personal und Behördenleitung nur sehr niedrig war. Bei dieser einseitigen Auswahl mußten gewisse Verzerrungen durch die Sichtweise der Behördenvertreter in Kauf genommen werden.

In der Bundesrepublik gab von den Befragten bis auf den Postbereich keiner an, daß in seinem Wirkungskreis der PR der vorrangige Ansprechpartner für die Beschäftigten sei. Die Intensität, mit der der Vorrang der Verwaltung als Adressat beschrieben wurde, war allerdings unterschiedlich. Zwei Probanden waren der Auffassung, in ihrem Bereich würden in der Regel beide Wege parallel beschritten. Die Mehrzahl aber glaubte, daß sich die Beschäftigten zunächst an die Verwaltung wendeten und erst, nachdem ihr Vorstoß mißlungen sei, den PR einschalten würden. Dabei wurde differenziert zwischen dem Verhalten der Beschäftigten der verschiedenen Laufbahn- und Altersstufen. Tendenziell würden eher Angehörige des einfachen und mittleren Dienstes sowie jüngere Beschäftigte dazu neigen, den PR in eigenen Belangen einzuschalten als Ältere und Angehörige höherer Laufbahngruppen. Diese Tendenz bestätigt auch die vorgefundene Situation im Postbereich, der von der Personalstruktur her ein erheblich stärkeres Übergewicht an Angehörigen des einfachen und mittleren Dienstes hat als alle anderen untersuchten Verwaltungsbereiche. Hier äußerten alle Behördenvertreter, generell würden sich die Beschäftigten eher an den PR wenden. Dieses Bild wurde durch einige punktuelle Äußerungen von Personalvertretern unterstrichen.

In Frankreich stellte sich die Situation leicht modifiziert dar. Hier gaben die Verwaltungsvertreter aus dem Erziehungsbereich einhellig an, daß sich die Beschäftigten zunächst an die Gewerkschaften wenden würden. Ein Proband äußerte sogar, er würde jeden, der mit personellen Angelegenheiten käme, zunächst einmal zur Gewerkschaft schicken, damit er sich dort informieren könne. Diese Situation im Erziehungsbereich wird noch durch einen Umstand verstärkt, auf den durch Verwaltungsvertreter hingewiesen wurde und der vom Verfasser selbst beobachtet werden konnte. Selbst bei der Verwaltung nämlich war das gebräuchlichste Nachschlagwerk über dientrechtliche und organisatorische Fragen des Erziehungsbereichs ein von der F.E.N. herausgegebenes Werk, der „code soleil — le livre des instituteurs". Hier konnte auch noch eine andere Praxis festgestellt werden, die die Bedeutung der Gewerkschaften in diesem Bereich unterstreicht; selbst bei förmlichen Anträgen, z. B. auf Versetzung, wurde von der Mehrzahl der Beschäftigten ein Duplikat an die Gewerkschaft geschickt.

Im Postbereich wurden überwiegend beide Wege beschritten und im Bereich des Innen- und Finanzministeriums gaben — wie in der Bundesrepublik — alle Verwaltungsvertreter an, das Personal wende sich in der Regel zuerst an die Verwaltung und erst, nachdem ein Anliegen abgelehnt sei, richte man sich an die Personalvertreter. Auch in Frankreich wurde dabei betont, daß die Beschäftigten der niedrigen Kategorien wesentlich häufiger den Weg über die Personalvertretung und die Gewerkschaft wählten, als die der höheren Stufen[59].

Vergleicht man nun insgesamt diese Ergebnisse mit dem Anspruch der deutschen PRäte oder der französischen Kommissionen, das gesamte Personal zu vertreten, so wird man hier — auch wenn die französische Situation sich als etwas positiver darstellt — vordergründig eine erhebliche Diskrepanz zwischen Anspruch und Praxis feststellen können. Andererseits ist aber zu bedenken, daß dann, wenn der Anspruch dahingehend verstanden wird, diejenigen zu vertreten, die sich selbst nicht vertreten können, die Realisierung in einem gewissen Maße erfolgt ist.

b) Die direkte Information der Beschäftigten durch die Behördenleitung

Unter diesem Punkt sollte untersucht werden, in welchem Ausmaß die Funktion der Personalvertretung als Vermittler von Informationen an die Beschäftigten durch den dienstlichen Informationsfluß in einer jeden Behörde von der Behördenleitung zum Personal begrenzt wird. Betrachtet werden sollten hier allerdings nur die Informationen in personellen, sozialen oder organisatorischen Angelegenheiten, die dem Zuständigkeitsbereich der Personalvertretung zuzuordnen sind.

Es wurde insgesamt in beiden Ländern ein relativ schlechtes Bild von den über die Bescheidung förmlicher Anträge hinausgehenden Informationen gezeichnet. Nur in wenigen Dienststellen wurden regelmäßige Mitteilungen der Behördenleitung über Ereignisse und Vorhaben der Dienststelle herausgegeben. Im personellen Bereich verbietet sich eine solche Publikation natürlich weitgehend; auch in organisatorischen und sozialen Angelegenheiten beschränkte sich die Information aber weitgehend auf die Dienstanweisungen, durch die die Maßnahmen durchgeführt wurden.

Aus diesen Ausführungen zur Informationsstruktur im Bereich der Personalvertretung lassen sich zusammenfassend mehrere wesentliche

---

[59] Vgl. hierzu auch die weitgehend gleichlautenden Ergebnisse der Organisationssoziologischen Untersuchung der bremischen Verwaltung, Projektgruppe Organisationswesen und Verwaltungsreform der Senatskanzlei Bremen, 1972, S. 45.

Gesichtspunkte für die Bedingungen einer wirksamen Interessenvertretung im öffentlichen Dienst erkennen.

In der Beziehung zwischen Personalvertretung und Behördenleitung wird eine großzügigere Informationspolitik dort gewährleistet, wo eine Bereitschaft zur Zusammenarbeit von der Personalvertretung gezeigt wird. Bei einem konflikthaften Verhältnis zwischen Behördenleitung und Personalvertretung ist zwar eine starke und einflußreiche gewerkschaftliche Organisation in der Lage, das entstehende Informationsdefizit auszugleichen, sie wird aber insbesondere bei personellen Einzelentscheidungen an gewisse Grenzen stoßen. Hier erweist sich das deutsche System mit der starken Konzentrierung der Informationsübermittlung auf den PR-Vorsitzenden oder die freigestellten PR-Mitglieder als besser geeignet, individuelle Personalentscheidungen in einem vertrauensvollen Zusammenwirken im Sinne der Betroffenen zu beeinflussen.

Im umgekehrten Verhältnis, der Information der Personalvertretung an die Behördenleitung, kann man feststellen, daß die Funktionen, die ein guter Informationsfluß beispielsweise für die Konfliktvermeidung haben kann, in der Regel nicht genutzt werden.

Die Information in Angelegenheiten der Personalvertretung an die Beschäftigten selbst läßt in beiden Ländern in der Regel zu wünschen übrig. Der einzelne Beschäftigte erhält von seiner Personalvertretung meist nur zufällige und unsystematische Information. Auch hier sind die Gewerkschaften in der Lage, einen großen Teil der mangelnden Information zu bieten, sie wenden sich dabei aber ganz überwiegend nur an ihre Mitglieder. Die Konsequenz hieraus für die gewerkschaftlich Nichtorganisierten, daß sie weitgehend die Personalvertretung nicht mehr als das Vertretungsorgan ihrer Interessen ansehen, sondern sich selbst direkt an die Verwaltung wenden, birgt die Gefahr in sich, die Personalvertretung partiell leerlaufen zu lassen. Ganz generell konnte festgestellt werden, daß das Personal nur in Ausnahmefällen die Personalvertretung unmittelbar und ausschließlich als Vertreter der individuellen Interessen in Anspruch nahm.

D. Die Kontrolle und Legitimation der Personalvertreter

Im folgenden Abschnitt sollen anknüpfend an die Darstellung der informellen Beziehungen zwischen den Personalvertretern und dem Personal die normierten Legitimations- und Kontrollinstitutionen untersucht werden, die den Beschäftigten gegenüber der Personalvertretung zur Verfügung stehen. Sowohl das deutsche als auch das französische Personalvertretungssystem gehen grundsätzlich davon aus, daß die Personalvertreter die Legitimation zur Ausübung ihrer Tätigkeit von den Vertretenen selbst erhalten. Hierbei sind die Akzente allerdings unterschiedlich gesetzt.

Während in der Bundesrepublik Deutschland die Personalvertreter ohne Ausnahme durch unmittelbare und geheime Wahlen bestimmt werden (§§ 19 Abs. 1, 98 Abs. 1 BPersVG), werden in Frankreich nur die Mitglieder der c.a.p. direkt gewählt, die Personalvertreter in den c.t.p. und den commissions sociales dagegen werden von den Gewerkschaften entsprechend ihren Resultaten bei den c.a.p.-Wahlen in die Gremien entsandt. Entsprechend schwächer ist auch die direkte Kontrolle der Personalvertretung durch das Personal ausgestaltet. Die Institution der Personalversammlung als Bestandteil des Systems der Personalvertretung, in der die Personalvertretung verpflichtet ist, zweimal im Jahr Rechenschaft gegenüber den Beschäftigten abzulegen, ist nur in der Bundesrepublik normiert. In Frankreich fungieren lediglich die Gewerkschaften als Kontrollinstanzen. Ebensowenig ist den Beschäftigten in Frankreich ein Rechtsweg zu den Verwaltungsgerichten als direkte Kontrollmöglichkeit zur Anfechtung von Handlungen der Personalvertretungen gegeben. Im folgenden soll die Wahrnehmung dieser Kontrollmöglichkeiten in der Praxis untersucht werden.

1. Die Wahl der Personalvertreter

Die Praxis des Wahlverfahrens soll unter den Gesichtspunkten untersucht werden, die sich als Kriterien zur Beurteilung der Praxis des Legitimationsverfahrens darstellen: Zunächst wird durch die Feststellung der Wahlbeteiligung danach gefragt, inwieweit die Beschäftigten von ihrem Wahlrecht Gebrauch machen. Dann wird untersucht, wie sie ihr Wahlvorschlagsrecht nutzen und schließlich gilt das Interesse der Frage, wie oft und vor allem durch wen bereits Wahlanfechtungen durchgeführt wurden.

a) Die Wahlbeteiligung

In beiden Ländern konnte eine ähnlich hohe Wahlbeteiligung festgestellt werden, wie sie bei den Parlamentswahlen üblich ist. Im einzelnen wurden folgende Wahlbeteiligungen für die untersuchten Verwaltungsbereiche angegeben:

Frankreich:

Ministère de l'Economie et des Finances

Direction générale des impôts	89 %
Direction générale de la comptabilité publique	76 %

Ministère de l'Intérieur	
Services de Préfectures	84 %
Direction générale de la Police nationale	81 %
Ministère des P.T.T.	92 %
Ministère de l'Education	
Instituteurs	75 %
Prof. agrégés et certifiés	79 %
Bundesrepublik Deutschland:	
Bundesfinanzministerium	82,5 %
Bundesinnenministerium	75 %
Bundespostministerium	81,3 %
Kultusministerium Rheinland-Pfalz	
Grund- und Hauptschulen	82,2 %
Gymnasien	89 %

Diese Zahlen beziehen sich jeweils auf die zuletzt stattgefundenen Wahlen (Stand Juli 1976).

Die hierbei festgestellte Wahlbeteiligung erscheint beachtlich, insbesondere wenn man eine generelle Quote von 10 - 15 % der Beschäftigten abrechnet, die sich in einer jeden Behörde entweder in Urlaub befinden oder krank sind. Es entspricht allerdings einer allgemeinen Kenntnis in der Sozialforschung, daß Wahlbeteiligungen keine Aussagekraft für die Stärke der Legitimation und Zustimmung der Systemmitglieder besitzen[60]. Denn sowohl das Wahlverhalten als auch die Teilnahme an einer Wahl sind durch bestimmte psychologische und soziale Faktoren bestimmt[61]. So kann die Beteiligung an einer Wahl beispielsweise von dem Verhalten der näheren sozialen Umgebung oder von einer Einübung eines bestimmten Verhaltens über viele Jahre hinweg bestimmt sein. Diese Aspekte scheinen in kleinen Subsystemen, wie sie die einzelnen Behörden darstellen, in besonderem Maße gegeben zu sein.

Es kann jedoch aus den gewonnenen Ergebnissen dennoch zusammenfassend festgestellt werden, daß bei dem Personal zumindest eine große Kenntnis über die Existenz dieser Vertretungskörperschaften

---

[60] Vgl. hierzu die grundlegenden Erkenntnisse für die moderne Wahlsoziologie bei *Paul F. Lazarsfeld / Bernard Berelson / Hazel Gaudet*, The people's choice, 3. Aufl., New York 1968, S. 40 ff.; stellvertretend für die deutsche Literatur: *Gisela Zimpel*, Selbstbestimmung oder Akklamation, S. 110 f.

[61] Vgl. hierzu näher *Howard Elcock*, Political Behaviour, London 1976, S. 216 ff.

bestehen muß und eine gewisse Bereitschaft, sich alle 3 Jahre mit der Auswahl der Personalvertreter zu befassen.

b) Die Wahlvorschläge

Für die Ausübung des Rechts, auch Vorschläge zur personellen und möglicherweise damit auch zur inhaltlichen Bestimmung der Personalvertretungen zu machen, ist jedoch bereits ein höherer Grad an persönlichem Engagement und ein größeres Maß an Zustimmung für diese Institution der Personalvertretung erforderlich. Es ist natürlich nicht möglich, detaillierte Aussagen zum Ausmaß des persönlichen Engagements der Beschäftigten zu machen, es kann aber doch festgestellt werden, in welchem Maße sich die einzelnen Beschäftigten selbständig und unabhängig durch den Vorschlag eigener Listen artikulieren und in welchem Maße Kandidaten von den Gewerkschaften designiert werden.

Für den empirischen Befund über diese Fragestellung kann weitgehend auf die oben bereits dargestellten Ergebnisse zum Verhältnis von gewerkschaftlich unabhängigen und gewerkschaftlich gebundenen Personalvertretern verwiesen werden[62]. Zu den hier festgestellten unabhängigen Listen wurden bei der Frage nach dem Vorschlag unorganisierter Kandidaten in beiden Ländern darüber hinaus noch einige Vorschlagslisten oder Einzelvorschläge genannt, die aber nicht zum Erfolg gekommen waren. Insgesamt änderte dies aber nichts an dem bereits oben gezeichneten Bild, daß in der Mehrzahl der Fälle auch die Kandidatenlisten durch die Gewerkschaften geführt wurden.

Eine Bewertung dieser Situation läßt sich allerdings nur schwer vornehmen, da dies einerseits möglicherweise von einer mangelnden Artikulationsfähigkeit oder -bereitschaft der einzelnen Beschäftigten zeugt, andererseits aber auch die Erkenntnis des Personals wiedergeben kann, daß eine effektive Interessenvertretung nur vor einem gewerkschaftlichen Hintergrund und mit Hilfe des gewerkschaftlichen Apparates betrieben werden kann.

c) Die Wahlanfechtungen

Mit einer Untersuchung der Wahlanfechtungen sollte wiederum das Verhältnis zwischen dem individuellen und dem gewerkschaftlichen Engagement gezeigt werden. Es sollte danach gefragt werden, ob Gründe, die zur Anfechtung einer Wahl berechtigen, ausschließlich von Gewerkschaften wahrgenommen und vorgetragen werden oder ob dies auch von einzelnen Beschäftigten betrieben wird. Insgesamt wurde

---

[62] Vgl. 3. Kap. B. 1. a) und 2. f) aa).

sowohl in Frankreich als auch in der Bundesrepublik Deutschland nur über sehr wenige Wahlanfechtungen berichtet.

In der Bundesrepublik wurde in keinem Fall ein einzelner unorganisierter Beschäftigter initiativ, sondern es waren in der Regel die Minderheitsgewerkschaften, die gegen die Praktiken der Mehrheitsfraktionen im Verlauf der Wahl vorgingen. In 2 Fällen waren es auch die unterlegenen PR-Vorsitzenden, die die Anfechtungen anstrengten. Insbesondere im Postbereich gab es hier erhebliche Konflikte, da nach Auffassung der Minderheitsgewerkschaft ihre demokratischen Rechte in unzulässiger Weise beschnitten wurden. So waren beispielsweise in den meisten Wahlvorständen nur Mitglieder der Mehrheitsgewerkschaft vertreten, selbst wenn die kleinere Gewerkschaft bis zu 25 % der Stimmen in der letzten Wahl auf sich vereinigt hatte.

In Frankreich dagegen wurde für die nationalen c.a.p. kaum von Wahlanfechtungen berichtet, dagegen von mehreren im Post- und Finanzbereich auf Regional- und Departementebene. Hier wurde auch angegeben, daß diese Wahlanfechtungen zum Teil sogar von einzelnen nichtorganisierten Beschäftigten betrieben wurden.

Zusammenfassend läßt sich hieraus wohl eine gewisse Abweichung feststellen. Bei der geringen Anzahl der Anfechtungen allerdings kann man hieraus keine verallgemeinernden Schlüsse auf die tatsächliche Wahrnehmung dieser Kontrollmöglichkeit durch die einzelnen Beschäftigten ziehen. Diese Daten zur Wahl der Personalvertretungen zeigen deutlich, daß in der Praxis auch in Deutschland die Zusammensetzung der PRäte weitgehend von den Gewerkschaften bestimmt wird, indem von ihnen die Vorschlagslisten zusammengestellt werden. Insoweit muß auch die Funktion der Wahl als direkte Legitimation der Personalvertretungen durch die Beschäftigten selbst relativiert werden.

2. Die Kontrolle durch die Personalversammlung

Zur Untersuchung der Kontrollfunktion der Personalversammlung wurden bei den Personalvertretern in der Bundesrepublik zwei Komplexe erfragt: zum einen die äußeren Bedingungen zur Wahrnehmung dieser Kontrollfunktion — die Häufigkeit und der Besuch der Personalversammlungen — zum anderen die tatsächliche Wahrnehmung der Kontrollmöglichkeiten durch das Personal. Aufgrund fehlender formeller Ausgestaltung dieser Institution in Frankreich konnte hier nur gefragt werden, welche anderen Kontrollmechanismen zur Verfügung standen und ob überhaupt Personalversammlungen durchgeführt wurden.

a) Die äußeren Bedingungen der Personalversammlungen

aa) Die Häufigkeit der Einberufung einer Personalversammlung

Als Mindestanforderung für die Frequenz der Personalversammlungen wird nach § 49 Abs. 1 BPersVG zweimal jährlich und nach § 46 Abs. 1 LPersVG Rh-Pf einmal jährlich bestimmt. In der Praxis der untersuchten PRäte wurde dies allerdings nicht immer eingehalten. Aus der Sonderstellung des Schulbereiches im gesamten Personalvertretungssystem ergab sich, daß hier Personalversammlungen noch weniger durchgeführt wurden, da alle der Zuständigkeit des PR unterliegenden Beschäftigten sich regelmäßig mehrmals im Jahr zu Gesamtkonferenzen trafen. Daher wurde auch insbesondere im Gymnasialbereich betont, daß die Personalversammlungen, die dennoch stattfänden, in der Regel nicht der Behandlung konkreter Probleme der Schule dienten, sondern zur Diskussion und zur Absicherung gewerkschaftlicher Forderungen auf einer generellen Ebene benutzt würden. Als Resultat würde dann meistens eine Resolution an das Kultusministerium verabschiedet.

Von den anderen drei Verwaltungsbereichen wurden in der Zollverwaltung und bei der Deutschen Bundespost regelmäßig die beiden erforderlichen Personalversammlungen abgehalten. Gerade in diesen beiden Verwaltungen mit ihren zahlreichen Außenstellen und Schichtdiensten wurden allerdings mehrere Teilversammlungen durchgeführt, die vereinzelt auch anstelle einer der beiden Gesamtpersonalversammlungen einberufen wurden. Die Feststellungen können aufgrund generalisierender übereinstimmender Aussagen aller Personalvertreter auch für den gesamten Bereich Post- und Zollverwaltung gelten.

Demgegenüber wurden im Bereich des BMI bei zwei von den drei untersuchten Dienststellen die Personalversammlungen seltener als gesetzlich bestimmt durchgeführt. In einem Fall gab es sogar nur eine Personalversammlung in drei Jahren. Hier allerdings wurde dann von der Dienststellenleitung aus ihr Recht aus § 49 Abs. 2 BPersVG geltend gemacht, indem sie von sich aus zwei Personalversammlungen einberufen hatte. Auch in allen übrigen Fällen wurde die Frage gestellt, ob die Dienststellenleiter bereits schon einmal von diesem Recht Gebrauch gemacht hätten. Dies wurde allgemein verneint.

Von den anderen nach § 49 Abs. 2 und 3 BPersVG zur Einberufung einer Personalversammlung berechtigten Gruppen — die Gewerkschaft oder 1/4 der wahlberechtigten Mitglieder der Dienststelle — hatte bislang noch keiner im Erfahrungsbereich der Probanden jemals eine Personalversammlung einberufen. Bemerkenswerterweise auch nicht in den Fällen, in denen die gesetzlich vorgeschriebene Anzahl von Versammlungen pro Jahr vom PR nicht eingehalten worden war.

bb) Der Besuch der Personalversammlungen

Mit dem Besuch der Personalversammlungen waren allerdings sehr viele der befragten Personalvertreter nicht zufrieden. Sie gaben an, daß in der Regel 40 - 50 % des Personals teilnähmen, diese Zahlen könnten aber nur dann erreicht werden, wenn die Versammlungen in der Dienstzeit durchgeführt würden. Eine Abweichung von dem generellen Grundsatz aus § 50 Abs. 2 BPersVG, daß Personalversammlungen außerhalb der Dienstzeit stattzufinden haben, war daher allgemein üblich. Hierbei muß allerdings zwischen den unterschiedlich strukturierten Dienststellen unterschieden werden. So wurde beispielsweise für die Personalversammlung der drei untersuchten Bundesministerien mit 1 000 - 2 000 Beschäftigten die geringe Quote der teilnehmenden Beschäftigten damit begründet, daß man keine Räume zur Verfügung habe, die für mehr als 500 Personen Platz böten. Die vorhandenen Räumlichkeiten seien immer so überfüllt, daß auch bei Lautsprecherübertragung in Nebenräume einfach nicht alle Beschäftigten untergebracht werden könnten.

In Dienststellen mit einer dezentralen Organisationsstruktur wurden teilweise Anwesenheitsquoten von nur 10 % des Gesamtpersonals angegeben, da die Beschäftigten von den Außenstellen den Weg scheuten. Dagegen wurden für Teilpersonalversammlungen Teilnehmerzahlen bis zu 90 % genannt. Einen Sonderfall stellen auch hierbei wieder die Schulen dar. Wegen der häufigen Verknüpfung von Gesamtkonferenzen mit Teilnahmepflicht mit dieser Personalversammlung und wegen des kleinen und überschaubaren Personalkörpers wurden auch hier Beteiligungsquoten von 80 - 100 % genannt.

Von seiten der Dienststellenleitung nahmen bis auf eine Ausnahme bei einem Bundesministerium immer die Dienststellenleiter selbst an den Personalversammlungen teil, nur bei schwerwiegenden Gründen ließen sie sich von ihren Stellvertretern vertreten.

cc) Die Versammlungen des Personals in Frankreich

Obwohl in Frankreich keine Personalversammlung in den Normen der Personalvertretung vorgesehen ist, konnte dennoch teilweise eine der deutschen Personalversammlung sehr ähnliche Praxis festgestellt werden.

Träger und Veranstalter dieser Versammlungen waren aber wieder die Gewerkschaften als systemimmanenter Bestandteil der Personalvertretung. Auf die Frage, welche Kontrollinstitutionen in Frankreich für die Personalvertretungen vorgesehen seien, wurde dementsprechend in einem Fall auch geantwortet, die gewerkschaftliche Organisation sei als Institution bereits der Garant einer wirksamen und permanenten Kontrolle der Personalvertreter. Die dennoch von den Gewerkschaften veranstalteten Versammlungen hatten sehr unterschiedlichen Charakter. Im Regelfall, so im gesamten Bereich der Post und der Präfekturen, veranstalteten die Gewerkschaften gemeinsam in den Dienststellen ein- bis zweimal jährlich Versammlungen des Personals, die auch gut besucht waren. Es wurde darauf hingewiesen, daß die Gewerkschaften solche Versammlungen gerne häufiger veranstalten würden, von seiten der Verwaltung sie aber sofort verboten würden, sobald die behandelten Themen einen zu starken politischen Einschlag erhielten. Insbesondere die C.G.T. legte aber Wert auf die Auswahl solcher Themen.

Auch im Bereich des Finanzministeriums wurde von solchen Gemeinschaftsveranstaltungen berichtet, die allerdings nur zu bestimmten Anlässen, also nicht regelmäßig, einberufen wurden. Hier wurde größeres Gewicht auf die Wahlversammlungen gelegt, bei der zu einer Gewerkschaft jeweils bis zu 30 % der Beschäftigten kamen. Solche Versammlungen fanden natürlich nur alle 3 Jahre vor den c.a.p.-Wahlen statt.

Ein dritter Typ von Personalversammlung, der insbesondere im Erziehungsbereich eine große Bedeutung hatte, ist die Mitgliederversammlung der Gewerkschaft. Da in diesem Bereich über 80 % der Beschäftigten gewerkschaftlich organisiert sind, ist sie in der Lage, auch konkrete Kontrollfunktionen für das Personal gegenüber den c.a.p.- und c.t.p.-Mitgliedern der Gewerkschaft auszuüben. Der Besuch dieser jährlich ein- bis zweimal stattfindenden Versammlung wurde mit 30 - 50 % der Gewerkschaftsmitglieder angegeben.

Im Bereich der Polizei gab es diese Versammlungen nicht regelmäßig, sondern es wurden bei bestimmten Problemen im Abstand von 1 - 2 Jahren Großveranstaltungen — vornehmlich im Raum Paris — durchgeführt. Solche Versammlungen sind allerdings kaum geeignet, einer Kontrolle oder Artikulation von Einzelinteressen zu dienen.

Auch wenn die Veranstaltungstypen sehr unterschiedlich sind, so entsprechen sie doch von ihren äußeren Bedingungen in einem gewissen Maß der Personalversammlung nach dem BPersVG. Inwieweit diese ihrer Kontrollfunktion inhaltlich gerecht wird, soll im folgenden Abschnitt beleuchtet werden.

b) Die Wahrnehmung einer Kontrollfunktion durch das Personal

Als formales Kriterium für die Frage, inwieweit das Personal über die Personalversammlung eine Kontrolle ausübt, sollte Umfang und Inhalt der Diskussion auf den Personalversammlungen dienen und die Wahrnehmung des Rechts aus § 51 BPersVG bzw. § 48 LPersVG Rh-Pf, aus der Personalversammlung an den PR Anträge zu stellen und zu dessen Beschlüssen Stellung zu nehmen.

Aus den Antworten der befragten Personal- und Dienststellenvertreter ergaben sich zwei Tendenzen. Der Schulbereich kann in diesen Aussagen wegen seiner eben dargestellten spezifischen Situation nicht mit einbezogen werden.

Für alle großen Dienststellen mit über 1 000 Beschäftigten, wo die Personalversammlungen mit 300 bis 600 Beschäftigten nach der Grundvorstellung des Gesetzes in einer großen Versammlung abgehalten werden, wurde über einen stereotypen Verlauf der Personalversammlungen berichtet. Es läuft nur das vorgesehene Programm ab, und von seiten des Personals werden weder eine spontane noch eine vorbereitete Initiative oder Reaktion auf den Rechenschaftsbericht des PR vorgetragen. Dies wurde aber nicht darauf zurückgeführt, daß der PR es abblockt — denn in einigen Fällen hatte man speziell die Regelung eingeführt, daß solche Anträge von den Beschäftigten auch vor der Personalversammlung schriftlich eingebracht werden könnten, ohne daß hierauf aber eine Reaktion erfolgte —, sondern man teilte die Erfahrung mit, daß die Beschäftigten kein Interesse, keinen Überblick oder auch keinen Mut hatten, in Anwesenheit der Dienststellenleitung eigene Vorschläge vorzutragen.

Dagegen wurde von den Dienststellen, die entweder schon von ihrer Gesamtgröße her einen begrenzten Teilnehmerkreis für die Versammlungen hatten oder wegen ihrer besonderen dienstlichen Situation Teilpersonalversammlungen durchführten, berichtet, daß hier durchaus der Rechenschaftsbericht des PR diskutiert wurde und auch Anträge aus den Reihen der Beschäftigten formuliert wurden, die den PR oder auch die anwesende Dienststellenleitung zu bestimmten Aktivitäten aufforderte. Die hier vorgeschlagenen Punkte reichten zwar in der Regel nicht weiter als von der besseren Gestaltung des Betriebsausfluges bis zur Anschaffung eines Mückenabwehrmittels für Außendienstbeschäftigte, es kam hier jedoch wenigstens zu einem gewissen Engagement der einzelnen Beschäftigten. In keinem der Fälle wurde aber der PR nachhaltig kritisiert oder in wesentlichen Entscheidungen durch die Personalversammlung gebunden.

Faßt man nun die durch die Antworten der 52 Probanden entstandenen Eindrücke zusammen, so wird man zu dem Ergebnis kommen müssen, daß in der Praxis sowohl die äußeren Bedingungen als auch die inhaltliche Ausgestaltung der Personalversammlungen zeigen, daß eine echte Kontrolle vom Personal durch die Institution Personalversammlung nur in höchst beschränktem Umfang ausgeübt werden kann. Hierfür spricht auch schon die oben dargestellte Informationspraxis der PRäte, die in der Regel nur wenig systematisch und mehr zufällig Informationen über ihre Arbeit und die von ihnen gefällten Beschlüsse an das Personal weitergeben.

Demgegenüber kann aber die Personalversammlung durchaus die Funktion eines zusätzlichen Informationsträgers wahrnehmen. Für diese Aufgabe wurde der Personalversammlung auch bereits oben in der Einschätzung der Personalvertreter ein gewisser Platz eingeräumt[63]. Diese Funktion wurde allerdings auch von den nicht normierten französischen Versammlungen des Personals wahrgenommen.

3. Die Kontrolle durch gerichtliche Anfechtung von Beschlüssen der Personalvertretung

Die zweite Möglichkeit für die Beschäftigten, Kontrolle über die Personalvertretung auszuüben, besteht in der gerichtlichen Anfechtung der PR-Beschlüsse nach § 83 Abs. 1 Nr. 3 BPersVG. Die rechtliche Beschränkung dieser Möglichkeit durch eine eingeschränkte Klagebefugnis für Einzelpersonen wurde oben schon erörtert[64]. Die daraus resultierende Begrenzung der Klagebefugten praktisch auf die in der Dienststelle vertretenen Gewerkschaften machte sich auch in der Praxis bemerkbar.

Es konnte festgestellt werden, daß in den untersuchten Fällen Rechtsschutz jeweils von den Minderheitsgewerkschaften gegenüber den Mehrheitsgewerkschaften in der Dienststelle gesucht wurde. Dementsprechend wurden auch nur im Bereich der Post- und Zollverwaltung solche verwaltungsgerichtlichen Verfahren angegeben, wogegen die untersuchten PRäte im Bereich des BMI und des Kultusministeriums Rheinland-Pfalz über keine Rechtsstreitigkeiten berichten konnten. Auch diese Kontrollinstitution spielt demnach für den einzelnen Beschäftigten keine Rolle.

Zusammenfassend kann man aus diesen Ergebnissen die Tendenz feststellen, daß die normierten Kontrollinstitutionen wiederum nur von den Gewerkschaften genutzt werden, der einzelne Beschäftigte hingegen, der nach der Vorstellung des deutschen Gesetzgebers die Kontrollrechte wahrnehmen soll, ist entweder nicht bereit oder nicht in der Lage, davon Gebrauch zu machen. Es konnte lediglich festgestellt werden, daß überall dort, wo sachlich überschaubare Probleme in einem personell überschaubaren Kreis erörtert werden, auch der einzelne Beschäftigte seine Legitimations- und Kontrollfunktion wahrnimmt.

---

[63] Vgl. oben, 3. Kap. C. 2. a).

[64] Vgl. oben, 2. Kap. D. 3.

E. Professionalisierung der Personalvertreter

Als eine vierte und letzte Bedingung für eine wirksame Interessenvertretung im öffentlichen Dienst wurde der Professionalisierungsgrad der Personalvertreter definiert. Seine empirische Untersuchung umfaßt die zeitlichen Arbeitsvoraussetzungen für die Personalvertreter — die Freistellungen — die räumlichen Voraussetzungen — die büromäßige Ausstattung der Personalvertreter — und die intellektuellen Voraussetzungen — vermittelt durch Aus- und Fortbildungsveranstaltungen.

1. Die Freistellungen

Sowohl in der Bundesrepublik Deutschland als auch in Frankreich wird innerhalb des Systems der Personalvertretung konzidiert, daß die komplexe Materie des öffentlichen Dienstes eine nebenberufliche Beschäftigung mit den Problemen der Personalvertretung in der Regel nicht zuläßt. Den Personalvertretern wurde daher — wie oben ausführlich dargelegt — durch Gesetz und Verordnung[65] Freistellung von ihren dienstlichen Aufgaben gewährt. Gegenstand der empirischen Untersuchung war zunächst, den Umfang der Gewährung der zugesicherten Freistellungen durch die Verwaltung, andererseits aber auch die Inanspruchnahme der möglichen Freistellungen durch die Personalvertreter selbst festzustellen. Darüber hinaus sollten aber auch Aussagen über die Auswirkungen einer Freistellung auf den beruflichen Werdegang durch eine Darstellung der Einschätzungen der Personalvertreter selbst gemacht werden. Schließlich werden auch noch die Ergebnisse einer Befragung über die Zufriedenheit mit dem Umfang der Freistellungen dargestellt.

a) Die Gewährung und und Inanspruchnahme der Freistellungen

Die formellen Regelungen der Freistellung wurden bereits oben beschrieben[66]. Für eine Untersuchung der Praxis der Freistellungen kann natürlich nicht ausschließlich nur auf den Kreis der befragten Personalvertreter zurückgegriffen werden, sondern es sollen auch — soweit solche Informationen zugänglich waren — die Gesamtzahlen der Freigestellten in einem Verwaltungsbereich dargestellt werden.

In der Bundesrepublik Deutschland wurde die Gewährung der Freistellungen von seiten der Verwaltung in aller Regel als problemlos bezeichnet. Die Vertreter der Dienststelle wiesen zwar manchmal darauf hin, daß es besonders in kleinen Dienststellen oft sehr schwierig sei, eine ganze Arbeitskraft freizustellen, ohne daß für einen Ersatz

[65] Vgl. 2. Kap. E. 1.

[66] Vgl. 2. Kap. E. 1.

gesorgt sei, dennoch wurde aber in keinem Fall von Differenzen oder Konflikten zwischen Dienststelle und Personalvertretung wegen der Gewährung von Freistellungen berichtet. Umgekehrterweise schien diese Schwierigkeit mancher Dienststellen von den Personalvertretern bei der Inanspruchnahme der Freistellungen aber auch berücksichtigt zu werden. Aussagen über die Inanspruchnahme können allerdings nur für die örtlichen PRäte gemacht werden, weil nur für sie im Gesetz Sollwerte festgelegt sind. Die Freistellungen in den Stufenvertretungen werden durch freie Vereinbarung immer einvernehmlich geregelt.

Bei den Freistellungsanforderungen der örtlichen PRäte können zwei Tendenzen unterschieden werden, die aufgrund generalisierender Aussagen aller befragten Personal-, Dienststellen- und Gewerkschaftsvertreter für den gesamten Verwaltungsbereich als gültig bezeichnet werden können.

In den Bereichen des BMI und des BMF wurden in aller Regel weniger Freistellungen vom PR beantragt, als ihm vom Gesetz her zustand. So stehen beispielsweise dem örtlichen PR im BMF drei Freistellungen zu, es wird tatsächlich aber nicht eine beansprucht. Insgesamt gibt es im Bereich des BMF mit einem HauptPR, 16 BezPRäten und 299 örtlichen PRäten nur 100 Freistellungen. Davon sind 55 volle Freistellungen, die verbleibenden 45 verteilen sich als Teilfreistellungen auf eine Vielzahl von PR-Mitgliedern.

In der Postverwaltung hingegen wurden die möglichen Freistellungen in jedem Fall voll ausgeschöpft; teilweise ging man sogar noch darüber hinaus, indem man aus besonderen Gründen die Möglichkeit des § 47 Abs. 4 S. 3 BPersVG in Anspruch nahm und eine oder mehrere zusätzliche Freistellungen verlangte.

Im Bereich der Grund- und Hauptschulen und der Gymnasien in Rheinland-Pfalz wurde die modifizierte Freistellungsregelung durch Stundenanrechnungen — soweit ersichtlich — auf allen Stufen ausgeschöpft.

In Frankreich war die Gewährung der Freistellungen nicht immer unproblematisch. Da es keine allgemein gültigen und verbindlichen Richtwerte für die Freistellungen gibt, müssen sie für jeden Ministerialbereich ausgehandelt werden. Die Anzahl der Freistellungen wurde darauf hin von der Verwaltung global bestimmt und unter den Gewerkschaften entsprechend ihrer Repräsentanz aufgeteilt. Es können hier nur beispielhafte Zahlen genannt werden, da nicht alle Informationen zugänglich waren.

Für den gesamten Bereich der Post hat die C.G.C. 30 freigestellte Mitglieder und die C.G.T. 113. Sie verteilten sich bei der C.G.T. auf 60 in den Departements, 18 in den Régions und 35 auf nationaler Ebene. Vergleichbare Freistellungen gab es auch für die F.O. und C.F.D.T., so daß die drei großen Gewerkschaften etwa in jedem Departement und in jeder Région in der Regel ein freigestelltes Mitglied hatten. Dies war meistens der jeweilige Generalsekretär der Gewerkschaft.

Für die gesamte Finanzverwaltung gab es 101 Freistellungen, davon 51 in der Direction générale des impôts und 31 in der Direction de la comptabilité publique.

Im Erziehungsbereich schließlich wurden bei den Grundschullehrern insgesamt 219 Freistellungen gewährt, wovon 200 auf die S.N.I. (12 national, 188 departemental) und 19 auf die S.G.E.N. (3 national, 16 departemental, aber auf 40 Personalvertreter aufgeteilt) entfielen.

Es ist bei allen Befragungen kein Fall bekannt geworden, in dem von einer Gewerkschaft die gewährte Freistellung nicht in Anspruch genommen wurde.

Man wird daher insgesamt feststellen können, daß der Umfang der Gewährung von Freistellungen in beiden Ländern nicht wesentlich voneinander abweicht, daß aber in der Inanspruchnahme der möglichen Freistellungen die deutschen Personalvertreter wesentlich zurückhaltender sind als ihre französischen Kollegen.

b) Die Einschätzung der Auswirkungen einer Freistellung auf die berufliche Karriere

Um eine Aussage über die Auswirkungen einer Freistellung auf die berufliche Karriere und damit auch über mögliche Gründe der geringen Inanspruchnahme der Freistellungen in der Bundesrepublik Deutschland zu erhalten, wurden die Personalvertreter gefragt: „Würden Sie glauben, daß Sie persönlich durch Ihre Arbeit als freigestellter Personalvertreter beruflich eher einen Nachteil oder einen Vorteil haben?“

In einer früheren Untersuchung der Projektgruppe Organisationswesen und Verwaltungsreform in der Senatskanzlei Bremen war nämlich festgestellt worden, daß über ⅔ der befragten Beschäftigten der Meinung waren, daß sich Personalvertreter (auch) aus egoistischen Motiven in die Personalvertretung wählen lassen. 21 % glaubten, das vorrangige Motiv sei, Karriere zu machen[67]. Bei der Befragung von 30 deutschen PR-Mitgliedern und 39 französischen Kommissionsmitgliedern ergaben sich folgende Resultate:

---

[67] Vgl. Organisationssoziologische Untersuchung der bremischen Verwaltung, Projektgruppe Organisationswesen und Verwaltungsreform der Senatskanzlei Bremen, 1972, S. 46 f.

	Eher ein Vorteil	Weder Vorteil, noch Nachteil	Eher ein Nachteil
Bundesrepublik Deutschland	12 (40 %)	15 (50 %)	3 (10 %)
Frankreich	5 (13 %)	22 (56 %)	12 (31 %)

Hierbei zeigt sich in der Selbsteinschätzung der Personalvertreter in der Bundesrepublik eine wesentlich günstigere Beurteilung ihrer Situation. Dies läßt sich möglicherweise aus der sehr vertrauten Zusammenarbeit erklären, die oben bereits für einen großen Teil der deutschen PRäte mit ihren Partnern in der Verwaltung beschrieben wurde. Es wurde von vielen Befragten betont, daß es ein großer Vorteil sei, durch die PR-Tätigkeit in den Personalbüros bekannt zu sein und auch in allen anderen die Behörde betreffenden Fragen einen höheren Informationsstand zu besitzen als andere Beschäftigte. Als Nachteil wurde allerdings allgemein empfunden, daß man als Freigestellter aus der beruflichen Fortbildung durch die tägliche Arbeit herauskomme und auch Gefahr laufe, den Kontakt mit den Kollegen zu verlieren. Diese Gründe wurden auch meistens genannt, um zu begründen, warum mögliche Freistellungen nicht ausgenutzt werden. Insgesamt scheinen aber dennoch die Vorteile einer Freistellung zu überwiegen.

In Frankreich dagegen empfand man die Freistellung eher als eine Benachteiligung, obwohl auch hier der größere Teil sich weder bevorteilt noch benachteiligt fühlte. Benachteiligungen wegen der Freistellung und Benachteiligungen, die man wegen seiner Gewerkschaftszugehörigkeit empfand, überschnitten sich dabei manchmal. Insbesondere C.G.T.-Mitglieder fühlten sich stärker zurückgesetzt.

Zusammenfassend wird man eine gewisse Diskrepanz zwischen den Angaben zur Inanspruchnahme der Freistellungen und zur Auswirkung der Freistellungen auf die persönliche Stellung innerhalb der Dienststelle feststellen können. Die deutschen Probanden tendierten eher zu einer zurückhaltenden Inanspruchnahme der Freistellungen, empfanden sie aber für ihre persönliche Karriere eher als förderlich, die französischen Probanden hingegen beurteilten ihre persönliche Situation eher negativ, schöpften dennoch aber die Freistellungen voll aus. Diese Diskrepanz läßt sich aus dem gewerkschaftlichen Hintergrund der Personalvertreter zum einen und der grundsätzlichen ideologischen Einstellung zum anderen erklären. Denn es ließ sich feststellen, daß auch in der Bundesrepublik Deutschland überall dort die

Freistellungen voll ausgeschöpft wurden, wo eine starke gewerkschaftliche Organisation dahinter stand, womit sich bei differenzierter Betrachtung die Unterschiede zur französischen Situation ausgleichen.

Die Divergenz in der Einschätzung der Auswirkungen auf die persönliche Stellung der Personalvertreter läßt sich aus der grundsätzlichen Stellung der Personalvertreter in beiden Systemen erklären. In Frankreich sind sie primär Funktionäre ihrer Gewerkschaft und damit einer gewissen kämpferischen Haltung verpflichtet, wogegen die Personalvertreter in der Bundesrepublik in erheblich größerem Umfang in die jeweilige Dienststelle integriert sind.

c) Die Einschätzung des Umfangs der Freistellungsregelungen

Die Probanden wurden schließlich danach gefragt, ob sie die bestehenden Freistellungsregelungen für ausreichend hielten. Hierbei stellte sich eine deutliche Übereinstimmung mit den Ergebnissen über die Inanspruchnahme der Freistellungen heraus. In der Bundesrepublik wurde die Frage von den Probanden aus dem Bereich des BMF und BMI, wo eine geringe Inanspruchnahme der Freistellungen festgestellt werden konnte, einstimmig bejaht. Dagegen hielten die Vertreter aus dem Post- und Kultusbereich die Regelungen partiell für unzureichend. Ebenso wünschte man sich in Frankreich allgemein eine großzügigere Freistellungsregelung.

Es zeigten sich jedoch in beiden Ländern auch Schwierigkeiten bei der Besetzung der Posten in der Freistellung. Insbesondere bei den Stufenvertretungen der Bundesministerien oder den nationalen Kommissionen der französischen Zentralverwaltung steht man vor der Alternative, entweder nur Personalvertreter aus der näheren Umgebung der Hauptstadt in die Freistellung zu nehmen oder sie zu einem Umzug nach Bonn bzw. Paris zu veranlassen. Hierbei entstehen nicht unerhebliche Schwierigkeiten, was zur Folge hat, daß nicht in jedem Fall der Qualifizierteste in die Freistellung kommt.

Hieraus ergeben sich tatsächliche Restriktionen, die bei der Frage nach einer wirksamen Interessenvertretung mit berücksichtigt werden müssen.

2. Die Arbeitsbedingungen der Personalvertretungen

Als nächstes sollen die Arbeitsbedingungen der Personalvertretungen sowohl in räumlicher als auch in bürotechnischer Hinsicht untersucht werden.

Weder in Deutschland noch in Frankreich sind hierfür genaue Zahlen bestimmt, sondern es ist nur generell die Pflicht der Verwaltung zur

Bereitstellung der notwendigen Räume und bürotechnischer Voraussetzung normiert[68]. Hieraus ergibt sich eine um so größere Notwendigkeit, durch einen empirischen Befund die tatsächliche Bereitstellung dieser Arbeitsvoraussetzungen zu untersuchen. Bei dieser Untersuchung zeigte sich ein sehr deutlicher Unterschied zwischen der Praxis in beiden Ländern, wobei sich die Situation in der Bundesrepublik Deutschland als wesentlich günstiger darstellte, obwohl die normierten Regeln für die französischen Personalvertreter noch detaillierter sind.

Für die hier untersuchten deutschen PRäte ergaben sich folgende Daten:

	Post	Finanz	Innen	Kultus
Haupt PR	8 Zi 6 Mitarb. 5 Schk 1 GeschF	4 Zi 1 Schk	4 Zi 1 Schk 1 GeschF	4 Zi 1 Schk (für alle 5 HauptPRäte)
Bez PR	7 Zi 2 Schk	1 Zi ½ Schk	–	1 Zi (für alle 5 BezPRäte) SchD zur Verfügung der BezPRäte
Örtl. PR	4 / 4 Zi ½ / 1 Schk	– / 1 Zi – / ½ Schk	1 / – / 3 Zi 1 / – / 1 Schk	– / – Zi – / – Schk

Zi = Zimmer, Schk = Schreibkraft, GeschF = Geschäftsführer(in), SchD = zentraler Schreibdienst

Diese Daten für die 20 in die Untersuchung einbezogenen PRäte können tendenziell als allgemeingültig für die jeweiligen Verwaltungsbereiche angesehen werden. So wird man davon ausgehen können, daß im Bereich der Bundespost vergleichsweise bessere und umfangreichere Arbeitsmöglichkeiten für die PRäte geschaffen sind als bei den anderen Verwaltungen. Dies kann zwar nicht an den hervorstechenden Daten des Haupt- und BezPR abgelesen werden, da beide einen erheblich größeren Personalkörper vertreten, als alle anderen Haupt- und BezPRäte, aber auch bei den örtlichen PRäten mit vergleichbar großem Personalkörper waren die Post-PRäte besser ausgestattet.

Die fehlende räumliche Ausstattung für die SchulPRäte resultiert aus deren besonderer Situation. Da der größte Personalkörper 80 Beschäftigte betrug, war die Arbeitsbelastung für den PR naturgemäß sehr gering, so daß auch umfangreichere räumliche Voraussetzungen nicht notwendig waren.

---

[68] Vgl. oben 2. Kap. D. 2.

In Frankreich dagegen waren die von der Verwaltung zur Verfügung gestellten Arbeitsbedingungen erheblich schlechter. Für die verschiedenen Ebenen ergaben sich folgende Daten:

	Post	Finanzen	Innen	Erziehung
National	– Zi – Schk	– Zi – Schk	2 Zi + 1 Schk (F.O.) 2 Zi + 1 Schk C.F.D.T.)	– Zi – Schk
Regional	1 Zi pro Gew. – Schk	–	–	– Zi – Schk
Departe-mental	1 Zi für alle Gew. – Schk	1 Zi für alle Gew. – Schk	– Zi – Schk	– Zi – Schk

Hierbei sind einige Erläuterungen anzumerken. Die Situation der hier untersuchten Personalvertreter kann aufgrund generalisierender Aussagen auch für den gesamten jeweiligen Verwaltungsbereich mit einigen Modifikationen gelten.

Im Bereich der Post ist die Instruction du 14 Sept 1970 am vollkommensten in die Praxis umgesetzt. In fast allen lokalen Dienststellen mit über 200 Beschäftigten gibt es einen oder mehrere Räume für die gewerkschaftlichen Personalvertreter. Hier ist noch auf eine Besonderheit hinzuweisen, die allgemein gilt. Es ist teilweise durchaus üblich, daß von der Verwaltung auch außerhalb des Dienststellengebäudes Zimmer angemietet werden, die dann den Personalvertretern zur Verfügung gestellt werden.

Im Finanzbereich gibt es zwar auch eine ministerielle Ausführungsbestimmung, sie wird aber nur ungenügend realisiert. Die in der Tabelle angegebenen Räumlichkeiten auf lokaler Ebene sind auch nicht in jedem Departement garantiert. Man begründet dies damit, daß man in den alten Gebäuden keinen Platz habe, um den Gewerkschaften Räume zur Verfügung zu stellen und die Zusagen immer erst dann erfüllen könne, wenn man neue Dienstgebäude baue und von vornherein Personalvertreterzimmer vorsehe.

Im Bereich des Services des Préfectures hat man die Voraussetzungen auf nationaler Ebene erst kürzlich geschaffen. Man plant demnächst dies auch in den Departements nachzuholen.

Das völlige Fehlen von Räumlichkeiten im Erziehungsbereich wurde mit dem mangelnden Interesse der übermächtigen F.E.N.-Gewerkschaften begründet. Ihre Vertreter gaben an, man habe durchaus die Möglichkeit, Räume in allen Schulverwaltungen zu erhalten, lehne dies aber ab, um nicht in einen zu engen Kontakt mit der Verwaltung zu treten und Gefahren der Kollaboration damit vorzubeugen.

Dieser spärlichen räumlichen Ausstattung entsprach auch die personelle Besetzung von Bürokräften. Außer im Innenbereich waren für keine der untersuchten Personalvertretungen Bürokräfte zur Verfügung gestellt.

Zusammenfassend wird man aus diesen Daten folgern können, daß in Frankreich allgemein weniger Gewicht auf eine Integration der Personalvertreter in die Verwaltung gelegt wird. Dies scheint nicht nur von Verwaltungsseite betrieben zu werden, sondern auch die Gewerkschaften selbst sind teilweise — wie die Situation im Erziehungsbereich beweist — nicht daran interessiert, die Personalvertreter in den Gebäuden der Dienststellen zu plazieren. Personalvertretung ist daher schon allein aus diesen äußeren Gründen in Frankreich nur mit gewerkschaftlichem Hintergrund möglich. In all den Fällen, wo die Verwaltung keine Räume zur Verfügung stellte, trat die Gewerkschaft mit ihren örtlichen Büros den Personalvertretern zur Seite.

3. Die Aus- und Fortbildung der Personalvertreter

Als ein letztes Beurteilungsmerkmal des Professionalisierungsgrades der Personalvertreter in der Bundesrepublik Deutschland und in Frankreich wurde die Aus- und Fortbildung der Personalvertreter untersucht. Es kann davon ausgegangen werden, daß der weitaus größte Teil der gewählten Personalvertreter in seiner Berufsausbildung noch nicht mit den Materien wie Personalvertretungsrecht, öffentliches Dienstrecht, Tarifvertragsrecht und Sozialrecht, die ihn bei seiner Arbeit in der Personalvertretung beschäftigen, konfrontiert worden ist. Die Funktion eines hohen Ausbildungsstandes der Personalvertreter für eine wirksame Interessenvertretung wurde auch in der Zieldiskussion mehrfach betont. Im folgenden soll daher insbesondere untersucht werden, woher die Personalvertreter ihre Ausbildung erhalten und wie sie die ihnen gegebenen Möglichkeiten nutzen.

Die Normen der Personalvertretung gehen in beiden Ländern davon aus, daß die Träger der Aus- und Fortbildung grundsätzlich die gewerkschaftlichen Organisationen sind. Es sollte darüber hinaus aber auch erfragt werden, inwieweit sich die Verwaltung für die Ausbildung sowohl der Personalvertreter als auch der Verwaltungsvertreter, die der Personalvertretung gegenüberstehen, engagiert. Aus den Voruntersuchungen ergab sich die Notwendigkeit, daß in die Fragestellung auch die Möglichkeit mit einbezogen werden mußte, daß für bestimmte

Verwaltungsbereiche überhaupt keine Aus- oder Fortbildungsveranstaltungen angeboten wurden.

Somit wurden für die Frage nach dem wesentlichen Vermittler der Ausbildung in Personalvertretungsangelegenheiten vier Alternativen angeboten:

a) die Dienststelle
b) die Gewerkschaft
c) die eigene langjährige Erfahrung
d) ein systematisches Selbststudium.

Bei der Möglichkeit von Mehrfachnennungen ergab sich dabei folgende Verteilung:

	a)	b)	c)	d)
Bundesrepublik Deutschland	2	10	19	14
Frankreich	–	26	14	7

Diese unterschiedliche Tendenz, die in den Antworten des ausgesuchten Befragtenkreises zum Ausdruck kommt, läßt sich aufgrund von generalisierenden Aussagen der Probanden auch auf die Gesamtheit der vier Verwaltungsbereiche übertragen und mit einiger Vorsicht auch auf das gesamte System der Personalvertretung in beiden Ländern.

Dem signifikanten Gewicht der Gewerkschaften als Träger der Aus- und Fortbildung steht in der Bundesrepublik Deutschland ein ebenso signifikantes Übergewicht der unstrukturierten und nichtprogrammierten Erlernung der Fähigkeiten zur Personalvertretung gegenüber. Die Angaben zu Veranstaltungen von Verwaltungsseite bezogen sich lediglich auf ein Einführungsseminar an der Bundesakademie für öffentliche Verwaltung nach dem Inkrafttreten des novellierten BPersVG, zu dem neben den Dienststellenleitern und Personalchefs auch einige PR-Vorsitzende eingeladen wurden.

In Frankreich dagegen waren von seiten der Verwaltung keinerlei eigene Veranstaltungen angeboten worden, die überragende Funktion der Gewerkschaften als Träger der Aus- und Fortbildung der Personalvertreter wurde aber durch die Antworten deutlich. Daraus resultiert auch eine geringe Notwendigkeit für die Personalvertreter, eigene Initiativen für die Fortbildung zu entwickeln.

Dieser deutliche Unterschied in den Aus- und Fortbildungsbemühungen zwischen deutschen und französischen Gewerkschaften, wie er sich aus den Einschätzungen der Personalvertreter ergibt, wird bestätigt, wenn man die Anzahl der angebotenen Kurse, Seminare oder Tagungen in beiden Ländern betrachtet. Diese Informationen wurden durch die Befragung der Gewerkschaftsvertreter gewonnen. Hierbei stellte sich heraus, daß eine regelmäßige Schulung der Personalvertreter nur im Postbereich stattfindet, und zwar sowohl von der DPG als auch von dem DPV.

Dagegen werden im Bereich der Zollverwaltung vom BDZ, dem immerhin über 70 % aller PRäte angehören, bislang überhaupt keine Schulungen durchgeführt. Von den erheblich größeren Bildungsaktivitäten der ÖTV — sie hat in 4 Bildungszentren das ganze Jahr über Kurse laufen — profitieren in der Zollverwaltung nur wenige PRäte.

Auch im Bereich des BMI ist die ÖTV die einzige Gewerkschaft, die regelmäßig Schulungsveranstaltungen anbietet. Hier wurden allerdings auch von der DAG mehrere Fortbildungskurse abgehalten, wobei aber insgesamt hiervon auch nur knapp die Hälfte aller PRäte erfaßt wird.

Im Kultusbereich des Landes Rheinland-Pfalz gab es von seiten der GEW eine Schulungsveranstaltung in einer Amtsperiode (3 Jahre), zu der aber bei weitem nicht alle GEW-PRäte geladen werden konnten. Der PhilV führt überhaupt keine Veranstaltungen durch, und der VBE veranstaltet jährlich zwei Kurse.

Demgegenüber finden in Frankreich im Post- und Finanzbereich von den drei großen Gewerkschaften C.G.T., F.O. und C.F.D.T., die hier über 80 % der Sitze in den Personalvertretungen haben, jährlich mehrere Veranstaltungen auf allen Ebenen statt.

Im Innenressort stellt sich die Situation für die Services des Préfectures ähnlich dar. In der Direction générale de la police nationale allerdings werden von den autonomen Gewerkschaften, die über 95 % der Sitze haben, keine Kurse durchgeführt.

Im Bereich des Erziehungsministeriums schließlich wurden die Personalvertreter der F.E.N.-Gewerkschaften jährlich mindestens einmal fortgebildet. Die S.G.E.N. bemühte sich, einmal pro Amtsperiode ihre Mitglieder zu Fortbildungsveranstaltungen heranzuziehen.

Diese Einschätzung der Ausbildungssituation der Personalvertreter in Deutschland und in Frankreich wird schließlich noch untermauert durch die Antworten der Probanden auf die Frage, wie häufig sie bereits an Aus- und Fortbildungsveranstaltungen teilgenommen hatten. In der Bundesrepublik Deutschland hatten mehr als die Hälfte aller befragten Personalvertreter noch keine derartige Veranstaltung besucht, in Frankreich hingegen waren es nur 20 %. Diese Angaben können aber keinen Anspruch auf Repräsentativität erheben.

Grundsätzlich wird man daraus aber dennoch eine gewisse Tendenz erkennen können. Denn gerade für die sehr differenzierte und komplizierte Regelung der Personalvertretung in der Bundesrepublik wären einführende Kurse von großer Bedeutung. Man wird davon ausgehen müssen, daß durch mangelnde Kenntnis der Normen der Personalvertretung ein Effizienzverlust für die Interessenvertretung eintritt[69]. Durch den stärkeren gewerkschaftlichen Hintergrund wird man generell den französischen Personalvertretern einen höheren Professionalisierungsgrad zumessen müssen.

[69] Vgl. hierzu die Ergebnisse für den Ausschöpfungsgrad der Zuständigkeitskataloge und die Wahrnehmung der Initiativrechte, oben 3. Kap. B. 2. a) und e).

Viertes Kapitel

Zusammenfassung und komparative Betrachtungen

Im vorangegangenen dritten Kapitel konnten die Ergebnisse zu den Fragestellungen dargelegt werden, die im ersten und zweiten Kapitel erarbeitet wurden. In diesem vierten und letzten Kapitel soll von der Vielfalt der gewonnenen Einzelergebnisse zurückgeführt werden auf die Ausgangsfrage nach den Bedingungen einer wirksamen Interessenvertretung im öffentlichen Dienst. Da Wirksamkeit als Grad der Zielerreichung definiert wurde, wird zunächst vor dem Hintergrund der Ergebnisse der empirischen Untersuchung die Verwirklichung der im ersten Kapitel beschriebenen Ziele erörtert werden.

Daran anschließend wird der unterschiedliche Zielerreichungsgrad sowie die erkannten Funktionen der Personalvertretung in beiden Ländern Anlaß zu einer komparativen Betrachtung sein, wobei die Wechselwirkungen aus dem kontextuellen und gesamtgesellschaftlichen Bereich in der Analyse mit zu berücksichtigen sind. Schließlich wird ein rechtspolitischer Ausblick den Abschluß unserer Zusammenfassung bilden.

Wenn in diesem letzten Kapitel generalisierende Aussagen gemacht werden, so sei hier nochmals ausdrücklich auf die begrenzte Reichweite der Aussagen hingewiesen, die sich aus dem Umfang und der Anlage der Untersuchung ergibt[1].

A. Der Grad der Zielerreichung der Personalvertretung in der Bundesrepublik Deutschland und in Frankreich in vergleichender Sicht

Den Ausgangspunkt für die Betrachtung des Zielerreichungsgrades stellen die im ersten Kapitel beschriebenen Ziele dar. Hier werden allerdings schon von vorn herein die Interdependenzen und Konflikte sowie die graduellen Abstufungen in der Zieldiskussion zu beachten sein.

---

[1] Vgl. hierzu die ausführlichen methodischen Bemerkungen oben, 3. Kap. A.

1. Die Ziele und Funktionen der Personalvertretung im Interesse der Beschäftigten

In beiden Ländern werden die Ziele im Interesse der Beschäftigten in den Vordergrund gestellt. Dies findet auch in der Gewichtung der empirischen Untersuchung seinen Niederschlag.

Das Ziel der individuellen Selbstbestimmung findet in Frankreich nur wenig Beachtung. Die Stärkung der Position des Individuums soll lediglich im Rahmen seiner Zugehörigkeit zur Gesamtorganisation und einer kollektiven Selbstbestimmung berücksichtigt werden. Trotz der demgegenüber starken Betonung der individuellen Selbstbestimmung als Ziel der Personalvertretung in Deutschland konnte in der Praxis weder in Deutschland noch in Frankreich nachgewiesen werden, daß durch Personalvertretung ein wesentlicher Beitrag zur Erweiterung des Freiheitsraums des einzelnen Beschäftigten an seinem Arbeitsplatz geleistet wird.

Grundsätzlich bestehen allerdings von den organisatorischen und institutionellen Bedingungen her in Deutschland günstigere Möglichkeiten, die von dem einzelnen Beschäftigten wahrgenommen werden könnten. So läßt die örtliche Anbindung der einzelnen Personalvertretung an die jeweilige Dienststelle — und nicht, wie in Frankreich, an ein bestimmtes überregionales Beamtencorps oder großflächige Verwaltungsdepartements — das Verhältnis zwischen Personalvertretung und Beschäftigten enger werden und somit auch die Einsichtsfähigkeit der Personalvertreter in die spezifischen Problemlagen der einzelnen Dienststellenmitglieder wachsen. Darüber hinaus konnte nachgewiesen werden (S. 110 ff.), daß in Deutschland der Kreis der von einer Personalvertretung repräsentierten Beschäftigten in der Regel kleiner und überschaubarer ist. Hieraus ergibt sich ein besonderer Vorteil für die Bewältigung behördeninterner Probleme einschließlich der Personalentscheidungen. Dies hat allerdings auch beachtliche Nachteile, wenn es um behördenübergreifende Probleme geht. Denn die deutschen Stufenvertretungen sind in ihren Entscheidungen ebenso weit von den Problemen der Basis entfernt, wie die französischen nationalen Kommissionen. Die grundsätzlich größere Nähe der deutschen Personalvertreter zu den Beschäftigten spiegelt sich auch in ihrer deutlich höheren Einschätzung der Meinung der Beschäftigten als Grundlage ihrer eigenen Meinungsbildung im PR wieder. In Frankreich wurde weitaus häufiger die Gewerkschaft als meinungsbildender Faktor für die Personalvertreter genannt (S. 121 f.).

Darüber hinaus sehen die Regelungen der deutschen Personalvertretung differenzierte Legitimations- und Kontrollmechanismen für die einzelnen Beschäftigten wie die geheime und unmittelbare Wahl, die Wahlanfechtung, das Wahlvorschlagsrecht, die Informations- und

Kontrollrechte auf der Personalversammlung sowie das Recht auf gerichtliche Kontrolle der Personalvertretungen vor. Die tatsächliche Inanspruchnahme dieser Rechte, wie sie sich in der empirischen Erhebung darstellte, ist jedoch äußerst gering. Soweit überhaupt in der gesetzlich vorgeschriebenen Weise Personalversammlungen einberufen werden, konnte festgestellt werden, daß auf diesen Versammlungen in der Regel lediglich das vom PR vorbereitete Programm abläuft und die einzelnen Beschäftigten sich durchgehend passiv verhalten (S. 181 f.). Auch das Recht zur Wahlanfechtung und das Wahlvorschlagsrecht werden bis auf sehr wenige Ausnahmen nur von den gewerkschaftlichen Organisationen wahrgenommen (S. 177 f.). Zwar konnte festgestellt werden, daß die Wahlbeteiligung mit 75 - 92 % sehr hoch lag; dies kann jedoch — wie oben bereits dargelegt — nicht als Kriterium einer besonderen Wertschätzung der Personalvertretung als Instanz der Vertretung individueller Interessen angesehen werden.

Hierfür sind vielmehr die Ergebnisse über die Häufigkeit der Inanspruchnahme der Personalvertretung durch den einzelnen Beschäftigten, die Anzahl der daraufhin erfolgten Initiativen und die Erkenntnisse über die Umgehung der Personalvertretung von entscheidender Bedeutung. So konnte zwar festgestellt werden, daß mit gewissen Abweichungen insbesondere auf örtlicher Ebene die Personalvertreter sowohl in Deutschland als auch in Frankreich relativ häufig konsultiert werden (S. 168 ff.). Betrachtet man aber die daraufhin von der Personalvertretung unternommenen Initiativen, so zeichnet dies bereits ein anderes Bild. Denn die Personalvertreter machen von ihren Initiativrechten nur höchst selten Gebrauch. Schließlich konnte auch gezeigt werden, daß in Deutschland die Beschäftigten in aller Regel nicht zuerst den PR einschalten, um persönliche Probleme zu lösen, sondern sich zunächst direkt an die zuständigen Stellen der Behördenleitung wenden und höchstens parallel hierzu oder beim Scheitern ihrer eigenen Initiativen den PR einschalten. In Frankreich hingegen wurde den Personalvertretern hierbei ein höherer Stellenwert eingeräumt (S. 170 f.). Im übrigen spricht auch die in beiden Ländern festzustellende geringe Informiertheit der Beschäftigten über Arbeitsweise und Möglichkeiten der Personalvertretung dagegen, daß sich die Personalvertretung wirksam zur Förderung individueller Interessen einsetzen ließe. Diese Ergebnisse lassen erkennen, daß die Personalvertretung weder in Deutschland noch in Frankreich einen wesentlichen Beitrag zur Selbstbestimmung des einzelnen Beschäftigten am Arbeitsplatz erbringt.

Das Ziel der individuellen Selbstbestimmung läßt sich allerdings nicht unabhängig von dem der kollektiven Selbstbestimmung sehen. Die Position des Individuums in der Organisation kann auch dadurch gestärkt werden, daß die kollektiven Interessen wirksam vertreten werden unabhängig von dem Engagement für das Individuum selbst.

Das zentrale Kriterium, das die Frage nach der Erreichung des Ziels der kollektiven Selbstbestimmung bestimmt, ist die Intensität und Effektivität der Entscheidungspartizipation. Dies ist auch gleichzeitig als das bestimmende Merkmal für das Ziel der Bindung von Leitungsmacht in der Verwaltung zu sehen. Es konnte festgestellt werden, daß weder in der Bundesrepublik Deutschland noch in Frankreich das in den Normen der Personalvertretung vorgesehene förmliche Verfahren der Entscheidungspartizipation eine wesentliche Einflußmöglichkeit für die kollektive Interessenvertretung darstellte (S. 143 ff.). Hierbei ist bemerkenswert, daß auch das sehr differenziert ausgestaltete förmliche Einigungsverfahren in Deutschland mit institutionalisiertem, neutralen Letztentscheid in der Praxis weitgehend leerläuft (S. 137 f.). In beiden Ländern ist — unter Berücksichtigung einiger Abweichungen — auch zu erkennen, daß die Zuständigkeitskataloge im förmlichen Verfahren von den Personalvertretungen nur zu einem geringen Teil ausgeschöpft werden (S. 122 ff.).

Es konnte darüber hinaus gezeigt werden, daß diese geringe Wirksamkeit des förmlichen Verfahrens durch eine rege Kommunikation zwischen Behördenleitung und Personalvertretung auf informeller Ebene kompensiert wird. In der Bundesrepublik ist die Effektivität des Einflusses auf dieser Ebene von dem mehr oder weniger vertrauensvollen Verhältnis zwischen PR-Vorstand und Behördenleitung abhängig. Durch die Organisationsstruktur der deutschen PRäte bedingt kommt dem PR-Vorsitzenden bei diesen informellen Beziehungen eine übergeordnete Bedeutung zu (S. 118 f. und 131 f.). Soweit sich aus den Ergebnissen der Untersuchung generalisierende Aussagen machen lassen, kann man feststellen, daß das Verhältnis der deutschen PR-Vorsitzenden zu den Dienststellenleitungen in der Regel eher kooperativ ist und daher der gegenseitige Informationsfluß und die Einigungsmöglichkeiten auf informeller Ebene überwiegend als positiv beurteilt werden (S. 147 und 158 f.). Demgegenüber ist die Situation in Frankreich eher konflikthaft gekennzeichnet. Zwar wird hier von allen Beteiligten dem informellen Einigungsverfahren die ganz überwiegende Bedeutung zugemessen (S. 148); das Durchsetzungsvermögen der Personalvertreter wird aber überwiegend — mit einigen Einschränkungen im Erziehungs- und Innenressort — als gering eingeschätzt (S. 148). Die Begründung hierfür wird von den Beteiligten jeweils in der mangelnden Kooperationsbereitschaft des Partners gesucht.

Angesichts dieser starken Betonung der informellen Beteiligung und deren Bedeutung für die Einflußnahme der Personalvertreter im innerbehördlichen Entscheidungsprozeß darf dennoch nicht die Funktion des förmlichen Einigungsverfahrens mit dem Letztentscheidungsrecht der Einigungsstelle verkannt werden. Denn es stellt für die Verhandlungspartner im informellen Verfahren als ständig drohende letzte Konsequenz einen gewissen Zwang dar, zu einer einvernehmlichen Regelung zu gelangen. Diese Funktion wird in Frankreich in Ermangelung eines solchen förmlichen Verfahrens durch die gewerkschaftlichen Aktionen mit der letzten Konsequenz des Streiks erfüllt.

Für die Wirksamkeit einer Beteiligung der Personalvertreter am innerbehördlichen Entscheidungsprozeß ist allerdings ihre Kenntnis von der zu behandelnden Materie von entscheidender Bedeutung. Als wesentliche Voraussetzung für eine ausreichende Professionalisierung der Personalvertreter stellt sich das Institut der Freistellung dar. Es konnte festgestellt werden, daß die deutschen Personalvertreter bei der Ausnutzung der gesetzlich gewährten Freistellungsregelungen erheblich zurückhaltender sind als ihre französischen Kollegen (S. 184 ff.). Dies liegt allerdings offensichtlich nicht an der Sorge, durch eine Mitwirkung in der Personalvertretung im beruflichen Fortkommen behindert zu werden (S. 186 ff.), sondern eher an einer Unterschätzung des Arbeitsaufwandes oder an der Befürchtung, die Weiterentwicklung ihres beruflichen Fachwissens zu verpassen.

Auch bei der Teilnahme an Ausbildungsveranstaltungen gibt es bei den deutschen Personalvertretern ein erhebliches Defizit (S. 191 ff.). Ihr vergleichsweise geringer Professionalisierungsgrad macht sich bei der Kenntnis der sehr differenzierten und komplizierten Regelungen des deutschen BPersVG dann entsprechend negativ bemerkbar (S. 139). Bedingt durch den starken gewerkschaftlichen Hintergrund ist dagegen die Ausbildungssituation der französischen Personalvertreter erheblich besser (S. 191 ff.).

Angesichts dieser vielfachen Einschränkungen wird man die Wirksamkeit kollektiver Interessenvertretung als bestimmenden Faktor kollektiver Selbstbestimmung sehr zurückhaltend einschätzen müssen und die Erreichung dieses Ziels entsprechend skeptisch beurteilen. Für den Einfluß auf den innerbehördlichen Entscheidungsprozeß als wesentliches Merkmal der Bindung von Verwaltungsmacht läßt sich aber aus dem kooperativen Verhältnis der Partner in Deutschland ein gewisser Vorteil erkennen.

2. Die Ziele und Funktionen der Personalvertretung im Interesse der Behördenleitung

Im Gegensatz zu ihrem Stellenwert in der Zieldiskussion stellt sich die Vermittlertätigkeit der Personalvertretung — zumindest in Deutschland — als eine wesentliche Funktion in der Praxis dar. Ein partnerschaftliches Verhältnis zwischen der Dienststellenleitung und der Personalvertretung ist in der Lage, eine Vielzahl von Konflikten beizulegen oder schon im Vorfeld ihrer Entstehung zu verhindern.

Das Ergebnis einer überwiegend vertrauensvollen Zusammenarbeit zwischen den deutschen PRäten und den Dienststellenleitungen zeigt nicht nur, daß hierdurch den Personalvertretern gewisse Einflußmöglichkeiten gegeben sind, sondern läßt umgekehrt auch erkennen, daß die Dienststellenleitung selbst — insbesondere in konflikthaften Situationen — sich der Mithilfe und Unterstützung der Personalvertretung sicher sein kann. Beispielhaft können hier die Rationalisierungsmaßnahmen bei der deutschen Bundespost genannt werden, die von vielen Befragten als Beleg für die effektive Vermittlerfunktion der PRäte angeführt wurden. Hierdurch ist der Dienststellenleitung ein wesentliches Führungsinstrument gegeben (S. 147 f.).

Angesichts dieser Rolle des PR als wichtiger Verhandlungspartner der Dienststellenleitung und des nicht unbedeutenden Machtpotentials, das ihm hierdurch zuwächst, entstehen allerdings Probleme für seine Funktion bei der Vertretung der Interessen der Beschäftigten. Bedenkt man die sehr geringe Kontrolle, der er unterworfen ist, und die schwache Legitimationsstruktur, so erscheint die von Probanden mehrfach aufgestellte These, die PRäte könnten sich neben der Personalführungsebene zu einem zweiten fremdbestimmenden Faktor für den einzelnen Beschäftigten entwickeln, nicht fernliegend[2]. Denn der klaren Kompetenzzuweisung bei Personalentscheidungen auf der Verwaltungsseite steht bei dem Akt der Mitbestimmung ein Kollegialorgan gegenüber, das keine persönlichen Verantwortlichkeiten kennt. Wegen dieser Tendenz erscheint es auch zweifelhaft, ob von einer weiteren Ausweitung der Zuständigkeitskataloge der PRäte ein funktionaler Beitrag für eine wirksame Vertretung der Interessen des Personals erwartet werden kann. Für das Ziel der Konfliktvermeidung hingegen, das primär dem Interessenbereich der Behördenleitung zugeordnet wurde, erscheint eine erweiterte Kooperationsbasis förderlich.

Dieser Gefahr, die sich aus einem engen Zusammenwirken von Dienststellenleitung und Personalvertretung ergibt, sind die französischen Personalvertretungen weniger unterworfen. Zum einen bieten die institutionell verankerten Beteiligungsrechte nicht die Möglichkeit einer Mitbestimmung und Mitverantwortung. Zum anderen ergibt sich auch aus der ideologischen Grundhaltung der französischen Personalvertreter und ihrer gewerkschaftlichen Organisationen, daß man selbst bei einem

---

[2] Vgl. hierzu die einzelne, kritische Stimme in der Literatur: *Klaus Matthiesen,* Der Personalrat: Unterdrücker und Unterdrückter, in: Die Personalvertretung 1970, S. 152 ff.

hohen Grad an Mitwirkung, wie im informellen Verfahren, in der Regel nicht bereit ist, auch die Mitverantwortung zu tragen.

Der Grad der Verwirklichung des Ziels der Konfliktvermeidung durch Personalvertretung wird man daher in Deutschland erheblich höher ansetzen müssen als in Frankreich.

Hingegen kann man bereits aus der zurückhaltenden Einschätzung des Zielerreichungsgrades der individuellen Selbstbestimmung in beiden Ländern erkennen, daß auch das Ziel der Leistungsmotivation durch kollektive Interessenvertretung kaum erfüllt wird. Denn die Formulierung dieses Ziels beruhte auf der Grundannahme, daß durch die Wahrnehmung individueller und kollektiver Beteiligungsrechte höhere Arbeitszufriedenheit und stärkeres Verantwortungsbewußtsein erzeugt wird. Aber sowohl die Wahrnehmung individueller als auch kollektiver Beteiligungsrechte konnte als nur unzureichend dargestellt werden. Somit stellt sich auch die Basis, auf der eine Leistungsmotivation der Beschäftigten durch Personalvertretung gründen könnte, als sehr schmal dar.

Schließlich wird man auch das letzte Ziel, das dem Interessenbereich der Behördenleitung zugeordnet wurde, die Kanalisierung von Personalinteressen durch die Personalvertretung, als nur unzulänglich erreicht ansehen müssen. So konnte zum einen festgestellt werden, daß die Personalvertretungen in beiden Ländern vom Standpunkt der Behördenleitung aus keinen besonders hohen Stellenwert für die Information über Probleme des Personals besitzen (S. 161 f.). Zum anderen ließ sich nachweisen, daß wiederum in beiden Ländern ein großer Teil des Personals dazu neigt, sich mit individuellen Problemen eher direkt an die zuständigen Stellen der Behördenleitung zu wenden, als die Vermittlung der Personalvertretung in Anspruch zu nehmen (S. 171 f.).

3. Die Ziele und Funktionen der Personalvertretung im Interesse der Gewerkschaften

Wenn Machtbindung nochmals gesondert als ein Ziel im Interesse der Gewerkschaften definiert wurde, so sollte damit dem vermuteten Gewicht und der Bedeutung der Gewerkschaften im System der Personalvertretung Rechnung getragen werden. In Frankreich ist dieses Gewicht bereits durch die Rechtsvorschriften vorgegeben, da die Vertreter in den comités techniques paritaires und in den commissions sociales ausschließlich durch die Gewerkschaften delegiert werden. Aber auch in Deutschland, wo die Gewerkschaften im Gesetz als systemfremdes Element behandelt werden, zeigt sich in der Praxis, daß die PRäte zum überwiegenden Teil Gewerkschafter sind. Im Bereich der Post und der Kultusverwaltung Rheinland-Pfalz sind über 95 %, im Bereich der

Bundesfinanz- und Bundesinnenverwaltung zwischen 80 - 90 % der PR-Mitglieder gewerkschaftlich organisiert (S. 107 ff. und 152). In Frankreich gibt es überhaupt keine unorganisierten Kommissionsmitglieder. Den sieben repräsentativen Gewerkschaften des öffentlichen Dienstes gehören über 90 % aller Personalvertreter an (S. 152 ff.).

Ein weiteres Kriterium für das Gewicht gewerkschaftlicher Repräsentanz in den Personalvertretungen ist die Identität von Gewerkschaftsamt und Mitgliedschaft in einer Personalvertretung. Hier konnte trotz beschränkter Aussagekraft der Ergebnisse doch tendenziell festgestellt werden, daß die Personalvertreter in Frankreich in der Regel auch die jeweiligen Gewerkschaftsfunktionäre der entsprechenden Hierarchiestufe sind (S. 154).

In Deutschland hingegen ist trotz hohen Organisationsgrades der PR-Mitglieder die Repräsentanz von Gewerkschaftsfunktionären in den PRäten doch erheblich schwächer (S. 154 f.). Dementsprechend häufig wurde auch in Frankreich die Gewerkschaft als Grundlage der Meinungsbildung für die Personalvertreter genannt, wogegen sie in Deutschland nur eine untergeordnete Rolle für die PRäte spielte (S. 121 f.).

Betrachtet man nur diese Ergebnisse, so wird man in signifikanter Weise erkennen, daß in Frankreich die Voraussetzungen für die Gewerkschaften erheblich günstiger sind, Personalvertretung als Instrument der Bindung von Verwaltungsmacht zu benutzen. Ob dieses Ziel aber in Frankreich durch die günstigeren Voraussetzungen auch besser erreicht wird, muß bezweifelt werden. Denn das eher konflikthafte Verhältnis bei der kollektiven Interessenwahrnehmung blockiert wesentliche informelle Kanäle, die zu einer wirksamen Entscheidungspartizipation führen könnten. Dies wird nicht zuletzt durch die Identität von Gewerkschaftsamt und Kommissionsmitgliedschaft bedingt, da man hierdurch gezwungen ist, gewerkschaftliche Globalstrategie auch in behördeninternen Angelegenheiten zu verfolgen.

Das vielfältige und breitgefächerte Ziel der Demokratisierung wurde bereits oben in der Zielbeschreibung im vorligenden Zusammenhang auf die Kontrolle der Verwaltungsführung bei innerbehördlichen Entscheidungen durch die Gesamtheit der Beschäftigten und auf die Kontrolle und Legitimation der Personalvertretung selbst reduziert.

Für die Frage nach der Erreichung des Zieles der Kontrolle der Verwaltungsführung bei innerbehördlichen Entscheidungen kann auf die Ausführungen zur Entscheidungspartizipation durch kollektive Interessenvertretung und zur Machtbindung der Verwaltung verwiesen werden. Es konnte hier festgestellt werden, daß die Möglichkeiten einer Kontrolle von Verwaltungsentscheidungen durch das förmliche

Beteiligungsverfahren entweder nicht gegeben ist oder in der Praxis nicht genutzt wird. Hingegen bietet das informelle Verfahren der Beteiligung insbesondere bei einem kooperativen Verhältnis der Beteiligten gewisse Chancen, auf die Entscheidungen der Behördenleitungen Einfluß zu nehmen und somit der Kontrollfunktion gerecht zu werden.

Die Zielposition der Demokratisierung durch Kontrolle und Legitimation der Personalvertretung selbst wird nur in Deutschland vertreten. In Frankreich nimmt man an, daß durch den gewerkschaftlichen Hintergrund und die dahinterstehende Basis eine hinreichende Legitimation und Kontrolle gegeben ist. Die Ergebnisse zur Ausübung des Wahlrechts und des Wahlvorschlagsrechts sowie der Kontrollfunktion der Personalversammlung (S. 177 ff. und 181 ff.) zeigen, daß in Deutschland zwar eine starke formale Legitimation der PRäte besteht, daß aber eine inhaltliche Kontrolle durch die Beschäftigten kaum stattfindet. Dagegen konnte festgestellt werden, daß von den Minderheitsgewerkschaften in den einzelnen Verwaltungsbereichen durchaus eine Kontrollfunktion ausgeübt wird (S. 119 ff.). Die starke Position des PR-Vorsitzenden und das bei ihm kummulierte Informationspotential erschweren allerdings eine effektive Kontrolle der Entscheidungen des PR erheblich (S. 116 ff.). So wurde auch mehrfach von Vertretern der Minderheitsgewerkschaften im PR betont, man fühle sich vom PR-Vorstand in undemokratischer Weise vom Entscheidungsprozeß ausgeschlossen. Die personalratsinterne Demokratisierung ist also offensichtlich durchaus noch nicht überall erreicht.

Schließlich ist noch das Ziel der gewerkschaftlichen Gesellschaftspolitik zu behandeln, das nur in Frankreich angesprochen wurde.

Es konnte außer in einigen punktuellen Fragen nicht festgestellt werden, daß durch Personalvertretung Gesellschaftspolitik betrieben wird. Zwar spielt der öffentliche Dienst im Bewußtsein französischer Gewerkschaftspolitik eine weitaus größere Rolle als in Deutschland; die Organe der Personalvertretung werden aber nur als Hilfinstrumente gewerkschaftlicher Strategie angesehen. Die eigentliche Gewerkschaftspolitik wird durch die gewerkschaftliche Aktion (action syndicale) wie Lohnpolitik, direkte Verhandlungen und Streik betrieben.

Insgesamt wird man feststellen können, daß die Ziele im Interesse der Gewerkschaften auch nur in einem begrenzten Maße erreicht werden. Bemerkenswert ist aber die bedeutende Rolle, die die Gewerkschaften in Deutschland und insbesondere in Frankreich im System der Personalvertretung spielen.

B. Vergleichende Betrachtung der Praxis der Personalvertretung in ihrem gesamtgesellschaftlichen Kontext

Mit den Systemen der Personalvertretung in der Bundesrepublik Deutschland und in Frankreich stehen sich zwei Regelungssysteme gegenüber, die — wie im ersten und zweiten Kapitel dargelegt wurde — mit unterschiedlichen Organisationsstrukturen vergleichbare Aufgaben erfüllen und vergleichbaren Zielen dienen. Im vorangegangenen Abschnitt konnte gezeigt werden, daß beide Systeme sowohl bei gleicher Aufgabenstellung unterschiedliche Zielerreichungsgrade haben als auch bei unterschiedlich gewichteter Zielbeschreibung dennoch die Ziele in ähnlicher Weise erreichen.

So konnte beispielsweise für das Ziel der individuellen Selbstbestimmung festgestellt werden, daß bei erheblich geringerem Gewicht dieses Ziels und fehlender direkter Legitimations- und Kontrollstrukturen in Frankreich der funktionale Beitrag der Personalvertretung zur Förderung individueller Selbstbestimmung am Arbeitsplatz in beiden Ländern ähnlich unbefriedigend ist. Die Zielsetzung wird man daher in Frankreich als realitätsnäher bezeichnen müssen. Dies findet insbesondere in der historischen Entwicklung des Syndikalismus in Frankreich seine Begründung. Obwohl erst durch das Statut général des fonctionnaires von 1946 den Beschäftigten des öffentlichen Dienstes das Koalitionsrecht zugestanden wurde, war in Frankreich bereits lange vorher ein bedeutender Teil der Beamtenschaft gewerkschaftlich organisiert. Es gehört zwar zu den bestgehütetsten Geheimnissen in Frankreich, genaue Zahlen über die Mitgliederstärke der einzelnen Gewerkschaften im öffentlichen Dienst zu erhalten; es wird jedoch allgemein angenommen, daß zwischen 60 - 80 % der Beschäftigten des öffentlichen Dienstes gewerkschaftlich organisiert sind[3]. Aus diesem hohen Organisationsgrad und einer langen syndikalistischen Tradition resultiert die geringe Beachtung der individuellen Selbstbestimmungsforderung, die in Frankreich zugunsten der kollektiven Interessenvertretung in den Hintergrund tritt.

Bemerkenswerter allerdings sind wohl noch die Ergebnisse zur Wahrnehmung und Durchsetzungsfähigkeit kollektiver Interessen. Es konnte gezeigt werden, daß in beiden Ländern der maßgebliche Einfluß von den Personalvertretern auf den innerbehördlichen Entscheidungsprozeß außerhalb der Institutionen der Personalvertretung ausgeübt wird.

Hierbei zeigte sich in Frankreich, daß das informelle Beteiligungsverfahren eine sehr bedeutende Rolle spielte. Dies resultiert einmal

---

[3] Vgl. zu den Schwierigkeiten der Bestimmung der Gewerkschaftsmitgliedschaft in Frankreich, oben 3. Kap. C. 2. b) bb).

aus der schwachen Ausgestaltung der Beteiligungsrechte in den Normen der Personalvertretung, die den Personalvertretern kaum echte Einflußmöglichkeiten gewähren. Dies ergibt sich zum anderen aber auch aus einer geringen Bereitschaft der Verwaltung, selbst diese schwachen Beteiligungsrechte zu gewährleisten. Diese Zurückhaltung der französischen Administration mag darin begründet sein, daß sie seit nunmehr 18 Jahren einer gaullistisch-konservativen Politik verpflichtet ist und mit den Regelungen der Personalvertretung Normen vollziehen muß, die im Jahre 1946 unter anderen politischen Vorzeichen geschaffen worden sind. Es kann zwar seit den Unruhen im Mai 1968, die damals insbesondere den öffentlichen Dienst ergriffen hatten, festgestellt werden, daß die Beteiligungsrechte des Personals stärker beachtet werden, dennoch neigt die Verwaltung auch heute noch eher zu einer restriktiven Auslegung ihrer Spielräume, die ihr in der Zusammenarbeit mit den Personalvertretern gegeben sind. So existieren beispielsweise im gesamten Erziehungs- und Innenressort keine comiés techniques paritaires ministériels, obwohl sie in den Dekreten vorgesehen sind, und auch im Ministère de l'Economie et des Finances sind die c.t.p. centraux der beiden personalstärksten Direktionen seit 1973 nicht mehr einberufen worden. Gerade in den genannten Fällen zeigt sich aber, daß — von allen Beteiligten gebilligt — die Funktionen dieser c.t.p. von informellen Arbeitsgruppen wahrgenommen werden. Daneben konnte auch festgestellt werden, daß ganze Aufgabenkomplexe parallel zu den Organen der Personalvertretung in informellen Beteiligungsgesprächen behandelt werden, sei es daß das Dekret diese Aufgaben ausdrücklich für diesen Verwaltungsbereich ausgeklammert hat, wie bei der Direction générale de la police nationale, sei es daß man eine Aufgabe der Personalvertretung einverständlich an eine informelle Arbeitsgruppe abgegeben hat, wie beim Beispiel der Versetzungen in der Direction de la comptabilité publique. Generalisierend konnte festgestellt werden, daß sowohl bei der Verwaltung als auch bei den Gewerkschaften eine Tendenz dahin besteht, die eigentlichen Organe der Personalvertretung leerlaufen zu lassen und innerhalb eines informellen Rahmens dieselben Aufgaben zu erledigen.

Dieses Ergebnis der vorliegenden Untersuchung bestätigt die Phänomene, die von Michel Crozier in allgemeiner Hinsicht für die französische Bürokratie beschrieben wurden[4]. Die Parallelität sozialer Interaktionen der Partner im öffentlichen Dienst und die daraus resultierenden „cercles vicieux" lassen sich gerade im Bereich der Personalvertretung nachweisen.

---

[4] Vgl. *Michel Crozier*, Le phénomène bureaucratique, Paris 1963, S. 253 ff., insb. S. 255 f.

Diese Tendenz wird durch die gesamtpolitischen Strukturen in Frankreich erheblich gefördert und findet darin wohl auch seine Begründung. Zum einen sind es die staatsorganisatorischen Rahmenbedingungen, die solche informellen Kontakte unterstützen. Durch den zentralisierten Staats- und Verwaltungsaufbau bedingt werden alle wesentlichen Entscheidungen, seien es Fragen der Arbeits- oder Aufgabenstruktur, seien es statutäre Probleme oder seien es die Beförderung eines Briefträgers aus Toulouse oder die Versetzung eines Finanzbeamten aus Straßburg in der Zentralverwaltung in Paris getroffen. Dem entsprechend hat sich auch die Gewerkschaftshierarchie in Paris, teilweise in direkter räumlicher Nähe der jeweiligen Ministerien, konzentriert. Denn man hält es für die effektivste Art der Entscheidungspartizipation, bei dem letztentscheidenden Verwaltungsbeamten zu intervenieren. Direkte räumliche Nähe und die daraus resultierende persönliche Bekanntschaft sind hierfür nicht zu unterschätzende Randbedingungen, die durch eine Konzentration der Partner in Paris wesentlich gefördert werden.

Zum anderen ist es die innen- und sozialpolitische Entwicklung der letzten zehn Jahre, die die Tendenz und Bereitschaft zu informellen Gesprächen verstärkt. Nach den Unruhen im Mai 1968, die in Frankreich nicht selten die Revolution von 1968 genannt werden[5], bemühte man sich von seiten der Regierung verstärkt, das Verhältnis zwischen den Sozialpartnern zu harmonisieren, um ähnlich eruptive Entwicklungen künftig besser zu meistern oder sie schon im Vorfeld ihrer Entstehung beizulegen. Hierfür schuf man die Politik der concertation und contractualisation, die man seit 1968 insbesondere im öffentlichen Dienst praktiziert[6]. Da bis 1968 die Beteiligungsorgane im öffentlichen Dienst nur wenig beachtet wurden, fiel es auch schwer, innerhalb dieses institutionellen Rahmens die mit neuem Engagement erfüllte Politik der concertation zu betreiben. Daher wählte man hier die informelle Gesprächsebene. Diese Entwicklung hat sich dann auch in den Bemühungen um eine Wiederbelebung der paritätischen Kommissionen fortgesetzt.

Auch in Deutschland wurde festgestellt, daß die informelle Beteiligung für eine effektive Entscheidungspartizipation eine sehr bedeutende Rolle spielte; dies aber bei völlig anderen Rahmenbedingungen. Denn die Regelungen des BPersVG stellen ein differenziertes formelles Verfahren zur Verfügung mit teilweise starken Beteiligungsrechten, die bis zur echten Mitbestimmung führen. Darüber hinaus konnte bei der Verwaltung auch keine generelle Ablehnung gegenüber dem Be-

---

[5] Vgl. *Jeanne Siwek-Pouydesseau*, La participation, S. 90.

[6] Vgl. *Michèle Voisset*, Concertation et contractualisation dans la fonction publique, in: A.J.D.A. 1970, S. 388 ff.

teiligungsverfahren festgestellt werden, sondern man zeigt sich weitgehend kooperationsbereit. Die Begründung für die Vernachlässigung des förmlichen Beteiligungsverfahrens liegt hier vielmehr in einer mangelnden Kenntnis der Personalvertreter von ihren Möglichkeiten, zum anderen aber auch in der zu hohen Formalisierung und zu geringen Elastizität dieses Verfahrens. So ist die Vorstellung des Gesetzes, daß eine Maßnahme dem PR als fertig vorbereiteter Vorschlag zugeleitet wird und dieser dann nur noch endgültig zustimmen oder endgültig ablehnen kann, zu rigide und entspricht nicht den differenzierten Anforderungen eines Beteiligungsprozesses. Hier ist die informelle Abklärung der Maßnahme im Vorfeld der Entscheidung des PR mit dem PR-Vorstand oder die Nachbereitung einer teilweise abgelehnten Maßnahme auf informeller Ebene von essentieller Bedeutung. Hinzu kommt, daß das deutsche System, das — im Gegensatz zu Frankreich — die räumliche Nähe und den persönlichen Kontakt durch die Einbindung des Vorsitzenden des PR in die Behörde institutionell vorgibt, daher auch günstige Voraussetzungen für eine solche informelle Beteiligung auf örtlicher Ebene bietet.

Neben diesem Phänomen der informellen Beteiligung ist die unterschiedliche Strategie der Personalvertreter in beiden Ländern und die damit verbundene Reaktion der Verwaltung ein weiterer bemerkenswerter Aspekt einer vergleichenden Betrachtung.

Es konnte gezeigt werden, daß tendenziell die Personalvertreter in Deutschland sich eher kooperativ gegenüber ihren Partnern auf der Verwaltungsseite verhalten, ihre französischen Kollegen hingegen eher eine konfliktorische Strategie verfolgen. Wenn eben dargelegt wurde, daß in Frankreich seit 1968 eine größere Bereitschaft zu Verhandlungen mit den Personalvertretern besteht, so bedeutet dies nicht, daß damit bereits ein Klima der Kooperation und Harmonie geschaffen sei. Man kann im Gegenteil vermuten, daß nach dem Rückzug der C.G.T. und der C.F.D.T. aus den Verhandlungen der contractualisation und den jüngsten Entwicklungen bei der F.O. die sozialen Fronten im öffentlichen Dienst sich wieder verhärten werden. Alain Peyrefitte beschreibt das französische politische System als einen „bürokratischen Staat, der — geheiligt durch die Revolution — immer ähnlich unantastbar geblieben ist wie die bürokratische Monarchie“[7]. Die Gewerkschaften seien durch diese statischen Strukturen zur globalen Konfrontation gezwungen[8]. Wenn diese Einschätzung auch nicht in jeder Akzentuierung übernommen werden soll, so zeigt sie dennoch bereits einen wichtigen Gesichtspunkt auf. Die in dieser Untersuchung fest-

---

[7] *Alain Peyrefitte,* Le Mal Francais, Paris 1976, S. 336.

[8] Ebenda.

gestellten konfliktbewußten Verhaltensweisen der französischen Personalvertreter und Gewerkschafter sind nicht allein Ausfluß einer eigenständigen und freigewählten Strategie, sondern auch eine Reaktion auf die Statik der bürokratischen Organisation[9]. Daneben sind hierbei natürlich auch die Ursachen zu berücksichtigen, die sich aus der französischen Gewerkschaftsstruktur selbst ergeben. Dies sind zum einen die krassen gesellschaftspolitischen Differenzen der Gewerkschaften C.G.T. und C.F.D.T. zur politischen Führung der Verwaltung sowie zum anderen der Gewerkschaftspluralismus, der aufgrund eines gewissen Konkurrenzkampfes zwischen den Gewerkschaften des öffentlichen Dienstes zu spektakulären Aktionen reizt. Daneben darf auch nicht die dienstrechtliche Seite übersehen werden. Der Streik als legitimes Mittel des Arbeitskampfes im öffentlichen Dienst bestimmt auch die Verhandlungspositionen der Sozialpartner.

Das eher kooperationsbereite Verhältnis der Sozialpartner in der deutschen Verwaltung resultiert aus erheblich veränderten Rahmenbedingungen. Die gewerkschaftliche Strategie spielt trotz des hohen Organisationsgrades der deutschen Personalvertreter nur eine untergeordnete Rolle. Hinzu kommt, daß auch die gewerkschaftliche Gesamtstrategie in der Bundesrepublik eher einem kooperativen als einem konfliktorischen Konzept folgt[10]. Der gesellschaftspolitische Dissens zwischen Personalvertretern und politischer Führung ist unbedeutend oder überhaupt nicht vorhanden. Darüber hinaus konnte auch festgestellt werden, daß die Verwaltung sich in der Regel verhandlungsbereit zeigt und eine echte Kooperation mit der Personalvertretern in deren Zuständigkeitsbereich sucht. Dies mag sowohl Ursache für ein kooperatives Verhalten der Personalvertreter als auch eine Folge aus diesem Verhalten sein.

Wenn sich auch aus dem geringen Einfluß der Gewerkschaften in Deutschland auf die Personalvertretung und deren unterschiedlicher Strategievorstellung positive Funktionen für den Einfluß auf verwaltungsinterne Entscheidungen ergeben, so mußte dennoch festgestellt werden, daß allgemein die Rolle der Gewerkschaften im System der Personalvertretung unterschätzt wird und hieraus negative Funktionen für die Effektivität der Interessenvertretung folgen. In den Personalvertretungsgesetzen werden sie lediglich als externe Faktoren anerkannt, in der Praxis sind sie aber ein bestimmendes Merkmal für die Wirksamkeit der Interessenvertretung des Personals. Insbesondere

---

[9] Vgl. hierzu auch *Michel Crozier*, S. 253 ff.

[10] Vgl. *Joachim Bergmann / Otto Jacobi / Walter Müller-Jentsch*, Gewerkschaften in der Bundesrepublik — Gewerkschaftliche Lohnpolitik zwischen Mitgliederinteressen und ökonomischen Systemzwängen, Frankfurt/Köln 1975, S. 26 ff.

für die Aus- und Fortbildung der Personalvertreter, die ohnehin in Deutschland nur sehr unzureichend betrieben wird, sind die Gewerkschaften der einzige Garant für ein Mindestmaß an Schulungsarbeit. Sie sind darüber hinaus ein wesentlicher Informationsübermittler für die Personalvertretungen und das Personal und sie gewährleisten eine gewisse Koordination bei ressortübergreifendem Vorgehen der Personalvertretungen.

C. Rechtspolitischer Ausblick

Nachdem nun die Ziele, die Normen und die Praxis der Personalvertretung dargestellt wurden und die Wirksamkeit des deutschen und französischen Personalvertretungssystems im Kontext ihres gesamtgesellschaftlichen Rahmens betrachtet wurde, sollen zum Abschluß dieser Untersuchung die wesentlichsten rechtspolitischen Erkenntnisse dargelegt werden.

Die gesetzliche Regelung in der Bundesrepublik stellt sich komplex, differenziert und im Verfahren der Beteiligung stark formalisiert dar, wogegen in Frankreich das Recht der Personalvertretung weitgehend generalklauselartig und wenig differenziert im Verordnungswege geregelt ist. Durch diese offene rechtliche Normierung konnten sich in den verschiedenen Verwaltungsbereichen Verfahrensweisen der Beteiligung herausbilden, die den spezifischen Rahmenbedingungen, wie Aufgaben-, Personal- und Gewerkschaftsstruktur, gerecht werden.

Demgegenüber ist die starre gesetzliche Regelung in Deutschland häufig nicht in der Lage, aufgabenspezifische Besonderheiten zu berücksichtigen. Beispielsweise sei hier der Kultusbereich genannt, dessen besondere Struktur bedingt, daß die örtlichen PRäte — nach dem Gesetz die eigentlichen Träger der Interessenwahrnehmung — kaum eine wesentliche Funktion ausüben können. Denn zum einen resultiert aus dem in der Regel überschaubaren Personalkörper und der Institution der Gesamtkonferenz, wo sich ohnehin alle vom PR vertretenen Beschäftigten in kurzen Abständen versammeln und alle Probleme zur Sprache bringen, daß für den PR kaum noch Raum für eine gesonderte Interessenwahrnehmung bleibt. Zum anderen bewirkt die ausschließliche Zugehörigkeit des Personals zum gehobenen oder höheren Dienst, daß alle personellen und fast alle organisatorischen Entscheidungen auf Bezirks- oder Landesebene getroffen werden. Somit bleiben für den örtlichen PR kaum noch Zuständigkeiten, in denen er aktiv werden kann.

Selbst wenn die sehr differenzierten Regelungen solche Abweichungen nicht berücksichtigen können, so sprechen doch gewichtige Gründe der Rechtssicherheit für eine formalisierte und differenzierte gesetzliche Ausgestaltung der Personalvertretung. Diese Begründung kann aber dann nicht mehr zutreffen, wenn die Rechtswirklichkeit in erheblicher Weise von der Norm abweicht und möglicherweise die abweichende eingeübte Rechtswirklichkeit im Bewußtsein der Betroffenen die Norm selbst ersetzt.

Eine solche Entwicklung läßt sich insbesondere beim Kernstück der gesetzlichen Regelung, dem förmlichen Beteiligungsverfahren, feststellen. Denn die Vorstellung des Gesetzes in § 69 Abs. 2 BPersVG, daß eine Maßnahme dem PR als fertig vorbereiteter Vorschlag zugeleitet wird und dieser dann innerhalb einer Frist von 7 Tagen nur noch endgültig zustimmen oder endgültig ablehnen kann, ist zu starr und entspricht nicht den differenzierten Anforderungen eines Beteiligungsprozesses in einem sozialen Spannungsfeld, wie es zwischen Behördenleitung und Personal besteht. Die Schwerpunkte der Beteiligung liegen nämlich in der Praxis im Vorfeld der Entscheidung des PR oder verlagern sich auf einen Zeitpunkt nach der Plenumsentscheidung des PR, wenn ein Antrag der Dienststellenleitung beispielsweise grundsätzlich gebilligt, in Einzelfragen aber abgelehnt wird. Mit einer endgültigen Ablehnung würde der Verwaltungsablauf in unsachgemäßer Weise verzögert. Hinzu kommt, daß die Fristenregelung des § 69 Abs. 2 BPersVG fast ausnahmslos Probleme aufwirft. So wurde z. B. für den Bereich der Bundespost eine interne förmliche Vereinbarung getroffen, die die Fristenregelung im förmlichen Verfahren nach dem BPersVG außer Kraft setzt.

Darüber hinaus ließ sich auch feststellen, daß dieses Gesetz durch seinen hohen Differenzierungsgrad zu kompliziert ist für eine Regelung, die in so direkter Weise Verhaltens- und Verfahrensanweisungen an den Normadressaten erteilt. Es scheint, daß bei der Novellierung des Gesetzes dieser Gesichtspunkt etwas aus dem Auge verloren wurde. Denn es ist nicht einzusehen, warum für die Beteiligung des PR sechs verschiedene Verfahrenstypen entwickelt werden mußten. Bereits die Aufsplitterung des Mitbestimmungsverfahrens in eine echte und eine unechte, eine eingeschränkt echte und eine eingeschränkt unechte Mitbestimmung ist nicht zu rechtfertigen. Man hätte sich hier eher auf ein oder zwei klar geregelte Verfahrensweisen einigen und sie dann auch entsprechend benennen sollen, statt aus Gründen der Optik bestimmte Maßnahmen verbal der Mitbestimmung zu unterwerfen, das Verfahren dann aber so zu beschneiden, daß es als „eingeschränkt unechte Mitbestimmung" bezeichnet werden muß und sich in der Intensität kaum noch von der Mitwirkung unterscheidet. Denn wenn die oberste Dienststelle ohnehin nicht an die Entscheidung der Einigungsstelle gebunden ist, wird ein PR in der Regel diese Stelle auch nicht anrufen, sondern sich mit dem Entscheid der obersten Dienststelle sofort begnügen.

Die Folge dieser komplizierten Verfahrensvielfalt ist, daß — wie in dieser Untersuchung gezeigt wurde — man die gesetzliche Regelung gar nicht zur Kenntnis nimmt, sondern ein internes Beteiligungsverfahren entwickelt.

Diese Schwierigkeiten aufgrund der komplizierten gesetzlichen Regelung wiegen um so schwerer, als bei den deutschen Personalvertretern ohnehin ein sehr geringer Professionalisierungsgrad festgestellt wurde. Sollen die Beteiligungsrechte des Personals nicht leerlaufen, so muß hierauf besonderer Wert gelegt werden. Eine wesentliche Vorbedingung für einen höheren Ausbildungs- und Wissensstand sind die Freistellungen. Es konnte aber nachgewiesen werden, daß bei weitem nicht alle gesetzlich möglichen Freistellungen wahrgenommen werden. Eine der meistgenannten Begründungen war die Sorge, in der fachlichen Weiterentwicklung am Arbeitsplatz nicht Schritt halten zu können. Es sollte daher überlegt werden, ob volle Freistellungen auf einen größeren Kreis von PR-Mitgliedern verteilt werden können und diese sie dann rotierend für einen kürzeren Zeitabschnitt als eine Wahlperiode in Anspruch nehmen. Denn gerade auf der Ministerialebene kann eine wirksame Beteiligung entsprechend dem breiten Zuständigkeitskatalog der PRäte nur bei intensiver Einarbeitung in die Materie erfolgen.

Darüber hinaus müßte die Aus- und Fortbildung der Personalvertreter in höherem Maße gewährleistet werden, wenn auf allen Ebenen der Personalvertretung der Anspruch dieses Gesetzes durchgesetzt werden soll.

Abschließend wird man feststellen müssen, daß die Chancen, die die deutschen Regelungen insbesondere gegenüber den schwachen Beteiligungsrechten in Frankreich für eine wirksame Beteiligung des Personals bieten, nicht zu einer entsprechend intensiveren und effektiveren Beteiligung genutzt werden.

Anhang

ANLAGE A

Interviewleitfaden: Personalräte

1. Welche Funktion üben Sie in Ihrer Behörde aus?
   — als Beamter, Angestellter oder Arbeiter?
2. Wie lange sind Sie schon im öffentlichen Dienst beschäftigt?
3. Wie lange sind Sie Mitglied des PR?
   — im Vorstand? — als Vorsitzender?
4. Sind Sie als PR-Mitglied vom Dienst freigestellt?
   — seit wann?
5. Gehören Sie einer Gewerkschaft oder einem Berufsverband an?
   — welchem? — seit wann?
6. Haben Sie in Ihrer Gewerkschaft oder Ihrem Verband ein Amt?
   — welches? — seit wann?
7. Würden Sie glauben, daß Sie persönlich durch Ihre PR-Arbeit beruflich eher einen Nachteil oder einen Vorteil haben?
   — Worin sehen Sie Vor- und Nachteile?
8. Wie würden Sie Ihr persönliches Verhältnis zur Behördenleitung bezeichnen?
   a) uneingeschränkt gut
   b) gut, aber durch Ihre Mitgliedschaft im PR spezifisch ausgestaltet (Zurückhaltung, neutrales Abstandhalten)
   c) schlecht wegen Ihrer Tätigkeit als PR
   d) schlecht aus anderen Gründen
9. Wie setzt sich der PR in Ihrer Behörde zusammen?
   — Sitzverteilung unter den Gewerkschaften
   — Sitze für unabhängige
   — Zahl der Freigestellten im PR
   — Zahl der durch diesen PR vertretenen Beschäftigten
10. Wie oft tritt der PR im Durchschnitt zu Sitzungen zusammen?
11. Wie häufig nimmt ein Vertreter der Behördenleitung daran teil?
12. Wie oft der Beauftragte einer Gewerkschaft?
13. Gibt es informelle Kontakte oder vorbereitende Sitzungen zwischen den PR-Mitgliedern außerhalb der Sitzungen?
    — nur im Vorstand?
    — nur zwischen Mitgliedern einer Gewerkschaft?

14. Werden die Entscheidungen in den PR-Sitzungen in der Regel einvernehmlich getroffen oder kommt es häufig zu Kampfabstimmungen?
    — können Sie Prozentzahlen nennen?
    — aus welchen Gründen kommt es zu Kontroversen?
15. Worauf stützt sich die Meinungsbildung eines PR-Mitgliedes im wesentlichen Ihrer Auffassung nach?
    a) auf die eigene Überzeugung
    b) auf eine gezielte Erforschung des Meinungsbildes in der Behörde
    c) auf die Weisung der Gewerkschaft
       — starke Zustimmung
       — mittlere Zustimmung
16. Wird bei Ihnen im Beteiligungsverfahren formell zwischen Mitbestimmungs- und Mitwirkungsangelegenheiten unterschieden?
17. Wieviele Anträge in Angelegenheiten, die der Mitbestimmung des PR unterliegen, erreichten Sie durchschnittlich in den letzten Jahren?
18. Wieviele davon wurden abgelehnt?
19. Wie oft setzte sich bei den abgelehnten Anträgen die Auffassung des PR auf der nächsthöheren Stufe oder in der Einigungsstelle durch?
20. Wurde überhaupt schon einmal im Bereich Ihrer Verwaltung eine Einigungsstelle gebildet?
    — wenn nein, wie wurden kontroverse Auffassungen sonst beigelegt?
21. Können Sie mir die Mitbestimmungsangelegenheiten nennen, die den PR im vergangenen Jahr am meisten beschäftigten?
22. Welche Mitwirkungsangelegenheiten spielten die größte Rolle?
23. Hat sich bei einer Mitwirkungsangelegenheit die Behörde schon einmal der abweichenden Meinung des PR angeschlossen?
24. Wie oft machte der PR im vergangenen Jahr von seinem Initiativrecht (§ 70) Gebrauch?
    — durch formellen Antrag oder formlosen Vorschlag?
    — wie war der Erfolg der Initiativen?
25. Führte die Behörde solche Angelegenheiten zur Zufriedenheit durch?
26. Gibt es zwischen Behördenleitung und PR informelle Kontakte außerhalb des förmlichen Beteiligungsverfahrens?
    — Monatsgespräch
    — Besprechungen mit dem Vorstand
    — Besprechungen mit dem Vorsitzenden
    — andere Kontakte
27. Gibt es Kontakte der Behördenleitung zu den in der Behörde vertretenen Gewerkschaften außerhalb der Personalvertretung?
    — wie oft und zu welchem Anlaß?
    — zu welchen Gewerkschaften?
    — was ist Gegenstand der Unterredung (PR-Angelegenheiten oder andere Materien)

28. Welchen Kontakten zur Behördenleitung würden Sie den größeren Einfluß zumessen?
    a) dem förmlichen Beteiligungsverfahren
    b) dem informellen Verfahren
    c) beiden
29. Gab es zwischen Behörde und PR schon einmal verwaltungsgerichtliche Streitigkeiten?
30. Welche Rolle spielt nach Ihrer Auffassung der PR für das Personal bei der Verschaffung von Informationen über Entscheidungen der Behördenleitung?
    a) PR ist überwiegender Informationsträger
    b) PR verschafft einen Teil der Information
    c) kaum oder gar keine Information
31. Gibt es eine PR-Zeitung in der Behörde?
    Wie oft erscheint sie?
32. Steht dem PR in der Behörde ein eigenes Büro zur Verfügung?
    — werden hier Sprechstunden für das Personal abgehalten?
    — wie sind sie besucht?
33. Welche Informationsquellen würden Sie für das Personal am wichtigsten halten?
    a) Personalversammlung
    b) Publikationen des PR
    c) PR-Sprechstunden
    d) Sonstige persönliche Kontakte
    e) Gewerkschaftsmitteilungen
    f) Mitteilungen der Behördenleitung
34. Wird der PR in der Regel rechtzeitig und umfassend über Vorhaben der Behördenleitung unterrichtet?
35. Ist die 7-Tage-Frist ausreichend, um sich mit der Materie vertraut zu machen?
36. Findet das Monatsgespräch regelmäßig statt?
37. Wie oft gehen dem PR „Anregungen und Beschwerden“ (§ 68 Abs. 1 Nr. 3) aus den Reihen des Personals zu? Auf welchem Wege?
38. Wie hoch war die Wahlbeteiligung im Bereich Ihrer Behörde?
39. Gibt es in Ihrem Erfahrungsbereich Behörden, in denen kein PR gewählt wurde?
40. Wurden auch Listen mit unabhängigen Kandidaten zur Wahl vorgeschlagen?
41. Gab es Wahlanfechtungen? Durch wen?
42. Wie häufig fanden in den letzten Jahren Personalversammlungen statt?
    Waren dies
    — turnusmäßige

— auf Wunsch von 1/4 des Personals

— auf Wunsch des Behördenleiters

— auf Initiative der Gewerkschaften

43. Wie stark sind die Personalversammlungen in der Regel vom Personal besucht?

44. Wie häufig nehmen Vertreter der Behördenleitung daran teil?

45. Wie oft Gewerkschaftsvertreter?

46. Wie oft werden auf Personalversammlungen Anträge beschlossen, die den PR zum Handeln auffordern?

47. Wie wurden diese Anträge vom PR erledigt?

48. Gab es in Ihrem Erfahrungsbereich bereits gerichtliche Anfechtungen von PR-Beschlüssen?

    — von wem? — aus welchem Grunde?

49. Werden die gesetzlich vorgeschriebenen Freistellungen gewährleistet?

50. Reichen diese Freistellungen zur Erledigung der anfallenden Arbeit aus?

51. Von wem haben Sie Ihre wesentliche Ausbildung erhalten, die Sie zur PR-Arbeit befähigt?

    a) von der Behörde

    b) von der Gewerkschaft

    c) durch eigene langjährige Erfahrung

    d) durch systematisches Selbststudium

ANLAGE B

Interviewleitfaden: Behördenleitung

1. Welche Funktion üben Sie in Ihrer Behörde aus?
   — in welchem Amt? — als Beamter?
2. Wie lange sind Sie schon im öffentlichen Dienst beschäftigt?
3. Wie lange befassen Sie sich schon mit Personalvertretungsfragen?
4. Waren Sie selbst schon einmal PR-Mitglied?
5. Gehören Sie einer Gewerkschaft oder einem Berufsverband an?
6. Wie würden Sie Ihr persönliches Verhältnis zum PR bezeichnen?
   a) uneingeschränkt gut
   b) gut, aber durch Ihre Stellung als Behördenvertreter spezifisch ausgestaltet (Zurückhaltung, neutrales Abstandhalten)
   c) schlecht, wegen Ihrer Stellung als Behördenvertreter
   d) schlecht aus anderen Gründen
7. Wie setzt sich der PR in Ihrer Behörde zusammen?
   — Sitzverteilung unter den Gewerkschaften
   — Sitze für Unabhängige
   — Zahl der Freigestellten im PR
   — Zahl der durch diesen PR vertretenen Beschäftigten
8. Wie oft wurde im letzten Jahr eine PR-Sitzung auf Wunsch des Behördenleiters einberufen?
9. Aus welchen Gründen?
10. Wie oft nehmen Sie oder ein anderer Vertreter der Behörde an PR-Sitzungen teil?
11. Gibt es regelmäßige Zusammenkünfte und Besprechungen von Vertretern der Behördenleitung über Probleme, die den PR betreffen?
    a) auf der Ebene Ihrer Behörde
    b) auf der Ebene verschiedener am Ort ansässiger Behörden
12. Wird im Beteiligungsverfahren formell zwischen Mitbestimmungs- und Mitwirkungsangelegenheiten getrennt?
13. Wieviele Ihrer Anträge in Mitbestimmungsangelegenheiten wurden im letzten Jahr abgelehnt?
    — wieviel Prozent von der Gesamtzahl der gestellten Anträge waren das?
14. Setzte sich bei den abgelehnten Anträgen die Auffassung der Behörde auf der nächsthöheren Stufe oder in der Einigungsstelle durch?

15. Wurde überhaupt schon einmal im Bereich Ihrer Verwaltung eine Einigungsstelle gebildet?

    — wenn nein, wie werden kontroverse Auffassungen sonst beigelegt?

16. Wie oft kam es in Mitwirkungsangelegenheiten zu kontroversen Stellungnahmen des PR?

17. Können Sie mir die Mitbestimmungsangelegenheiten nennen, die dem PR im vergangenen Jahr am häufigsten vorgelegt wurden?

18. Welche Mitwirkungsangelegenheiten spielten die größte Rolle?

19. Hat sich bei einer Mitwirkungsangelegenheit die Behörde schon einmal der abweichenden Meinung des PR angeschlossen?

20. Wie oft machte der PR im vergangenen Jahr von seinem Initiativrecht Gebrauch und trat mit eigenen Vorschlägen an die Behörde heran?

    — durch formellen Antrag oder durch formlosen Vorschlag?

21. Gibt es außerhalb des im PersVG niedergelegten Beteiligungsverfahren informelle Kontakte mit dem PR?

    a) Monatsgespräch

    b) Besprechungen mit dem Vorstand

    c) Besprechungen mit dem Vorsitzenden

    d) andere Kontakte

22. Gibt es Kontakte der in der Dienststelle vertretenen Gewerkschaften oder Berufsverbände zur Behördenleitung?

    — wie oft und zu welchem Anlaß?

    — zu welchen Gewerkschaften?

    — was ist Gegenstand der Unterredung (PR-Angelegenheit oder andere Materien)?

23. Würden Sie eher diesen Kontakten für die Einflußnahme des Personals auf Behördenentscheidungen eine größere Bedeutung zumessen oder den Verhandlungen im Beteiligungsverfahren?

    a) dem förmlichen Verfahren

    b) dem informellen Verfahren

    c) beidem

24. Gab es zwischen Behörde und PR schon einmal verwaltungsgerichtliche Streitigkeiten?

25. Welche Rolle spielt der PR bei der Beschaffung von Information der Behördenleitung über die Interessen und Probleme des Personals?

    a) spielt eine wichtige Rolle

    b) vermittelt manchmal Information

    c) sehr selten oder nie

26. Wie häufig erreichten die Behördenleitung über den PR Wünsche, Anregungen oder Beschwerden des Personals?

27. Gibt es wesentliche Informationskanäle von der Behördenleitung direkt zum Personal unter Umgehung des PR?

28. An wen würde sich nach Ihrer Einschätzung ein Beschäftigter Ihrer Dienststelle mit einem Problem in einer personellen oder sozialen An-

gelegenheit zunächst wenden: an den PR oder an die zuständigen Vorgesetzten direkt?

29. Wie lange vor den PR-Sitzungen informieren Sie in der Regel den PR über Ihre Anträge und deren Begründungen?
30. Besteht der PR auf strenger Einhaltung der gesetzlichen Fristen? (§ 60 Abs. 2 S. 4)
31. Findet das Monatsgespräch regelmäßig statt?
32. Wer vertritt hierbei in der Regel die Behördenleitung?
33. Wie oft fanden in den letzten Jahren im Durchschnitt Personalversammlungen statt?
34. Wie oft auf Wunsch der Behördenleitung?
35. Wie häufig nehmen Vertreter der Behördenleitung an der Personalversammlung teil?
36. Wer vertritt in der Regel die Behördenleitung?
37. Ist in Ihrer Dienststelle der gesetzliche Rahmen für die Freistellung von PR-Mitgliedern voll ausgeschöpft?
38. Kennen Sie die Gesamtzahl der Freigestellten PR-Mitglieder für das Ministerium und seinen nachgeordneten Bereich?
39. Werden von Behördenseite aus den PR-Mitgliedern Schulungskurse für die PR-Arbeit angeboten?
40. Gibt es Schulungskurse für die Behördenvertreter, die mit PR-Arbeit befaßt sind?

ANLAGE C

Questionnaire: représentants du personnel

1. Quelle fonction avez-vous au service public?
   — quel corps, — quel grade, — quel catégorie
2. Depuis quel temps exercez-vous au service public?
3. Est-ce que vous êtes mis à la disposition des syndicats pour votre fonction en qualité d'un représentant du personnel?
   — depuis quel temps
4. Croyez-vous que votre promotion professionelle est empêchée par votre fonction d'un représentant du personnel?
5. Est-ce que vous appartenez aux plusieurs commissions ou comités?
6. Depuis quel temps appartenez-vous au syndicat?
7. Avez-vous une fonction au syndicat?
8. Comment votre commission (comité ou conseil) se compose-t-il?
   — nombre des sièges
   — répartition des sièges entre les syndicats
   — sièges des représentants autonomes
   — nombre des membres qui sont mis à la disposition
   — combien de fonctionnaires sont représentés par cette commission
9. Combien de fois par an la commission (comité ou conseil) siège-t-elle?
   — en formation plénière, — en formation restreinte
10. Qui préside la commission (comité ou conseil)?
11. Est-ce qu'il y a des contacts ou des réunions préparatoires des représentants du personnel avant des séances?
    — seulement entre les membres du même syndicat?
12. Est-ce qu'il y a des différences entre les représentants du personnel qui embarassent une bonne coopération?
    — souvent, — quelques fois, — parfois, — jamais
13. Qu'est-ce que la base essentielle de l'opinion d'un représentant du personnel?
    a) la conviction propre
    b) une recherche systématique de l'opinion du personnel
    c) les avis du syndicat
    — accord fort, — accord moyen

14. Combien des affaires de consultation y-a-t-il approximativement en générale par séance?
15. Pourriez-vous me nommer les sujets qui vous occupent le plus?
16. Est-ce qu'il y a souvent des desaccords entre les représentants du personnel et de l'administration?
17. Est-ce que vous pouvez vous en souvenir que la commission (comité ou conseil) a décidé un avis contre les propositions originales de l'administration?
18. Est-ce que l'administration a suivie cet avis?
19. Est-ce qu'il y avait déjà une décision par la voix préponderante du président?
20. Est-ce que vous avez un droit d'initiative?
21. Combien de fois par séance avez-vous l'utilisé en général?
22. Est-ce qu'il y a des négociations entre des agents des syndicats et l'administration concernant les sujets soumis à l'attribution des commissions (comité ou conseils)?
    — à quel niveau, — combien de fois par an
23. Les agents des syndicats sont-ils en général en même temps membres d'une commission (comité ou conseil) du service?
24. Quels sont les sujets les plus traités?
25. Est-ce que l'administration négocie avec certains syndicats plus souvent qu'avec les autres?
26. Qu'est-ce que qu'influence les décisions de l'administration le plus?
    a) les discussions des organismes paritaires
    b) les négociations hors des séances
    c) tous les deux
27. Ou recevez-vous des informations nécessaires pour votres activités d'un représentant du personnel?
    a) de l'administration
    b) des syndicats
    c) des autres sources
28. Est-ce que l'administration vous donne des pièces et des documents nécessaires à l'accomplissement de votre mission?
    — assez tôt
29. Quelles sources d'information sont après votre avis les plus importantes pour le personnel?
    a) l'assemblée du personnel
    b) des publications des commissions
    c) des horaires fixes pour l'information
    d) des contacts personnelles avec des représentants du personnel
    e) des informations de l'administration
    f) des informations des syndicats

30. Est-ce que votre commission (comité ou conseil) a un secrétariat permanent?
31. Est-ce qu'il y a des horaires d'ouverture pour tout le monde dans ces secrétariats ou dans les bureaux des syndicats?
32. Sont-ils bien fréquentés?
33. Combien de fois recevez-vous des souhaites ou des problèmes individuelles de vos collègues?
34. Est-ce qu'un fonctionnaire discute ses problèmes individuelles après votre appréciation plus souvent avec ses représentants du personnel ou avec l'administration toutesuite?
35. Pourriez-vous me citer la participation électorale aux dernières élections?
36. Est-ce qu'il y avait un corps qui n'a présenté aucun candidat aux élections?
37. Est-ce qu'il y avait des listes des candidats autonomes?
38. Est-ce qu'il y avait des contestations sur la validité des opérations électorales?
39. Est-ce qu'il y a fréquement des assemblées du personnel?
40. Ou avez-vous reçu votre connaissance des problèmes d'une représentation du personnel en matières sociales, en droit administratif, en gestion administrative etc.?
41. Est-ce qu'il y a des stages pour la formation des représentants du personnel?

    — combien de fois par an
42. Est-ce que vous avez déjà appartenez aux stages?
43. Pourriez-vous me citer la nombre des militants qui sont mis à la disposition du syndicat?
44. Est-ce que ce chiffre est satisfaisant?

ANLAGE D

Questionnaire: représentants de l'administration

1. Quelle position avez-vous au service public?
   — quel corps, — quel grade, — quel catégorie
2. Depuis quel temps exercez-vous au service public?
3. A quelle commission (comité ou conseil) appartenez-vous?
   — comme président
4. Est-ce que vous avez déjà appartenez à une commission paritaire comme représentant du personnel?
5. Est-ce que vous êtes membre d'un syndicat ou d'une association?
6. Comment est-ce que votre commission (comité ou conseil) se compose-t-il?
   — nombre des sièges
   — répartition des sièges entre les syndicats
   — sièges des représentants autonomes
   — nombre des membres qui sont mis à la disposition
   — combien de fonctionnaires sont représentés par cette commission
7. Combien de fois par an la commission (comité ou conseil) siège-t-elle?
   — en formation plénière, — en formation restreinte
8. Qui préside la commission (comité ou conseil)?
9. Est-ce que les représentants de l'administration sont chaque fois les mêmes personnes?
10. Est-ce qu'il y a des contacts ou des réunions préparatoires des représentants de l'administration avant des séances?
11. Est-ce qu'il y a des differences entre les représentants du personnel qui embarassent une bonne coopération?
12. Combien des affaires de consultation y-a-t-il approximativement par séance?
13. Pourriez-vous me citer les sujets qui vous occupent le plus?
14. Est-ce qu'il y a souvent des desaccords entre les représentants de l'administration et du personnel?
15. Est-ce que vous pouvez vous en souvenir que la commission (comité ou conseil) a decidé un avis contre les propositions originales de l'administration?
16. L'administration a-t-elle suivie cet avis?
17. Est-ce qu'il y avait déjà une décision par la voix prépondérante du président?

18. Est-ce que les représentants du personnel ont un droit d'initiative?
19. Combien de fois par séance ont-ils l'utilisé en général?
20. Est-ce qu'il y a des négociations entre des agents des syndicats et l'administration concernant les sujets soumis à l'attribution des commissions (comité ou conseil)?
    — à quel niveau, — combien de fois par an
21. Est-ce que les agents des syndicats sont en général des membres des commissions (comités ou conseils) du service?
22. Quel sont les sujets les plus traités?
23. Est-ce que l'administration négocie avec certains syndicats plus souvent qu'avec les autres?
24. Qu'est-ce que qu'influence les décisions de l'administration le plus?
    — les discussions des organismes paritaires
    — les négociations hors des séances
    — tous les deux
25. Est-ce que vous fournissez aux représentants du personnel toutes les pièces et documents concernant les problèmes qui en discutera à la séance?
26. Combien de temps avant la séance les informez-vous?
27. Quelle fonction ont les représentants du personnel pour l'information de l'administration sur les problèmes individuels du personnel après votre appréciation?
    a) un rôle important
    b) ils fournissent quelques fois des informations
    c) très peu ou pas du tout
28. Est-ce que votre commission (comité ou conseil) a un secrétariat permanent?
29. Comment sont les décisions des commissions (comités ou conseils) annoncées au personnel?
30. Est-ce qu'il y a des contacts permanents entre l'administration et le personnel hors les organismes paritaires?
31. Pourriez-vous me citer la participation électorale à la dernière élection des c.a.p. dans votre ministère?
32. Est-ce qu'il y avait un corps qui n'a présenté aucun candidat aux élections?
33. Est-ce qu'il y avait des listes des candidats autonomes?
    — ont-ils réussis
34. Est-ce qu'il y avait des contestations sur la validité des opérations électorales?
35. Combien des fonctionnaires de votre ministère ou de votre direction sont mis à la disposition des syndicats?
36. Est-ce que les représentants du personnel profitent de chaque possibilité de la disposition?

Literaturverzeichnis

Adam, Gérard: La représentativité syndicale — enquête sur les élections professionelles — in: Revue française de science politique, Volume XVIII, 1968, S. 278 ff.

Agnes, Yves: La force tranquille du syndicat des instituteurs, in: Le Monde 1976, N° 14, 16, 16 janv.

Alemann, Ulrich *von* (Hrsg.): Partizipation — Demokratisierung — Mitbestimmung, Opladen 1975

Ambos, Ottmar: Die Beziehungen des Personalrates zu den Beschäftigten, in: Die Personalvertretung 1970, S. 265 ff.

— Informationsanspruch des zuständigen Personalrates — Personalakteneinsicht — Verweigerung der Zustimmung, in: Die Personalvertretung 1973, S. 261 ff.

Ancel, Marcel: Réflexions sur la recherche et la méthode comparatives, in: Jus privatum gentium, Festschrift für Max Rheinstein zum 70. Geburtstag am 5. Juli 1969, Tübingen 1969, S. 211 ff.

Armand, Louis: Présentation du Rapport sur les obstacles à l'expansion économique, in: Revue administrative 1960 (13), S. 469 ff.

Aubert, Pierre: Le corps préfectoral de 1946 à 1976, in: Administration, N° 94, 1976, S. 38 ff.

Auzas, Philippe / *Bayard,* Hélène / *Grunstein,* Jean-Claude / *Schlissinger,* Dominique: La participation dans les administrations publiques et les évenements de Mai - Juin 1968, Mémoire du Centre d'Etude et de Recherche de Sciences administratives (C.E.R.S.A.), Paris II, Octobre 1969

Ayoub, Eliane: Les commissions administratives paritaires, in: Revue administrative, N° 126 (1968), S. 700 ff. und N° 127 (1969), S. 36 f.

— Le tableau d'avancement des fonctionnaires soumis au Statut général de la fonction publique, in: L'actualité Juridique — Droit administrative, 1969, S. 675 ff.

Baecque, Francis *de:* L'administration centrale de la France, Paris 1973

Banks, Arthur / *Textor, Robert:* A Cross-Polity Survey, Cambridge 1963

Berekoven, Ludwig / *Specht,* Karl-Gustav / *Waltheim,* Veit / *Wimmer,* Frank: Zur Genauigkeit mündlicher Befragungen in der Sozialforschung, Frankfurt 1975

Bergmann, Joachim / *Jacobi,* Otto / *Müller-Jentsch,* Walter: Gewerkschaften in der Bundesrepublik — Gewerkschaftliche Lohnpolitik zwischen Mitgliederinteressen und ökonomischen Systemzwängen, Frankfurt/Köln 1975

Bericht zum 11. Bundeskongreß der DAG in Wiesbaden, in: Der Angestellte, 1. Dez. 1975, S. 20 ff.

Betzmeir, Ludwig: Personalrat und Verwaltung — sind das Gegensätze?, in: T. Ellwein / A. Zehnder / J. Minde / L. Betzmeir, Mitbestimmung im öffentlichen Dienst, Bonn-Bad Godesberg 1969

Beyme, Klaus *von:* Möglichkeiten und Grenzen der vergleichenden Regierungslehre, in: PVS 1966, S. 63 ff.

— Die politischen Theorien der Gegenwart — Eine Einführung — München 1972

Bibliographie der Mitbestimmung, in: Frankfurter Hefte (1969), S. 372 ff.

Bidouze, René: L'évolution des structures de l'appareil d'Etat, les réformes administratifs, le démantèlement du secteur public, in: La tribune des fonctionnaires, Supplément N° 250, 1973, S. 5 ff.

Bieler, Frank: Die Verantwortlichkeit des Personalrates gegenüber der Belegschaft, in: Die Personalvertretung 1974, S. 376 ff.

Blanc, Laurent: La fonction publique, Paris 1971

Blanchard, Alain: Le statut des personnels enseignants, in: Annuaire international de la fonction publique 1970 - 71, S. 133 ff.

Blume, Otto: Normen und Wirklichkeit einer Betriebsverfassung, Tübingen 1964

Böhret, Carl: Effizienz der Executive als Argument gegen Demokratisierung, in: PVS — Sonderheft 2, S. 243 ff.

Bopp, Willi: Probleme der Personalvertretung aus der Sicht der Beschäftigten, in: Die Personalvertretung 1969, S. 239 ff.

Bosetzky, Horst: Die kameradschaftliche Bürokratie und die Grenzen wissenschaftlicher Untersuchungen von Behörden, in: Die Verwaltung 1971, S. 325 ff.

Brinkmann, Theodor: Bundespersonalvertretungsgesetz muß verbessert werden, in: Der Deutsche Beamte 1968, S. 206.

Chevallier, Jacques: La participation dans l'administration francaise, in: Bulletin de l'Institut internationale d'administration publique 1976, S. 85 ff.

Chevallier, Michel: La fonction rectorale: La fin des recteur inamovibles, in: Revue administrative, N° 175 (1977), S. 9 ff.

Colloque de l'I.T.A.P.: (Institut technique des Administrations publiques) sur la „participation“ dans les administrations publiques, in: Les cahiers I.T.A.P., N° 18, octobre 1969

Corroler, P. *le:* Auxiliaires: un dossier explossif, in: L'Express du 23 nov 1974, S. 36

Crozier, Michel: Le phénomène bureaucratique, Paris 1963

Däubler, Wolfgang: Weniger Mitbestimmung im öffentlichen Dienst?, in: Recht und Arbeit 1973, S. 233 ff.

Damkowski, Wulf: Mitbestimmung im öffentlichen Dienst als Forderung des Grundgesetzes, in: Recht im Amt 1975, S. 1 ff., 21 ff., 41 ff.

Dammann, Klaus: Mitbestimmung an der Berufsbildung, in: Die Personalvertretung 1976, S. 247 ff.

Derlien, Hans Ulrich: Theoretische und methodische Probleme der Beurteilung organisatorischer Effizienz der öffentlichen Verwaltung, in: Die Verwaltung 1974, S. 1 ff.

Diekershoff, Karl-Heinz: Der Einfluß der Beamtenorganisationen auf die Gesetzgebung des PersVG vom 5. 8. 1955, Diplomarbeit, maschinenschriftlich vervielfältigt, Köln 1960

Dietrich, Horst: Das neue Bundespersonalvertretungsgesetz, in: Zeitschrift für Beamtenrecht 1974, S. 113 ff.

Doeker, Guenter: Einführung in die Methodik der vergleichenden Analyse politischer Systeme, in: G. Doeker (Hrsg.), Vergleichende Analyse politischer Systeme, Freiburg 1971, S. 17 ff.

Droits syndicaux dans la fonction publique, in: La Fonction publique, N° 234, avril 1974, S. 4 f.

Dubief, Henri: Le syndicalisme révolutionnaire, Paris 1969

Dubin, Robert: Industrial Worker's World: A Study of the "Central life Interests" of industrial Workers, in: S. N. Eisenstadt (Hrsg.), Comparative social problems, New York 1964

Dumont, Pierre: Les syndicats haussent le ton, in: Le monde du 6 avril 1977, S. 1 und 28

Ebert, Kurt: Das Recht des öffentlichen Dienstes, Berlin 1965

Eichhorn, Peter: Grundsätzliche Bemerkungen zur Nutzen-Kosten-Analyse, in: Wibera-Sonderdruck, Nr. 34, Oktober 1972

Eichhorn, Peter / *Siedentopf,* Heinrich: Effizienzeffekte der Verwaltungsreform, Baden-Baden 1976

Elcock, Howard: Political Behavior, London 1976

Engelhard, Helmut / *Ballerstedt,* Gustav: Personalvertretungsgesetz für das Land Niedersachsen, 3. Auflage, Neuwied/Berlin 1972

Entschließungen der Deutschen Postgewerkschaft zum Personalvertretungsrecht, in: Der deutsche Beamte 1968, S. 183 f.

Favoren, Louis: Le personnel communal en 1976, in: Actualité Juridique — Droit administratif, 1976, S. 452 ff.

Feindt, Erich: Aspekte der Demokratisierung, Mitbestimmung und Partizipation, in: Zeitschrift für Beamtenrecht 1973, S. 353 ff.

Fischer, Alfred / *Goeres,* Hans-Joachim: Personalvertretungsrecht des Bundes und der Länder, Berlin 1974

Friedrichs, Jürgen: Methoden der empirischen Sozialforschung, Reinbek 1973

Frieser, Heinz: Beamte wollen mitgestalten — mitverantworten — mitbestimmen, Düsseldorf 1969

Frischmann, Georges: Défendre les libertés!, in: Le militant des P.T.T., févr 1976, S. 3 ff.

— Histoire de la Fédération C.G.T. des P.T.T., 2. Auflage, Paris 1967

Galabert, Jean-Michel: La participation à l'administration en France, in: „Demokratisierung" und Funktionsfähigkeit der Verwaltung, Stuttgart 1974, S. 164 ff.

Gaudemet, Paul Marie: Le déclin de l'autorité hiérarchique, in: Recueil Dalloz 1947, 6e cahier, Chronique, S. 34 ff.

Gelinier, Octave: Direction participative par objectifs, in: Hommes et Techniques, Numéro spécial 281, 1968

Giauque, André: La Fédération générale des Fonctionnaires face à l'évolution de la Fonction publique, in: La Nouvelle Tribune, sept - oct 1969, S. 6

Grabendorff, Walter / *Windscheid,* Clemens / *Ilbertz,* Wilhelm: Bundespersonalvertretungsgesetz, 3. Auflage, Stuttgart 1975

Gragert, Joachim: Mehr Mitbestimmung — aber für wen?, in: Die Personalvertretung 1972, S. 172 ff.

Gregoire, Roger: La fonction publique, Paris 1954

Gröbner, Gerhard: Effizienzanalysen im Staatssektor, in: Die Verwaltung 1970, S. 297 ff.

Guide pratique de la fonction publique, C.F.D.T./Information, Paris 1976

Guillaume, Emil: Demokratisierung der Personalpolitik in der öffentlichen Verwaltung, in: Die Verwaltung 1971, S. 177 ff.

Harmignie, Pierre: L'état et ses agents — étude sur le syndicalisme administratif — Louvain 1911

Hauptvorstand der Deutschen Postgewerkschaft (Hrsg.): Geschäftsbericht des Hauptvorstandes und des Gewerkschaftsausschusses der Deutschen Postgewerkschaft vom 1. 7. 1971 bis 30. 6. 1974, Frankfurt 1974

Herber, Hans-Jörg: Motivationspsychologie, Stuttgart 1976

Herzberg, Frederick / *Mauser,* Bernard / *Syndermann,* Barbara: The motivation to work, 2. Auflage, New York 1959

Herzog, Roman: Möglichkeiten und Grenzen des Demokratieprinzips in der öffentlichen Verwaltung, in: Demokratie und Verwaltung, 25 Jahre Hochschule für Verwaltungswissenschaften, Speyer, Berlin 1972

Heussen, Benno: Funktionen und Grenzen des Personalvertretungsrechts unter verfassungsrechtlichem Aspekt, Diss. jur. München 1972

Ilbertz, Wilhelm: Sind Ansprachen und Vorträge von Persönlichkeiten des öffentlichen Lebens auf Personalversammlungen zulässig?, in: Die Personalvertretung 1976, S. 45 ff.

— Das Initiativrecht der Personalvertretung, in: Zeitschrift für Beamtenrecht 1977, S. 59 ff.

Institut français des Sciences administratives: Les agents non-titulaires dans l'administration, Paris 1976

Janowitz, Morris: Die soziologischen Voraussetzungen der Theorie der Demokratie, in: Kölner Zeitschrift für Soziologie und Sozialpsychologie 1956 (8), S. 357 ff.

Janowitz, Morris / *Marvick,* Dwaine: Competitive Pressure and Democratic Consent, in: H. Eulau / S. J. Elderveld / M. Janowitz (Hrsg.), Political Behavior, Glencoe/Ill. 1956

Jaumann, Anton: Probleme des PersVG aus der Sicht des Dienstherrn, in: Die Personalvertretung 1969, S. 234 ff.

Kaiser, Josef: Die Repräsentation organisierter Interessen, Berlin 1956

Kanz, Wolfgang: Erfahrungen mit dem Personalvertretungsgesetz, in: Die Personalvertretung 1969, S. 233 f.

Kempf, Udo: Das politische System Frankreichs — Eine Einführung — Opladen 1975

Kisker, Gunter: Gruppenmitbestimmung in der öffentlichen Verwaltung, in: Die öffentliche Verwaltung 1972, S. 520 ff.

Kliemt, Gundolf: Die Praxis des BetrVG im Dienstleistungsbereich, Tübingen 1971

Koch, Rainer: Grundzüge einer soziologischen Betrachtungsweise von Organisationen, in: Briefe der Führungsakademie 15. Juli 1974, hrsg. v. Bundesministerium für das Post- und Fernmeldewesen

— Personalsteuerung in der Ministerialbürokratie — Eine theoretisch-empirische Studie zur Möglichkeit organisatorischer Neuerungen, Baden-Baden 1975

König, Klaus: Verwaltungsreform und Demokratiediskussion, in: Demokratie und Verwaltung, 25 Jahre Hochschule für Verwaltungswissenschaften Speyer, Berlin 1972

Krause, Alfred: Reform und Demokratisierung der Verwaltung?, in: Der Beamtenbund 1975, S. 10

Kriele, Martin: Das demokratische Prinzip im Grundgesetz, in: Veröffentlichungen der Vereinigung der Deutschen Staatsrechtslehrer 29 (1971), S. 46 ff.

Kroppenstedt, Franz: Reform des öffentlichen Dienstrechts, Beitrag zum Kolloquim 1976 der European Group of Public Administration in Tampere (Finnland), unveröffentlichtes Manuskript, Bonn 1976

Kunze, Helmuth: Die Einigungsstelle — Errichtung, Verfahren und Entscheidung — in: Die Personalvertretung 1977, S. 161 ff.

Langrod, Georges (Hrsg.): La consultation dans l'administration contemporaine, Paris 1972

Laubinger, Hans-Werner: Beamtenorganisation und Gesetzgebung, maschinenschriftlich vervielfältigt, Speyer 1974

Lazarsfeld, Paul F. / *Berelson*, Bernard / *Gaudet*, Hazel: The people's choice, 3. Auflage, New York 1968

Leguern, André: Sur la crise de la politique contractuelle, in: Le militant des P.T.T., N° 3, 1976, S. 5 f.

Lehmann, Reinhard: Themen von Referaten in Personalversammlungen, in: Die Personalvertretung 1975, S. 168 ff.

Leisner, Walter: Effizienz als Rechtsprinzip, in: Recht und Staat, Heft 402/403

— Mitbestimmung im öffentlichen Dienst, Bonn-Bad Godesberg 1970

Leistner, Georg: Der Streik im öffentlichen Dienst Frankreichs, Köln 1975

Leminski, Gerhard: Entwicklungen und Formen der Mitbestimmung in einigen westeuropäischen Ländern, in: Vom Sozialistengesetz zur Mitbestimmung — zum 100. Geburtstag von Hans Böckler, hrsg. v. H. O. Vetter, Köln 1975, S. 427 ff.

Leroy, Maxime: Les transformations de la puissance publique, Paris 1907

Locke, John: Zwei Abhandlungen über die Regierung, hrsg. v. W. Euchner, II. Band, Frankfurt 1967

Long, Marceau / *Blanc,* Laurent: L'économie de la fonction publique, Paris 1969

Loschak, Danièle: Principe hiérarchique et participation dans l'administration française, in: Bulletin de l'institut international d'administration publique 1976, S. 121 ff.

Luhmann, Niklas: Funktion und Kausalität, in: ders., Soziologische Aufklärung — Aufsätze zur Theorie sozialer Systeme — Köln 1970, S. 9 ff.

— Einblicke in die vergleichende Verwaltungswissenschaft, in: Der Staat 1963, S. 494 ff.

Maestre, Claude Jérôme: Die Grands Corps im französischen öffentlichen Dienst, in: Anlagenband 1 zum Bericht der Studienkommission zur Reform des öffentlichen Dienstrechts, Baden-Baden 1973, S. 83 ff.

Maire, Edmond: La C.F.D.T. et les agents des services publiques, in: Guide pratique de la fonction publique, Paris 1976

Marcuse, Herbert: Der eindimensionale Mensch — Studien zur Ideologie der fortschrittlichen Industriegesellschaft, Neuwied/Berlin 1967

Marx, Karl: Zur Judenfrage: in: Die Frühschriften, hrsg. v. S. Landshut, Stuttgart 1953

Maslow, Abraham H.: Motivation and Personality, 2. Auflage, New York 1973

Mathias, Marie-Chantal: Le Conseil supérieur de la Fonction publique, Mémoire de D.E.S. de science politique, Paris I, Année Universitaire 1972/1973

Matthiesen, Klaus: Der Personalrat: Unterdrücker und Unterdrückter, in: Die Personalvertretung 1970, S. 152 ff.

Mayntz, Renate: Das Demokratisierungspotential der Beteiligung Betroffener an öffentlicher Planung, in: „Demokratisierung" und Funktionsfähigkeit der Verwaltung, hrsg. von H. J. von Oertzen, Stuttgart 1974, S. 50 ff.

— Stichwort „Strukturell-funktionale Theorie", in: Wörterbuch der Soziologie, hrsg. v. W. Bernsdorf, S. 1132 ff., 2. Auflage, Stuttgart 1969

Mayntz, Renate / *Holm,* Kurt / *Hübner,* Peter: Einführung in die Methode der empirischen Soziologie, Köln 1969

McGregor, Douglas: Der Mensch im Unternehmen — The human side of enterprise, 2. Auflage, Düsseldorf 1971

Merton, Robert: Funktionale Analyse, in: H. Hartmann (Hrsg.), Moderne amerikanische Soziologie, Stuttgart 1967, S. 119 ff.

Meyers, Frederic: The State and Government Employee's Unions in France, Ann Arbor 1971

Meynaud, Jean / *Meyriat,* Jean: Les groupes de pression, in: Revue française de science politique 1962, S. 433 ff.

Mill, John Stuart: Über die Freiheit, übers. v. A. v. Borries, Frankfurt 1969

Minde, Johannes: Mitbestimmen und mitverantworten, in: T. Ellwein / L. Betzmeir / J. Minde / A. Zehnder, Mitbestimmung im öffentlichen Dienst, Bonn-Bad Godesberg 1969

Mitbestimmung im Unternehmen: Bericht der Sachverständigenkommission zur Auswertung der bisherigen Erfahrungen bei der Mitbestimmung (Mitbestimmungskommission), Bochum, Januar 1970, in: Bundestagsdrucksache VI/334

Montesquieu, Charles *de* Secondat de: Vom Geist der Gesetze, übers. v. K. Weigand, Stuttgart 1965

Münch, Ingo *von* (Hrsg.): Besonderes Verwaltungsrecht, 4. Auflage, Frankfurt 1976

Naschold, Frieder: Funktionsanalysen im Regierungssystem, in: H. Krauch (Hrsg.), Systemanalysen in Regierung und Verwaltung, Freiburg 1972, S. 97 ff.

— Demokratie und Komplexität, in: Politische Vierteljahresschrift 1968, S. 494 ff.

— Organisation und Demokratie, 3. Auflage, Stuttgart 1972

Neurath, Paul: Statistik für Sozialwissenschaftler, Stuttgart 1966

Nicht mehr gemeinsam mit der DAG, in: ÖTV-Magazin 5/76, S. 5

Nicolas, Jean-Francois: Bilan du fonctionnement des comités techniques paritaires et des commissions administratives paritaires (notament à travers la jurisprudence du Conseil d'Etat), Dossier de recherche du C.E.R.S.A., Paris II

Noelle, Elisabeth: Umfragen in der Massengesellschaft, Reinbek 1963

Novellierung des Personalvertretungsgesetzes — Forderungen des Deutschen Postverbandes — in: Der Beamtenbund 1968, Nr. 11, S. 6

Les *Organes* de consultation du personnel dans l'administration francaise, Notes et Etudes documentaires, N° 3660, Paris 1970

Parsons, Talcott: Structure and Process in Modern Societies, Glencoe/Ill. 1960

Peyrefitte, Alain: Le mal francais, Paris 1976

Piquemal, Marcel: Le fonctionnaire — Droits et garanties — Paris 1973

Plantey, Alain: Traité pratique de la fonction publique, Band I und II, 3. Auflage, Paris 1971

Potthoff, Werner: Die „Mitbestimmung" der Beamten im öffentlichen Dienst — Ihre geschichtliche Entwicklung, gegenwärtige Regelung und Bedeutung (unter besonderer Berücksichtigung der Verhältnisse in der Postverwaltung) Diss. Münster 1965

Presthus, Robert: Individuum und Organisation — Typologie der Anpassung — Hamburg 1966

Prieschl, Josef: Die Beschäftigten der Deutschen Bundespost und ihre Interessenvertretung, in: Zeitschrift für das Post- und Fernmeldewesen 1976, Heft 3, S. 4 ff.

Püttner, Günter: Die Mitbestimmung in kommunalen Unternehmen, Hannover 1972

Püttner, Günter: Mitbestimmung und Mitwirkung des Personals in der Verwaltung, in: „Demokratisierung" und Funktionsfähigkeit der Verwaltung, hrsg. v. H. J. v. Oertzen, Stuttgart 1974, S. 73 ff.

— Verfassungsprobleme der Mitbestimmung in öffentlichen und gemeinwirtschaftlichen Unternehmen, Heft 12 der Schriftenreihe der Gesellschaft für öffentliche Wirtschaft und Gemeinwirtschaft e.V., Köln 1975, S. 52 ff.

Raab, Hans: Demokratisierung der Verwaltung — ein Diskussionsbeitrag zum Abbau von Hierarchie im öffentlichen Dienst, in: Der Deutsche Beamte 1973, S. 153

Rapport Armand / Rueff: Avis et recommandations concernant l'Administration, in: Revue administrative 1960 (13), S. 471 ff.

Rapport d'activité et d'orientation — 14ème Congrès de l'U.G.F.F., in: La tribune des fonctionnaires, Supplément au No 246, février 1973, Bulletin No 2

Reform des Personalvertretungsgesetzes — Aus der öffentlichen Anhörung des Innenausschusses des Deutschen Bundestages am 21. März 1973 — Zur Sache 3/73, hrsg. v. Presse- und Informationsamt des Deutschen Bundestages, Bonn 1973

Remandas, Renate: Die Freiheitsrechte der Angehörigen des öffentlichen Dienstes in Frankreich, Diss. Mainz 1965

Rex, John: Grundprobleme der soziologischen Theorie, Freiburg 1970

Rheinstädter, Volker: Zur Durchführung und Kostentragung von Schulungs- und Bildungsveranstaltungen nach § 46, VI BPersVG, in: Die Personalvertretung 1975, S. 161 ff.

Rheinstein, Max: Einführung in die Rechtsvergleichung, München 1974

Ridley, Frederic F.: The Study of Government — Political Science and Public Administration — London 1975

Ritter, Ernst-Hasso: Mitbestimmung im öffentlichen Dienst oder Privatisierung des Staatswesens?, in: Juristen-Zeitung 1972, S. 107 ff.

Rivero, Jean: A propos des métamorphoses de l'administration d'aujourd'hui: démocratie et administration, in: Mélanges offerts à René Savatier, Paris 1965

— Vers la fin du droit de la fonction publique?, in: Recueil Dalloz 1947, 39e cahier, Chronique, S. 37 ff.

Ronneberger, Franz / *Rödel,* Udo: Beamte im gesellschaftlichen Wandlungsprozeß, Bonn-Bad Godesberg 1971

Rosenstiel, Lutz *von:* Motivation im Betrieb, München 1972

Rousseau, Jean-Jacques: Staat und Gesellschaft, Contrat social, übers. v. K. Weigand, I. Band, München 1959

Saint-Jours, Yves: Le syndicalisme dans la fonction publique, Notes et Etudes documentaires, No 4197 - 4198, Paris 1975

Salon, Serge: Les réformes de la fonction publique et de l'administration en France, Beitrag zum Kolloquium 1976 der European Group of Public Administration in Tampere (Finnland), unveröffentlichtes Manuskript, Paris 1976

Scheuch, Erwin K.: Die Anwendung von Auswahlverfahren bei Repräsentativbefragungen, Diss. Köln 1956

— Das Auswahlverfahren in der Sozialforschung, in: R. König (Hrsg.), Handbuch der empirischen Sozialforschung, Band 3 a, 3. Auflage, Stuttgart 1974, S. 1 ff.

Schimmelpfennig, Adam: Entfremdung, Selbstverwirklichung und Personalvertretung, in: Die Personalvertretung 1975, S. 418 ff.

— Die Abstimmungsformen in den Personalvertretungen, in: Die Personalvertretung 1976, S. 1 ff.

— Der Personalrat aus der Sicht der Beschäftigten, in: Die Personalvertretung 1974, S. 205 ff.

— Personalratsarbeit — psychologisch-soziologische Probleme in der Praxis, Bonn-Bad Godesberg 1975

Schmitt Glaeser, Walter: Partizipation im öffentlichen Dienst, in: Die öffentliche Verwaltung 1974, S. 152 ff.

Schneider, Wolfgang: Gesellschaftliche Aspekte der Neuregelung aus der Sicht des Deutschen Gewerkschaftsbundes, Referat gehalten am 26. 4. 1974 vor der Verwaltungs- und Wirtschaftsakademie Bochum, unveröffentlichtes Manuskript

Schnur, Roman: Über vergleichende Verwaltungswissenschaft, in: H. Siedentopf (Hrsg.), Verwaltungswissenschaft, Darmstadt 1976, S. 349 ff.

Schumpeter, Josef: Kapitalismus, Sozialismus und Demokratie, München 1950

Senatskanzlei Bremen, Projektgruppe Organisationswesen und Verwaltungsreform: Organisationssoziologische Untersuchung der bremschen Verwaltung, Bremen 1972

Siedentopf, Heinrich: Funktion und allgemeine Rechtsstellung — Analyse der Funktionen des öffentlichen Dienstes — Anlagenband 8 zum Bericht der Studienkommission zur Reform des öffentlichen Dienstrechts, Baden-Baden 1973 (zitiert als: Funktion und allgemeine Rechtsstellung)

— Ressortzuschnitt als Gegenstand der vergleichenden Verwaltungswissenschaft, in: Die Verwaltung 1976, S. 1 ff.

— Spitzenpositionen auf Zeit in der öffentlichen Verwaltung, in: Öffentlicher Dienst, Festschrift für Carl Hermann Ule zum 70. Geburtstag, hrsg. v. K. König, H. W. Laubinger und F. Wagener, Köln 1977, S. 177 ff.

— Stichwort „Verwaltungslehre“, in: Evangelisches Staatslexikon, hrsg. v. H. Kunst, R. Herzog und W. Schneemelcher, 2. Auflage, Stuttgart 1975, Sp. 2786 ff.

— (Hrsg.): Verwaltungswissenschaft, Darmstadt 1976

Siwek-Pouydesseau, Jeanne: Les agents non-titulaires de l'Etat, in: Les agents non-titulaires dans l'administration, hrsg. v. Institut français de sciences administratives, S. 3 ff., Paris 1976

— Les conditions d'élaboration du Statut général des fonctionnaires de 1946, in: Annuaire international de la Fonction publique 1970 - 71, S. 11 ff.

— Consultation et participation, in: G. Langrod (Hrsg.), La consultation dans l'administration contemporaine, Paris 1972, S. 223 ff.

— Le Conseil supérieur de la Fonction publique, in: Annuaire International de la Fonction publique 1971 - 72, S. 161 ff.

Siwek-Pouydesseau, Jeanne: La participation des fonctionnaires à la marche de l'administration (zitiert als: La participation), in: Annuaire international de la Fonction publique 1970 - 71, S. 83 ff.

Staehle, Wolfgang H.: Organisation und Führung sozio-technischer Systeme, Stuttgart 1973

Stammer, Otto u. a.: Verbände und Gesetzgebung, Köln 1965

Starke, O.-Ernst: Aufgaben und Funktion des Personalrates, in: Die öffentliche Verwaltung 1975, S. 849 ff.

Statistisches Bundesamt (Hrsg.): Statistisches Jahrbuch für die BRD, Stuttgart 1976

Steinbach, Hartmut: Prozesse öffentlicher Bediensteten — Einige bemerkenswerte Betrachtungen, in: Die Personalvertretung 1975, S. 376 f.

Stellungnahmen der Deutschen Angestellten Gewerkschaft zum Personalvertretungsgesetz (BT-Drucks.Nr. 3552) hrsg. v. Bundesvorstand des Deutschen Beamtenbundes, August 1952

Stellungnahme des Deutschen Beamtenbundes zu dem Regierungsentwurf des Gesetzes über die Personalvertretungen in den öffentlichen Verwaltungen und Betrieben (BT-Drucks.Nr. 3552) hrsg. v. Bundesvorstand des Deutschen Beamtenbundes, August 1952

Stellungnahme des Deutschen Gewerkschaftsbundes im Hearing zum BPersVG, in: Reform des Personalvertretungsgesetzes, Zur Sache 3/73, hrsg. v. Presse- und Informationsamt des Deutschen Bundestages, Bonn 1973

Strauß, George: The personality-versus-organization hypothesis, in: W. Nord (Hrsg.), Concepts and Controversy in Organizational Behavior, Pacific Palisiades/California, 1972

Structures de la Fédération de l'Education nationale, in: l'enseignement publique N° 1/1975, S. 16

Studienkommission zur Reform des öffentlichen Dienstrechts: Bericht der Kommission, Baden-Baden 1973

Tekülve, Ewald: Das französische Beamtenrecht — Eine rechtsvergleichende Untersuchung unter besonderer Berücksichtigung des Koalitionsrechts, des Rechts der Personalvertretung und des Streikrechts, Bad Godesberg 1963

Tiano, André: Les traitements des fonctionnaires et leur détermination (1930 - 1957), Paris 1957

Tribie, Pierre: Rapport d'activité — Congrès de la Fédération Générale des Fonctionnaires — Force Ouvrière — les 25, 26 et 27 novembre 1969 à Paris, in: La Nouvelle Tribune, N° 201, sept/oct 1969, S. 2 f.

Ule, Carl Hermann: Beamtenrecht, Köln 1970

Vahl, Winfried: Die französischen Arbeitergewerkschaften C.G.T., C.G.T.-F.O. und C.F.D.T. (C.F.T.C.) im politischen System der V. Republik 1958 - 69, Diss. Köln 1974

Verron, Michèle: Participation — Histoire du travail, développement et doctrines sociales — Paris 1968

Vetter, Heinz Oskar: Ansprache anläßlich der Kundgebung des Deutschen Gewerkschaftsbundes zum Bundespersonalvertretungsgesetz am 2. April 1973 in Bonn, unveröffentlichtes Manuskript

Villmar, Fritz: Strategien der Demokratisierung, Band I: Theorie der Praxis, Neuwied/Berlin 1973

Voisset, Michèle: Concertation et contractualisation dans la fonction publique, in: Actualité juridique — Droit administratif 1970, S. 388 ff.

— Les personnels non-titulaires des collectivités locals, in: Les agents non-titulaires dans l'administration, hrsg. v. Institut français de Sciences administratives, Paris 1976, S. 65 ff.

Vorschlag des Deutschen Gewerkschaftsbundes zum Entwurf des Gesetzes über die Personalvertretungen in öffentlichen Verwaltungen und Betrieben, hrsg. v. Deutschen Gewerkschaftsbund, Bundesvorstand, Oktober 1952

Waquet, Régis: La „participation" dans la pensée politique du Général de Gaulle et projet de loi soumis au référendum du 27 avril 1969, maschinenschriftlich vervielfältigt, Paris 1970

Weinmann, Hans-Joachim: Die Beteiligung des Personalrats im Disziplinarverfahren, in: Zeitschrift für Beamtenrecht 1975, S. 136 ff.

Windscheid, Clemens: Die Plenarentscheidung des Personalrates, in: Die Personalvertretung 1976, S. 241 ff.

— Das Beteiligungsrecht des Personalrats bei der Auswahl von Bewerbern zu Lehrgängen, in: Die Personalvertretung 1977, S. 13 ff.

— Zur Frage der „Mitwirkung" und „Mitbestimmung" in personellen Angelegenheiten der Beamten, in: Die Personalvertretung 1971, S. 49 ff.

— Die Beteiligung des Personalrats an nichtförmlichen Disziplinarmaßnahmen, in: Zeitschrift für Beamtenrecht 1975, S. 280 ff.

— Die Anfechtung von Beschlüssen des Personalrats, in: Die Personalvertretung 1977, S. 125 ff.

Wolff, Hans Julius: Verwaltungsrecht, Band II, 3. Auflage, München 1970

Zeidler, Wolfgang: Der Standort der Verwaltung in der Auseinandersetzung um das Demokratieprinzip, in: „Demokratisierung" und Funktionsfähigkeit der Verwaltung, hrsg. v. H. J. v. Oertzen, Stuttgart 1974, S. 23 ff.

Zimpel, Gisela: Selbstbestimmung oder Akklamation? — Politische Teilnahme in der bürgerlichen Demokratietheorie — Stuttgart 1972

Zundel, Reinhold: Mitbestimmung und Mitwirkung des Personalrats in der Verwaltung, in: „Demokratisierung" und Funktionsfähigkeit der Verwaltung, hrsg. v. H. J. v. Oertzen, Stuttgart 1974, S. 95 ff.

Schriftenreihe der Hochschule Speyer

Seit Herbst 1967 sind erschienen:

35 **Die allgemeine untere staatliche Verwaltungsbehörde im Landkreis.** Von F.-A. Baumann. 117 S. 1967. DM 23,80.

36 **Die Behörde des Regierungspräsidenten.** Von F. Fonk. 286 S. 1967. DM 58,60.

37 **Öffentlicher Dienst und politischer Bereich.** Vorträge und Diskussionsbeiträge der 35. Staatswissenschaftlichen Fortbildungstagung der Hochschule für Verwaltungswissenschaften Speyer, 1967. 221 S. 1968. DM 52,40.

38 **Die Gefahrenvorsorge im sozialen Rechtsstaat.** Von G. Roth. 81 S. 1968. DM 17,60.

39 **Wohl der Allgemeinheit und öffentliches Interesse.** Vorträge und Diskussionsbeiträge der 36. Staatswissenschaftlichen Fortbildungstagung der Hochschule für Verwaltungswissenschaften Speyer, 1968. 190 S. 1968. DM 43,80.

40 **Entwurf eines Verwaltungsgerichtsgesetzes** zur Vereinheitlichung der Verwaltungsgerichtsordnung, der Finanzgerichtsordnung und des Sozialgerichtsgesetzes. XVI, 532 S. 1969. DM 98,—.

41 **Neubau der Verwaltung.** Gliederung der öffentlichen Aufgaben und ihrer Träger nach Effektivität und Integrationswert. Von F. Wagener. 2. Auflage. XXII, 580 S. 1974. DM 58,—.

42 **Verwaltungswissenschaft in europäischen Ländern.** Vorträge und Diskussionsbeiträge der internationalen verwaltungswissenschaftlichen Arbeitstagung der Hochschule für Verwaltungswissenschaften Speyer, 1968. 283 S. 1969. DM 64,80.

43 **Funktionsgerechte Verwaltung im Wandel der Industriegesellschaft.** Vorträge und Diskussionsbeiträge der 37. Staatswissenschaftlichen Fortbildungstagung der Hochschule für Verwaltungswissenschaften Speyer, 1968. 119 S. 1969. DM 26,80.

44 **Die öffentlichen Einrichtungen im sozialen Rechtsstaat der Gegenwart.** Von G. Herbig. 273 S. 1970. DM 62,80.

45 **Zehn Jahre Verwaltungsgerichtsordnung.** Bewährung und Reform. Vorträge und Diskussionsbeiträge der 38. Staatswissenschaftlichen Fortbildungstagung der Hochschule für Verwaltungswissenschaften Speyer, 1970. 285 S. 1970. DM 66,80.

46 **Erkenntnisinteressen der Verwaltungswissenschaft.** Von K. König. 337 S. 1970. DM 79,80.

47 **Entwicklung der Aufgaben und Ausgaben von Bund, Ländern und Gemeinden.** Vorträge und Diskussionsbeiträge der 39. Staatswissenschaftlichen Fortbildungstagung der Hochschule für Verwaltungswissenschaften Speyer, 1971. 177 S. 1971. DM 43,80.

48 **Aktuelle Probleme der Ministerialorganisation.** Vorträge und Diskussionsbeiträge der internationalen verwaltungswissenschaftlichen Arbeitstagung der Hochschule für Verwaltungswissenschaften Speyer, 1971. 486 S. 1972. DM 88,60.

49 **Verfassungsfragen bei den Reformen im örtlichen Bereich.** Von W. Bückmann. 220 S. 1972. DM 44,60.

50 **Demokratie und Verwaltung.** 25 Jahre Hochschule für Verwaltungswissenschaften Speyer. 686 S. 1972. DM 58,—.

51 **Regierungsprogramme und Regierungspläne.** Vorträge und Diskussionsbeiträge der 40. Staatswissenschaftlichen Fortbildungstagung der Hochschule für Verwaltungswissenschaften Speyer, 1972. 163 S. 1973. DM 33,60.

52 **Organisation der Ministerien des Bundes und der Länder.** Vorträge und Diskussionsbeiträge der verwaltungswissenschaftlichen Arbeitstagung der Hochschule für Verwaltungswissenschaften Speyer in Zusammenarbeit mit der Deutschen Sektion des Internationalen Instituts für Verwaltungswissenschaften, 1972. 167 S. 1973. DM 39,60.

53 **Die Bedeutung der ehrenamtlichen Richter bei Gerichten der allgemeinen Verwaltungsgerichtsbarkeit.** Ein Blick in Vergangenheit und Gegenwart sowie eine empirische Untersuchung in den Ländern Baden-Württemberg, Bremen, Niedersachsen und Rheinland-Pfalz. Von G. Schiffmann. XVI, 317 S. 1974. DM 88,—.

54 **Fortbildung des höheren Verwaltungsdienstes.** Vorträge und Diskussionsbeiträge der verwaltungswissenschaftlichen Arbeitstagung der Hochschule für Verwaltungswissenschaften Speyer, 1973. 190 S. 1974. DM 44,60.

55 **Politikverflechtung zwischen Bund, Ländern und Gemeinden.** Vorträge und Diskussionsbeiträge der 42. Staatswissenschaftlichen Fortbildungstagung der Hochschule für Verwaltungswissenschaften Speyer, 1974. 173 S. 1975. DM 42,60.

56 **Erfolg der Territorialreform.** Von V. Wrage. XXIV, 328 S. 1975. DM 88,—.

57 **Regierungspolitik und Koordination.** Vorträge und Diskussionsbeiträge der Internationalen Arbeitstagung 1974 der Hochschule für Verwaltungswissenschaften Speyer. Hrsg. von H. Siedentopf. 490 S. 1976. DM 86,—.

58 **Gesetzgebung und Verbände.** Von H.-J. Schröder. 282 S. 1976. DM 78,—.

59 **Der Staatssektor in der sozialen Marktwirtschaft.** Vorträge und Diskussionsbeiträge der 43. Staatswissenschaftlichen Fortbildungstagung der Hochschule für Verwaltungswissenschaften Speyer, 1975. Hrsg. von H. Duwendag. 189 S. 1976. DM 56,60.

60 **Koordination und integrierte Planung in den Staatskanzleien.** Vorträge und Diskussionsbeiträge der verwaltungswissenschaftlichen Arbeitstagung 1975 der Hochschule für Verwaltungswissenschaften Speyer. Hrsg. von K. König. 422 S. 1976. DM 78,—.

61 **Arnold Gehlen zum Gedächtnis.** Vorträge vom 21. Juni 1976 in der Hochschule für Verwaltungswissenschaften Speyer. 38 S. 1976. DM 12,60.

62 **Toleranz als Verfassungsprinzip.** Von G. Püttner. 61 S. 1977. DM 18,60.

63 **Die Selbstdarstellung des Staates.** Vorträge und Diskussionsbeiträge der 44. Staatswissenschaftlichen Fortbildungstagung der Hochschule für Verwaltungswissenschaften Speyer, 1976. Hrsg. von H. Quaritsch. 169 S. 1977. DM 48,60.

64 **Aktuelle Probleme des Polizeirechts.** Vorträge und Diskussionsbeiträge des 5. Sonderseminars 1976 der Hochschule für Verwaltungswissenschaften Speyer. Hrsg. von D. Merten. 141 S. 1977. DM 44,60.

65 **Aufgabenkritik in einer Großstadtverwaltung.** Von R. Dieckmann. 230 S. 1977. DM 60,—.

66 **Verwaltungsgeschichte.** Vorträge und Diskussionsbeiträge der verwaltungsgeschichtlichen Arbeitstagung 1976 der Hochschule für Verwaltungswissenschaften Speyer. Hrsg. von R. Morsey. 278 S. 1977. DM 78,—.

67 **Bodenmarkt und Bodenpolitik in der Bundesrepublik Deutschland.** Von G. Epping. 350 S. 1977. DM 78,—.

68 **Auftrag und Führung öffentlicher Unternehmen.** Vorträge und Diskussionsbeiträge der 45. Staatswissenschaftlichen Fortbildungstagung 1977 der Hochschule für Verwaltungswissenschaften Speyer. Hrsg. von P. Eichhorn. 159 S. 1977. DM 26,—.

69 **Rechtstatsachen zur Dauer des Verwaltungs-(Finanz-)Prozesses.** Von C. H. Ule. 224 S. 1977. DM 58,—.

70 **Verwaltung und Führungskonzepte.** Von H. Reinermann und G. Reichmann. 192 S. 1978. DM 56,—.

71 **Verwaltungsreform Baden-Württemberg.** Von D. Schimanke. 343 S. 1978. DM 78,—.

72 **Koordination des Verwaltungshandelns.** Von B. Rückwardt. 214 S .1978. DM 68,—.

73 **Organisationsplanung für den Personalbereich.** Von R. Koch. 127 S. 1978. DM 48,—.

74 **Rechtsstaatlichkeit und Gnade.** Von D. Mertens. 83 S. 1978. DM 19,60.

75 **Die Vereinheitlichung der Verwaltungsgerichtsgesetze zu einer Verwaltungsprozeßordnung.** Vorträge und Diskussionsbeiträge der 46. Staatswissenschaftlichen Fortbildungstagung 1978 der Hochschule für Verwaltungswissenschaften Speyer. Hrsg. von D. Merten. 190 S. 1978. DM 36,—.

76 **Beiträge der Organisationsforschung zur Analyse industrieller Gesellschaften.** Contributions of Organizational Studies to the Understanding of Industrial Societies. Hrsg. von H. Klages. 151 S. 1979. DM 36,—.

77 **Straße und Umwelt.** Vorträge und Diskussionsbeiträge der verwaltungswissenschaftlichen Arbeitstagung 1978 der Hochschule für Verwaltungswissenschaften Speyer. Hrsg. von W. Blümel. 141 S. 1979. DM 29,—.

DUNCKER & HUMBLOT / BERLIN